Coleção

TEMAS DE DIREITO ADMINISTRATIVO

AS AGÊNCIAS REGULADORAS

Coleção
TEMAS DE DIREITO ADMINISTRATIVO

Direção de
Celso Antônio Bandeira de Mello

1. DA CONVALIDAÇÃO E DA INVALIDAÇÃO DOS ATOS ADMINISTRATIVOS – *Weida Zancaner*
2. CONCESSÃO DE SERVIÇO PÚBLICO NO REGIME DA LEI 8.987/95. CONCEITOS E PRINCÍPIOS – *Benedicto Porto Neto*
3. OBRIGAÇÕES DO ESTADO DERIVADAS DE CONTRATOS INVÁLIDOS – *Jacintho de Arruda Câmara*
4. SANÇÕES ADMINISTRATIVAS – *Daniel Ferreira*
5. REVOGAÇÃO DO ATO ADMINISTRATIVO – *Daniele Coutinho Talamini*
6. O SERVIÇO PÚBLICO E A CONSTITUIÇÃO BRASILEIRA DE 1988 – *Dinorá Adelaide Musetti Grotti*
7. TERCEIRO SETOR – *Sílvio Luís Ferreira da Rocha*
8. A SANÇÃO NO DIREITO ADMINISTRATIVO – *Heraldo Garcia Vitta*
9. LICITAÇÃO NA MODALIDADE DE PREGÃO (Lei 10.520, de 17 de julho de 2002) – *Vera Scarpinella*
10. O PROCESSO ADMINISTRATIVO E A INVALIDAÇÃO DE ATOS VICIADOS – *Mônica Martins Toscano Simões*
11. REMUNERAÇÃO DOS SERVIÇOS PÚBLICOS – *Joana Paula Batista*
12. AS AGÊNCIAS REGULADORAS. O Estado Democrático de Direito no Brasil e sua Atividade Normativa – *Marcelo Figueiredo*
13. AGÊNCIAS REGULADORAS – *Alexandre Mazza*

MARCELO FIGUEIREDO

AS AGÊNCIAS REGULADORAS

O Estado Democrático de Direito no Brasil e sua Atividade Normativa

AS AGÊNCIAS REGULADORAS
© MARCELO FIGUEIREDO

ISBN: 85-7420-586-9

Direitos reservados desta edição por
MALHEIROS EDITORES LTDA.
Rua Paes de Araújo, 29, conjunto 171
CEP 04531-940 — São Paulo — SP
Tel.: (0xx11) 3078-7205
Fax: (0xx11) 3168-5495
URL: www.malheiroseditores.com.br
e-mail: malheiroseditores@zaz.com.br

Composição
Acqua Estúdio Gráfico Ltda.

Capa
Criação: Vânia Lúcia Amato
Arte: PC Editorial Ltda.

Impresso no Brasil
Printed in Brazil
01.2005

PREFÁCIO

É notória a íntima relação existente entre Estado de Direito e princípio da legalidade. Por isto mesmo é extremamente delicada a questão dos limites da atividade normativa do Poder Executivo. Qualquer desbordamento nesta esfera interfere com a higidez do Estado de Direito ou, quando menos, representa uma atenuação em sua pureza conceitual. Daí que estudos sobre a atividade normativa no Estado Democrático de Direito, sobre a caracterização do princípio da separação de Poderes entre nós e sobre os controles indispensáveis para que se mantenham defendidas as idéias que os alimentam a fim de assegurar a incolumidade da democracia e do Estado de Direito, são sempre recebidos com alvíssaras.

O tema é sobremodo importante em países carentes de tradição democrática, nos quais a consciência da cidadania é quase nenhuma. Assim, neles, como ocorre no Brasil, o resguardo de certos valores cívicos depende quase que inteiramente da ordenação jurídica implantada. É que não teriam em seu prol nem a contenção natural de agentes públicos espontaneamente imbuídos de sua valia para a vida coletiva, nem a vigilância espontânea de uma sociedade civil ciosa de sua importância para a salvaguarda da liberdade de todos e de cada um. É praticamente o Direito e somente o Direito que lhes confere vitalidade. Serão, pois, os que militam nesta seara, com particular realce para os constitucionalistas e administrativistas, aqueles sob cujos ombros pesa a terrível responsabilidade de defender tais valores e de assegurar-lhes sobrevida em um meio hostil. A saber: o meio político, que é guiado pelo imediatismo de interesses sectários ou pessoais; o meio de economistas, de há muito sacramentados como os novos gurus da sociedade brasileira e o dos açodados administradores, uns e outros muitas vezes estribados em preocupações exclusivamente técnicas, carentes de formação humanística, ainda que elementar, e ostentando impavidamente um desprezo néscio pelas contenções que o Direito impõe em nome da segurança jurídica e da própria democracia.

Assim, o livro que nos brinda o prof. Marcelo Figueiredo e que se constituiu em sua tese de livre-docência, defendida com brilho na Faculdade de Direito da PUC-SP e aprovada com entusiasmo pelos examinadores, é uma contribuição de inequívoca importância para aclaramento do tema. Seu interesse é maiormente saliente porque, a partir de uma base teórica genérica, direciona-se para investigação do tema da produção normativa nas "agências reguladoras", entidades cuja compostura normativa pretende servilmente reproduzir modelo estrangeiro que abriga características incompatíveis com o direito pátrio e que traz em seu bojo perigosas possibilidades para a inteireza do princípio da legalidade administrativa.

O autor não se correu de enfrentar os aspectos mais melindrosos que o tema suscita, trazendo para o leitor uma visão clara do assunto de maneira a dilucidá-lo com didática rigorosa e escrupuloso espírito científico, sem jamais abandonar o comedimento e a segurança convenientes, no que, de resto, seguiu a mesma trilha de seus anteriores e reconhecidamente meritórios trabalhos.

São Paulo, fevereiro de 2004

CELSO ANTÔNIO BANDEIRA DE MELLO

SUMÁRIO

Prefácio do Prof. CELSO ANTÔNIO BANDEIRA DE MELLO 5
Introdução 9

1. O Constitucionalismo e sua Evolução 17
2. O Princípio da Legalidade e seus Desdobramentos 23
3. Peculiaridades de uma Hermenêutica Constitucional 29
4. A Rigidez e a Supremacia da Constituição 42
5. A Separação de Poderes 50
6. Os Direitos Fundamentais 59
7. Do Estado de Direito ao Estado Democrático de Direito 71
8. As Fontes do Direito Constitucional 81
9. A Plenitude do Ordenamento 99
10. A Produção Normativa: Necessidades de Controles para a Democracia e o Estado de Direito 103
11. A Preocupação com a Legitimidade e o Controle dos Atos Normativos no Estado Democrático de Direito 113
12. A Experiência Brasileira 120
13. O Princípio da Legalidade e a Administração Pública 132
14. O Poder Executivo e suas Manifestações Jurídicas 139
15. A Necessária Correlação entre o Direito Constitucional e o Direito Administrativo e seus Órgãos 149
16. A Experiência Norte-Americana – Visão Geral 157
17. O Desafio de Compreender as Anunciadas Mudanças no Direito Brasileiro 172
18. Poder Regulatório: Ficção ou Realidade Jurídica? A Experiência Estrangeira 196

19. As Administrações Independentes, as Agências Reguladoras e as Principais Questões Jurídicas Envolvidas na Temática – A Experiência Estrangeira 205
20. As Agências no Direito Brasileiro – O Tema Constitucional 252
21. As Funções Desempenhadas pelos Órgãos Reguladores 270
22. As Funções Normativas das Agências ou dos Órgãos Reguladores – A Contribuição de Celso Antônio Bandeira de Mello 282
23. Síntese Conclusiva 306

Anexo: Legislação referente às principais Agências Federais............ 309
Bibliografia 311

INTRODUÇÃO

Não deixo de me surpreender com o novo, sobretudo quando ele faz parte do nosso cotidiano, do nosso universo de convivência jurídica. Assim parece ter ocorrido com os termos "regulação", "poder regulador", "agências reguladoras" e tantos outros.

Parecem surgir do nada e passam a ser adotados como realidades inelutáveis, fenômenos de notável (e aparente) complexidade, com os quais somos obrigados a conviver, porque passariam a disciplinar a nossa vida. É assim que me sinto em relação a alguns temas que passam a freqüentar a nossa realidade e, portanto, a linguagem jurídica.

No mínimo, duas explicações podem satisfazer nossa curiosidade e dúvida a respeito de tais temas. A primeira é óbvia: não trariam eles novidade alguma, apenas teriam passado despercebido à nossa atenção e à nossa análise, que seleciona e capta uma parte da realidade, filtrando-a de acordo com nossas tendências psíquicas e emocionais. Essa é a explicação mais razoável e mais provável, mas não a única dentre tantas.

A outra, de algum modo conseqüência da primeira, diz respeito à nossa ignorância do fenômeno. Não o conhecemos, portanto não o estudamos e, quando somos bombardeados por ele, procuramos aos poucos desvendá-lo. É assim que vejo alguns temas como o relativo ao "poder regulador", à "regulação", ao *poder normativo*, algo vendido como "novo", ou com um novo e *"moderno"* figurino que devemos compreender logo, pois, do contrário, seremos tragados por essa nova realidade.[1]

---

1. Acredito que esse fenômeno que desponta como o novo, a novidade em si mesma, é apenas aparente. O que efetivamente existe, creio, pode ter algumas explicações. A primeira seria encontrada em uma maior abertura da experiência jurídica que passaria a admitir novos questionamentos, ou, ao contrário, uma invasão de

Como o enigma da esfinge: *decifra-me ou te devoro*, passamos, pois, a especular sobre a matéria.

Inúmeras explicações ou abordagens poderiam ser feitas, na busca da elucidação deste cenário.

A primeira delas refere-se à *ciência política*. Há uma noção oferecida pela análise da passagem do Estado Liberal ao Estado Social, do Estado Social ao Estado Democrático de Direito e desse último ao "Estado" Neoliberal.[2]

Este último, felizmente, se é que tenha existido em algum momento enquanto teoria sólida, ao que parece, vem muito lentamente retrocedendo diante do absoluto desprezo que tem pelo Homem e pelo social.[3]

A temática insere-se nas *transformações* ou crises por que passa o Estado *contemporâneo*. Seu resultado está na revisão de seus princípios de legitimação, na quebra da articulação clássica entre os "poderes" do Estado, nas transformações do papel do legislador (Parlamento), do Executivo e de suas relações com o legislador; no aprofundamento da discussão da *razão democrática* legitimadora do poder; na confronta-

---

outras ciências, com princípios e com uma lógica própria, nos domínios do Direito; uma recepção de outras explicações de outras disciplinas e outras ciências como a economia, a administração, a sociologia, a antropologia, incorporando seus conceitos e sua linguagem. Entretanto, sem maiores cuidados ou sem maior seletividade. As leis e princípios econômicos não vigoram, necessariamente, no universo jurídico e sequer devem ser, ordinariamente, fundamentos de validade de teorias jurídicas, da ciência do direito, da dogmática jurídica, o que não significa negar a valia da multidisciplinaridade, coisa diversa. Seja como for, no vagalhão da sociedade de informação, massificada, recebemos a informação e suas mensagens já pasteurizadas de interesses – impregnadas com alógica do mercado – também homogeneizadas. Nesse contexto, não temos tempo ou serenidade para separar o que efetivamente pode ser considerado novo, necessário ou positivo para a cidadania, para o bem comum. Há, portanto, como em tudo, uma relação dialética. O lado positivo, a rapidez e o acesso à informação de nossos tempos, e o negativo, a sua massificação, a sua produção em massa, impregnada de interesses econômicos que, no mais das vezes, não representam a verdade, não revelam os fatos, mas versões interessadas da realidade.

2. Com isso, naturalmente, não estamos endossando a tese de que a evolução ou passagem desses modelos deu-se com simplicidade ou nessa ordem cronológica e sucessiva. Ao contrário, acreditamos que, em todas as épocas, sempre há um pouco de cada um desses modelos teóricos.

3. Para uma explicação mais ampla a respeito da ideologia da globalização e o antagonismo neoliberal à Constituição, vide, Paulo Bonavides (2003).

ção entre poder público-poder privado; no crescimento da tecnocracia em face da política; no domínio do econômico sobre o político.

Não basta dizer que se trata de um movimento ou corrente ideológica que dominou o discurso político contemporâneo. Isso é inegável. A questão transcende a *filosofia política ou econômica*, porque com ela se pretende alterar *direitos constitucionais*, muitas vezes à revelia da ordem jurídica vigente; conquistas históricas da civilização ocidental, implantando um modelo padronizado pelo mito da neutralidade, da técnica e da negação ao *fenômeno político*.

São exemplos claros do fenômeno, tanto na Europa como em outros países, a aparição e proliferação de *administrações independentes*, *agências reguladoras*,[4] organizações privadas com poderes ou fins públicos, gestão da *"coisa pública"* por meio de critérios, métodos e normas de *direito privado*.

Tais acontecimentos têm levado, *ao que parece*, a uma perda de garantias do cidadão, a uma evasão de controles e garantias tradicionais do Direito Público, do Direito Constitucional, do Direito Administrativo *em aparente desprestígio da cidadania*. O fenômeno tem produzido notáveis trabalhos, inclusive de contestação doutrinária. Na Espanha, por exemplo, dentre tantas, recorde-se a obra de Carmen Chinchilla, Blanca Lozano e Silvia Del Saz – *Nuevas perspectivas del derecho administrativo – Tres estudios*[5] – onde a última autora desenvolve a noção de uma "Reserva Constitucional de Administração" para demonstrar as inconsistências das causas e justificações do que chama de "fuga do direito público" – especialmente constitucional e administrativo.

O Brasil tem forte tradição na *importação de modelos* sem tomar o cuidado de discuti-los e verificar sua História e singularidade, se há diferenças e como compreendê-las. Por isso, recebe a influência desse fenômeno que se projeta nas *sucessivas alterações da ordem jurídica brasileira*, muitas delas de clara inspiração e tradição de outros modelos jurídicos, como por exemplo, de *tradição anglo-saxônica e norte-americana* (é o caso das agências reguladoras), com grandes reper-

---

4. Ressaltamos que não vamos trabalhar o conceito de *poder normativo* dos Tribunais Constitucionais no mundo contemporâneo, ou mesmo do Poder Judiciário em geral, como também dos particulares (atos negociais, contratos, regimentos empresariais etc.).

5. Carmen Chincilla, Blanca Lozano, Silvia Del Saz (1992).

cussões no Direito Público – constitucional e administrativo – e, portanto, na *cidadania*.[6]

Analisar aspectos desse fenômeno no direito público – especialmente no relacionamento jurídico (constituição-indivíduo), portanto no âmbito do *direito constitucional o quanto possível* – é o nosso objetivo. O princípio da legalidade, em face dessas transformações no Estado, assume *nova* identidade?

A Constituição e o Estado, afinal, deixam de ser garantes do cidadão (Estado Liberal), para serem promotores dos direitos sociais (Estado Social) e de políticas públicas vinculantes; para se converterem (especialmente o segundo) em um *árbitro* distante dos conflitos sociais? Sob que fundamentos jurídicos? As transformações jurídicas em curso são de molde a melhor posicionar o Homem em seu tempo, são legítimas, constitucionais, legais, se confrontadas com o próprio ordenamento constitucional? Há de fato uma *"nova"* ordem? Estas são algumas das questões que pretendemos responder ao longo do trabalho.[7]

O Direito Constitucional, as Constituições, o ideário do constitucionalismo, todos sabemos, surge, ou se *consolida*, com o advento das idéias que, no século XVIII, influíram nas revoluções americana e francesa, espraiando-se, pelas Américas e Europa. É verdade que muito

---

6. Santi Romano analisa o fenômeno da transmigração de um direito para além do seu país de origem e aceita-o, com temperamentos, desde que ambos apresentem semelhanças de condições e de desenvolvimento social, surgindo o fenômeno espontaneamente. Distingue, entretanto, o fenômeno da transmigração ou propagação do direito que se dá por: a) conquista ou colonização e b) "contagiosidade" – ordenação que se estende a novos países com sua própria força jurídica, com seus próprios textos, com as suas próprias leis, parcialmente, modificada ou na íntegra; ou ela é apenas imitada por um outro Estado, que a toma como modelo, sem que entre as duas ordenações haja identidade ou qualquer relação jurídica. E uma terceira hipótese, não comentada pelo autor, propositadamente é a do direito internacional. Conforme Santi Romano (1977:47-48).
7. Desde logo enuncio que utilizarei a "técnica do rodapé". Como a matéria é muito vasta e complexa, externarei meu entendimento ora no corpo do trabalho, ora no rodapé, deixando o pensamento original do autor trabalhado no corpo do texto. Do mesmo modo, procurei verificar a técnica com que renomados autores nacionais trabalham em suas monografias. Verifiquei que, na maioria dos casos *não há tradução do texto original de língua estrangeira*. Assim, quando o tema ou a matéria estaria a exigir fidelidade dos termos e conceitos expendidos, propositadamente, não realizei tradução do original, procurando não abusar desse recurso que, apesar de amplamente utilizado pela doutrina nacional de maior envergadura, muitas vezes pode dificultar a compreensão do leitor que não tenha acesso ou conhecimento de outras línguas. Finalmente, registro que as normas aplicáveis à matéria – ABNT e similares – silenciam sobre a exigência de tradução.

antes, na *Inglaterra*, berço do direito constitucional – de quem herdamos, desde 1215, as mais belas lições e institutos contra o despotismo real –, acabou paulatinamente aprisionado, graças ao notável desenvolvimento de instituições democráticas e das liberdades públicas.[8]

Com toda a dificuldade que o tema encerra, devemos nos perguntar, afinal, qual o legado do século XVIII para o direito constitucional? Que institutos, tradições, lições, a história constitucional nos oferece no *essencial*? A resposta não é difícil, basta assinalarmos, objetivamente, a síntese das conquistas político-jurídicas do período do século XVIII até hoje.

Para esse efeito, a doutrina aponta para um conjunto de regras protetoras do cidadão, a saber:

a) as liberdades públicas;[9]

b) o poder constituinte[10] e a Constituição escrita e rígida;[11]

8. Curioso notar que os ingleses só descobrem o conteúdo de sua Constituição pela comparação, considerando as matérias que, nos outros países, são regidas pela Constituição. Anota René David que os ingleses falam em *constitucional law* – direito constitucional – disciplina que estuda os meios pelos quais é possível impor aos governantes e à administração, por vias judiciárias, *o respeito ao direito*. Ele compreende, conseqüentemente, o estudo da maneira como são protegidas as liberdades públicas, bem como o da maneira como é realizado o controle de legalidade dos atos administrativos (v. René David, 1997).

9. Foi na Inglaterra que se forjou pela experiência a doutrina dos *direitos individuais*, adaptando princípios do direito costumeiro. Mas somente na França a questão assume foros abstratos, doutrinários e universais quando veio a lume a Declaração dos Direitos do Homem e do Cidadão, votada pela Assembléia Nacional em 26 de agosto de 1789. Até então, o direito público não fixara senão os direitos dos governantes, ou os privilégios de certas classes sociais.

10. O poder constituinte originário, em sua versão clássica de origem francesa, está vinculado às manifestações revolucionárias, visando consagrar no texto constitucional novo as alterações mais profundas que a Revolução produziu na estrutura social e econômica e na relação de poder no Estado e na Nação. A tentativa de enquadrar o constituinte da Constituição total nas regras da Constituição anterior se frustrou rapidamente. A sucessão de Constituições e de Constituintes, desde os fins do século XVIII até os nossos dias, demonstra que a criação da Constituição nova não se desgarrou ainda, pelo menos no constitucionalismo ocidental, da *prestigiosa idéia do pacto ou contrato social*, que coloca na origem da Constituição nova a manifestação constituinte, quase sempre turbulenta, da vontade popular (grifos nossos). É a lição de Raul Machado Horta (1995:28).

11. A excelência do modelo das constituições rígidas foi exaltada por Oswaldo Aranha Bandeira de Mello: "no sistema das Constituições rígidas, a Constituição é a

c) a separação de poderes.[12]

Entendo que os três tópicos anteriormente assinalados sintetizam as principais conquistas (jurídico-políticas) do século XVIII aos dias atuais.[13] Esse foi o legado da História, o que o Homem conseguiu forjar com suas lutas, com seu suor e sangue.

Não estou preocupado com a seqüência cronológica desses movimentos ou concepções. Comentá-los em seqüência cronológica não seria de utilidade para nosso trabalho. Deixo de lado por um momento, sem ignorá-las, as diferenças terminológicas entre direitos fundamentais, direitos individuais, liberdades civis, etc. Para os efeitos deste trabalho, denomino esse conjunto histórico de garantias[14] de *direitos fundamentais*, terminologia da Constituição.

Também aceito a objeção, que facilmente poderia advir, quando coloco a Constituição como um *elemento* do conjunto quando, a rigor, ela seria *a síntese* de todas as conquistas, incorporando-as. Mas

autoridade mais alta, e derivante de um poder superior à legislatura, o qual é o único poder competente para alterá-la. O poder legislativo, com os outros poderes, lhe são subalternos, tendo as suas fronteiras demarcadas por ele, e, por isso, não podem agir senão dentro destas normas. Além do governo, as Constituições rígidas limitam ainda o povo organizado politicamente, isto é, o corpo eleitoral, influenciado pelas agitações populares momentâneas" (Oswaldo Aranha Bandeira de Mello, 1980:48).

12. A essência da noção da separação de "poderes" nos é oferecida por Sampaio Dória. Após destacar a diferença entre separação de poderes com distribuição de funções, ou divisão e colaboração dos órgãos da soberania, ensina que dois são os sistemas de separação de poderes. O sistema parlamentar, que a Inglaterra, a França e outros povos adotam, e o sistema presidencial, que os Estados Unidos implantaram em 1787, e que se irradiou, mais ou menos, pelo continente americano. "No sistema parlamentar, não se pode deixar de reconhecer a supremacia da câmara legislativa sobre os demais órgãos da autoridade pública. No sistema presidencial, porém, o executivo e o judiciário são poderes como o legislativo. Nos Estados Unidos, as decisões da justiça se impõem ao legislativo e ao governo, contendo-os a ambos, nas raias inconfundíveis de suas atribuições constitucionais. O judiciário pode opôr-se ao poder legislativo, como ao executivo". E mais adiante assevera: "O elemento específico do poder, como potência acima de autoridade, ou mero órgão de funções próprias, é a capacidade de opôr-se a outro qualquer poder" (Sampaio, 1953:268-269).

13. Trata-se de uma proposta de classificação. Existem outras, como, por exemplo, a de Carlos Ari Sundfeld que identifica a presença do Estado de Direito com os seguintes elementos (mínimos): a) supremacia da Constituição; b) separação de poderes; c) a superioridade da lei; e d) a garantia dos direitos individuais (Sundfeld, 1992:40).

14. Sem desconhecer a distinção entre direitos e garantias tão bem elaborados por Rui Barbosa.

a isso voltarei mais tarde, pedindo, por hora, a indulgência científica do leitor.

Do mesmo modo, podemos afirmar que o Direito Constitucional clássico preocupava-se em fixar a *estrutura do Estado*, definindo-lhe a forma e os poderes, indicando os órgãos destes poderes e definindo o funcionamento desses órgãos bem como as suas recíprocas relações. Ao mesmo tempo, preocupava-se com o *Homem* (*liberdades individuais*), com a sua defesa contra a ação invasora do Estado, e esta era, sem qualquer sombra de dúvida, a parte de que os antigos constitucionalistas mais cuidavam.

Vejamos agora cada um desses elementos centrais que compõem em grande medida o conceito de constitucionalismo, para depois avançar no tempo.

Capítulo 1
O CONSTITUCIONALISMO E SUA EVOLUÇÃO

A Inglaterra com o seu direito costumeiro foi, sem dúvida alguma, o berço histórico do direito constitucional e de suas conquistas mais notáveis. Apesar de não ser dotada de leis constitucionais, no *sentido estrito* – pois o poder do Parlamento é sem contraste –, é permitido transferi-lo a qualquer outra autoridade,[1] ao contrário do que ocorre nos países de Constituição rígida. Ele é, na locução de Ruy Barbosa, a "constituição viva do país, a constituinte nacional em permanência, a vontade legislativa soberana".[2]

A idéia de *poder limitado, de limitação do poder*, afirma-se com o advento do Estado liberal e sua evolução, que se desenvolveu na Inglaterra a partir do século XVII, consolidando-se progressivamente na Europa depois da Revolução Francesa de 1789, e nos Estados Unidos da América, a partir da Guerra de Independência (1776).

Procurava-se, de todas as formas, circunscrever o poder absoluto desenvolvido nos séculos anteriores, limitando os poderes do soberano. Erigiu-se, pois, um sistema de garantias que pudesse confrontar o poder político. Assim, quando se fala em Constituição, idéia-síntese do constitucionalismo, necessariamente, devemos entender que antes dela já havia todo um caminho trilhado para alcançá-la.

As batalhas travadas na Europa pela conquista dos direitos individuais foram traçando os limites ao poder dos soberanos e o perfil

---

1. Princípio de delegação de poderes que remanesce até nossos dias e que é de certo modo controlado na prática pelo fenômeno eleitoral. Vide Central Office of Information, 1961.
2. *Apud* Oswaldo Aranha Bandeira de Mello, 1980:53.

dos governos. Alguns documentos históricos retratam estas conquistas, como, por exemplo, a Magna Carta, a Petição de Direitos e a Declaração de Direitos, todos resultantes de lutas mantidas durante séculos entre o povo[3] e os parlamentos e o poder absoluto dos reis.

Enquanto na França ocorriam os principais movimentos revolucionários (1789), os Estados Unidos já estavam independentes e haviam incorporado à sua Constituição os princípios que os legisladores franceses queriam estender por todos os povos, como a conquista das liberdades mais primordiais. Proclamada sua separação da Inglaterra, em 4 de julho de 1776, os agrupamentos que até então haviam sido colônias encontraram-se em um estado quase completo de recíproca independência e constituíram uma espécie de confederação de fato, sob a direção de um Congresso.

Em 1781, formou-se uma confederação com uma Constituição escrita, cujas más conseqüências reclamaram uma nova Constituição, que se discutiu em 1787 e posta em vigência em 1789, em razão da abertura do primeiro congresso federal, elegendo-se George Washington à Presidência da República.

Também nos Estados Unidos, é importante recordar, as liberdades clássicas precederam a implantação da Constituição, já que esta não seria admitida sem vencer sérias dificuldades, e desde o primeiro congresso propôs-se sua reforma para uma agregação de uma *declaração de direitos* e de uma cláusula que estabelecesse, claramente, que os poderes do congresso eram limitados.

Os americanos deveriam dar uma grande importância ao estabelecimento dos direitos. As Constituições dos Estados já dispunham de declarações de direitos, seguindo o exemplo inglês; e era indispensável que a carta de direitos, cujas prescrições se declaravam superiores sobre todas as leis da União, as contivesse.

Assim, não obstante a oposição que se fez, dez emendas foram submetidas ao povo em 1789 e adotadas em 1791, emendas que – como as demais prescrições que para a nova situação resultante da Guerra de Secessão foram criadas –, formaram a verdadeira declaração de direitos da União americana, abarcando a liberdade religiosa,

---

3. Ou segmentos do que hoje entendemos como povo – a burguesia, a nobreza etc.

de imprensa, os direitos de petição e associação, a milícia e o uso de armas, o alojamento de soldados, domicílio, finanças, castigos e multas excessivas, jurados e garantias em juízo.[4]

Desse modo, podemos dizer que a idéia de Constituição é precedida pela afirmação das *liberdades do homem e do cidadão*, notadamente por meio dos princípios de igualdade política, abolindo-se os privilégios hereditários da nobreza monárquica, e do princípio de liberdade do cidadão que o leva a erigir mecanismos contra a ingerência e abuso do poder político, tais como a liberdade de pensamento, a de expressão, a proibição da prisão arbitrária, a liberdade de domicílio, a de circulação, a de associação, a de reunião e tantas outras.

A partir de fins do século XVIII, as declarações de direito difundiram-se pelas Constituições escritas da Europa e da América. A primeira a inserir no seu texto uma enumeração de direitos individuais e suas garantias foi a Constituição francesa de 1791. Nela, a doutrina política já identificava o processo do *liberalismo econômico* e as suas conseqüências sociais. Exemplo marcante é evidenciado pelo direito de *propriedade privada* que ocupava lugar de destaque entre as liberdades individuais. A propriedade privada dos meios de produção e de consumo era considerada sagrada e inviolável.

A respeito desse momento histórico, disserta Giuseppe de Vergottini:[5] "A liberdade econômica era concebida do seguinte modo: plena autonomia do titular de direito e ausente de intervenção pública na disciplina econômica. A propriedade privada, dos meios de produção e de consumo, era declarada 'sagrada e inviolável'; a liberdade de imprensa vinha antecipada da disciplina de sua corporação, mas também do Estado; a liberdade de comércio encontrava limites unicamente na lei do mercado concorrencial. O regime da liberdade encontrava uma perfeita integração com uma concepção de estrutura estatal baseada em um perfil garantista da separação de poderes, que permeava o balanceamento entre os diversos centros institucionais, de modo a assegurar ao parlamento, instituição representativa de uma comunidade nacional '*soberana*' relativamente ao detentor do poder econômico, um papel preferencial" (tradução nossa).

---

4. Segundo Joseph Story.
5. Vergottini, 1993:236.

No Brasil não foi diferente. A doutrina burguesa do liberalismo foi consagrada nas Constituições brasileiras não só por força das idéias liberais acima citadas, como, sobretudo, em razão do constante transplante de *dogmas forasteiros* incorporados desde sempre pela elite dirigente do Brasil,[6] o que levou Goffredo Telles Júnior[7] a condenar esta tendência ao dissertar: "Para que povo, para que país, teriam sido escritas as Constituições republicanas do Brasil? Para os Estados Unidos da América? Para a Inglaterra? Para a França? Ou talvez, para o Congo, o Camboja ou a Tanganica? O certo é que elas não têm nenhuma aparência de leis confeccionadas, *sob medida*, para a nossa Terra. Se alguém atentar, exclusivamente, para o que elas apresentam de essencial – desprezando as disposições de legislação ordinária, que as sobrecarregam e afeiam – poderia ser levado a pensar que foram escritas para um país imaginário, idealizado pela fantasia de uma escola de teóricos. Realmente, não refletem nem sequer o que há de permanente em tôdas as sociedades humanas. São construções artificiais do espírito, desde os alicerces até a cúpula. São sêres da razão, como diriam os filósofos".

E sobre o liberalismo triunfante, é ainda o eminente professor quem afirma: "Era o liberalismo que se implantava. Só se ouvia falar nos 'direitos do homem e do cidadão', nas 'garantias das liberdades individuais'. As leis proclamadas como perfeitas eram as do grande código da excelsa Natureza. Na esteira luminosa dos Enciclopedistas, afirmava-se que o homem nasce livre e que, em conseqüência, é titular de direitos originários e inatos, inalteráveis e imprescritíveis. Afirmava-se, também, que a sociedade é criação voluntária do homem e resulta de um contrato. O princípio político fundamental se exprimia na célebre fórmula: 'Todo o poder vem do povo'. À pergunta de como há de o poder vir do povo, respondia-se: por meio do sufrágio universal e dos partidos políticos. Sôbre qual era a missão do Govêrno, sustentava-se que outra não devia ser senão a de garantir as liberdades individuais, segundo a fórmula do *'Laissez faire, laissez passer'*. E

---

6. Aspecto muito bem levantado por Afonso Arinos de Mello Franco ao dissertar a respeito das instituições políticas brasileiras, analisando o Brasil imperial e o Brasil republicano e a forte influência da filosofia política francesa no Império e, logo a seguir, na República, das instituições inglesa e americana (Mello Franco, 1976:86 e ss.).

7. Telles Júnior, 1965:5 e ss.

para que os Governos não se excedessem no exercício de suas funções, preconizava-se a divisão do Poder em três Podêres distintos: Poder Legislativo, Poder Executivo e Poder Judiciário".

Suas lições são extremamente atuais. O chamado "neoliberalismo" nada mais é, no essencial, que o velho liberalismo em novo figurino com alguns pobres retoques da chamada "modernidade".

Certo é que, malgrado nosso possível complexo de inferioridade,[8] que somente pode ser analisado por especialistas nas ciências da mente e da antropologia humanas, em termos jurídico-políticos o período foi fecundo ao menos para um efeito. Nele, o *princípio da legalidade* afirmou-se no direito público e constitucional, com vantagens inegáveis ao longo do tempo, à exceção de sua *deturpação* nos períodos negros da história (nazismo,[9] fascismo e autoritarismo).

A herança do constitucionalismo clássico que foi recolhida na história e aceita pelo constitucionalismo social pode ser *sintetizada*, esquematicamente, segundo Jorge Reinaldo Vanossi,[10] da seguinte maneira:

"Base e ponto de partida (um *prius*): a Liberdade do homem.

"a) Marco necessário: a preservação do espaço da Sociedade, o que implica uma necessidade demarcada com a órbita do Estado, mesmo que haja nesta última, uma certa variação segundo as circunstâncias históricas.

---

8. Revelado pela tendência automática de transplantes alienígenas; naturalmente que os autores citados condenam o transplante puro e simples de institutos de outros países, não as conquistas e idéias que impulsionam a civilização, o que seria rematado disparate.
9. A experiência nacional socialista produziu uma tal impressão em Radbruch, que o obriga a repensar o positivismo e esta reflexão o leva a condená-lo, pois vê na separação radical entre o direito e a moral a base em que se apoiou o nazismo para levar a cabo, debaixo de uma determinada "legalidade", as maiores injustiças. Radbruch chega a sustentar que uma lei que contravenha os princípios básicos da moralidade não é direito, mesmo que seja "formalmente válida". Ao finalizar seu ensaio (*Arbitrariedade legal e direito supralegal*), afirmou: "devemos buscar a justiça e atender ao mesmo tempo a segurança jurídica, porque é ela mesma uma parte da justiça, e voltar a construir um novo estado de direito que satisfaça dentro do possível ambos pensamentos. A democracia é por certo um valioso bem, o estado de direito é, entretanto, como o pão cotidiano, a água que se toma, o ar que se respira, e o melhor da democracia é que ela é a única apropriada para assegurar o estado de direito" (Radbruch, 1962).
10. Vanossi, 1997:24-25.

"b) Postulados Gerais: 1) princípio da legalidade; 2) Democracia representativa; 3) separação dos poderes.

"c) Técnicas Específicas: 1) Poder Constituinte supremo e diferenciado dos poderes constituídos; 2) rigidez constitucional; 3) supremacia da Constituição; 4) *controle*: a) de constitucionalidade, b) e de legalidade.

"d) Objetivos Fundamentais: 1) limitação do poder; 2) despersonalização do poder estatal, mesmo que não do Governo (que, de toda maneira, fica submetido ao controle e à periodicidade); 3) responsabilidade do Estado e dos governantes; 4) "Estado de Direito", mediante o efeito vinculante do Direito para o Estado e os governantes (submissão idêntica de governantes e de governados).

"e) Condicionamentos Históricos (iniciados pelos anglo-saxões): 1) *self-government*; 2) *due process of law* (adjetivo e substantivo); 3) *judicial review*; 4) *no taxation without representation*; 5) *checks and balances*; 6) *rule of law*; 7) *freedoms and writs*."

Capítulo 2
O PRINCÍPIO DA LEGALIDADE E SEUS DESDOBRAMENTOS

A Antigüidade já conhecia a noção de ordem e de lei. Entretanto, neste período, a lei tinha um caráter sagrado ou divino, confundindo-se com a religião. Somente na Idade Contemporânea a regulação do poder político foi, paulatinamente, assumindo a feição próxima a que temos hoje, sendo, essencialmente, o resultado das idéias e concepções das Revoluções Francesa e Americana.

É curioso que na Inglaterra, berço do direito constitucional, tenha havido reação à possibilidade de uma Constituição escrita e rígida, mas, de outro lado, foi lá que floresceu a idéia do *rule of law*, como *standard* mais ou menos compreensível de proteção de certos valores nas relações entre o Estado (Coroa) e os indivíduos. A idéia clássica de *rule of law* aproxima-se da noção de "segurança jurídica", ou seja, é um dos importantes elementos que asseguram as condições para o Estado de Direito.

A *rule of law* dos povos anglo-saxões é a garantia máxima da *previsibilidade* acerca das conseqüências dos comportamentos humanos, de modo que a livre ação do indivíduo só é condicionada por esses limites de uma proibição preestabelecida. A *rule of law* somente pode ser considerada como o princípio da legalidade em sentido muito amplo e impróprio.[1]

A legalidade nos sistemas políticos exprime basicamente a observância das leis, isto é, o procedimento da autoridade em consonância estrita com o direito estabelecido.

---

1. Ver, neste sentido, Martin Kriele (1980:139 e ss.).

Em outras palavras, traduz a noção de que todo o poder estatal deverá atuar sempre de *conformidade* com as *regras jurídicas* vigentes.[2]

É ainda Bonavides[3] a dizer que a legalidade supõe, por conseguinte, o livre e desembaraçado mecanismo das instituições e dos atos da autoridade, movendo-se em consonância com os preceitos jurídicos vigentes ou respeitando rigorosamente a hierarquia das normas, que vão dos regulamentos, decretos e leis ordinárias até a lei máxima e superior, que é a Constituição.

O princípio da legalidade, tal como hoje conhecemos na doutrina, passou por lenta evolução.

Em um primeiro momento, a idéia central da legalidade focava-se no mito de que a sociedade estaria protegida do Estado pela muralha do direito. Assim, bastaria ao Estado reconhecer-se limitado pelo direito por meio da representação popular competente para ditar a lei.

Imaginava-se, então, que toda a organização interna do Estado era de âmbito autônomo do Executivo livre da legalidade, esta última identificada com o direito. A essa esfera própria do Executivo, pertencia, por exemplo, o Orçamento, cuja e sua aprovação, portanto, estava *fora da esfera da legislação*, não fazendo parte da *competência original* dos Parlamentos.

Aos poucos, foi-se alargando a competência legislativa para além da fronteira original da lei, fazendo com que o conceito de legalidade novas realidades. Entretanto, é preciso registrar, desde logo, que ao *princípio democrático* não interessou tanto determinar a matéria de lei, mas preocupar-se com a qualificação do órgão que era chamado a emitir atos com força de lei; já aos princípios de *Estado de Direito* e de *separação de Poderes* interessou a qualidade do ato, a matéria de lei, para, por meio deles, limitar qualquer forma de arbítrio.

"Como observa Ehrardt Soares, a *preocupação liberal* não se contenta com a implementação do princípio democrático pela atribuição, ao órgão que exprime a sociedade, do poder de decidir relativamente aos problemas desta, antes se completa com uma idéia de certeza e previsibilidade própria dos comandos gerais e abstratos. Mas a generalidade da norma não é vista apenas como factor de segurança:

---

2. É a lição de Paulo Bonavides (1983:113 e ss.).
3. Bonavides, 1983:114.

'a lei não é *voluntas*, mas *ratio*, regra racional'. O direito positivo é uma materialização imediata da *raison humaine*. Parte-se do princípio da relação imanente entre o tecido normativo constituído pelos princípios singulares instituídos pelo legislador positivo e a *ratio*, entendida como expressão do *nómos* objectivo."[4]

A Constituição francesa de 1791 enunciava em seu art. 32: "Não há em França autoridade superior à da lei; o rei não reina senão em virtude dela e é unicamente em nome da lei que poderá ele exigir obediência". Era a tentativa de estabelecer-se um *governo das leis, em substituição ao governo dos homens*. A legalidade era vista como sinônimo de liberdade, de emancipação política.

Posteriormente, desfeita a equiparação racional-iluminista da lei ao direito, pela compreensão de que a lei *não é, só por si, o direito* – já que ela não é só direito, podendo, inclusive, manifestar-se em contradição com ele –, a validade das leis vai implicar valorações (do direito) exógenas à sua gênese e estrutura; pois a lei não pode ser já o "fundamento normativo" de si própria;[5] caminhamos, assim, para a análise dos *princípios jurídicos fundamentais*, ao serviço dos quais estará agora *a generalidade*, sendo as leis juridicamente inválidas se desconformes (se absolutamente incorrectas, no dizer de Karl Larenz) com tais princípios.

Sobre o momento, afirma Manuel Afonso Vaz,[6] após detectar a mudança de eixo da discussão do plano do legislador para o plano da Constituição: "O que em concreto a lei pudesse determinar não era, contudo, um problema constitucional, mas sim um problema legal que não encontrava limites constitucionais. Em rigor, os próprios catálogos de direitos individuais eram imposições da sociedade (*Summe der Einzelnen*) à Constituição, e garantiam-se na medida em que tão somente deles pudesse dispor o acto parlamentar (= a lei). Neste sentido se diz que 'antigamente os direitos fundamentais só valiam no âmbito da lei', que o mesmo é dizer, era pela 'reserva da lei' que se garantiam os direitos individuais. Tudo isto tinha a sua *racionalidade* sob o prisma da filosofia liberal, onde os valores da liberdade e da segurança, predominantemente encarados do ponto de vista burguês,

---

4. Correia, 1987:24.
5. É a lição de Manuel Afonso Vaz (1992:40 e ss.).
6. Vaz, 1992:291 e ss.

conduziam afinal à concepção de um Estado abstencionista e de um Direito-garantia do livre jogo das forças sociais. A ética e limite do Estado são apenas o conjunto de idéias éticas individuais. Uma tal concepção satisfaz-se facilmente com uma compreensão da Constituição como limite jurídico ao poderio do Estado, isto é, ao poder executivo (Monarca). Pedia-se, assim, à Constituição, texto de força jurídica superior, que garantisse ao Parlamento – órgão diretamente eleito pelos cidadãos – a competência exclusiva para legislar, isto é, segundo a dogmática oitocentista, para definir a situação jurídica dos cidadãos. O objetivo da segurança cumpria-se também pela racionalidade de um sistema organizatório que afastava o Estado da sociedade, a esta deixando a livre conformação dos interesses individuais e sociais".

E, mais adiante, dissertando sobre a progressiva miscigenação do Estado e da sociedade e seus reflexos no âmbito constitucional, afirma, para concluir, analisando a realidade portuguesa que, neste particular, não difere da brasileira:

"O Estado intervém na sociedade, o que vai implicar opções de valor constitucional que definam o sentido e os limites dessa intervenção. O domínio da constituição alarga-se agora a um 'domínio de conteúdo', que, uma vez formalizado, constitui a 'reserva material da constituição'. (...) E de facto, como veremos, a Constituição portuguesa dá um *relevo normativo* aos preceitos constitucionais que consagram 'direitos, liberdades e garantias' que permite determinar um conteúdo constitucional, uma 'reserva constitucional', perante os poderes constituídos e, especificamente, perante o legislador".[7]

Desse modo, podemos afirmar que o *princípio da legalidade* no Estado contemporâneo assume relevo e dimensão constitucional, imbricando-se com as garantias fundamentais do cidadão,[8] com o conteúdo e limites *da elaboração normativa*, circunscrevendo o papel do legislador em várias dimensões.

Neste contexto, o princípio da legalidade comporta interpretação e aplicação constitucionais e tem inúmeras funções e destinatários, dos quais se destacam: a) o legislador infraconstitucional; b) o administra-

---

7. Vaz, 1992:293 e ss.
8. Ou liberdades públicas – para ser fiel à proposta original.

dor público e quem lhe faça as vezes; c) o Estado-juiz; d) as entidades ou entes criadas ou autorizadas pelo Estado; e) os particulares.

O legislador em sentido amplo está, como vimos, contido nas amarras constitucionais. Este não só deve conformar-se à formalidade e aos procedimentos necessários (lei, medida provisória e demais atos normativos), bem como à expedição do ato normativo, mas também estar atento aos seus *conteúdos* e *limites materiais*. Já para o administrador público, o princípio da legalidade também o atinge na forma em que deverá comportar-se.

Segundo Lúcia Valle Figueiredo:[9] "(...) é bem mais amplo do que a mera sujeição do administrador à lei, pois aquele, necessariamente, deve estar submetido também ao Direito, ao ordenamento jurídico, às normas e princípios constitucionais, assim também há de se procurar solver a hipótese de a norma ser omissa ou eventualmente faltante (...)". E em outro trecho: "Há de se entender como regime de estrita legalidade não apenas a proibição da prática de atos vedados pela lei, mas, sobretudo, a prática, tão-somente, dos expressamente por ela permitidos. Todavia, aceitamos, como já afirmamos anteriormente, a integração no Direito Administrativo, desde que cintada de cautelas".[10]

Finalmente, para o Estado-juiz, o princípio da legalidade funciona como um dever-poder de aplicá-lo no bloco dos demais princípios e normas constitucionais, integrando-o de forma eficaz para fazer valer na realidade as prescrições constitucionais.

Acreditamos, portanto, que, de algum modo, com a mudança de eixo da discussão da legalidade, de regra voltada ao legislador e ao Parlamento para uma garantia no contexto constitucional com prevalência dos princípios, introduz-se, voluntariamente ou não, um elemento novo no fenômeno jurídico que é exatamente a legitimidade no exercício do poder.

De fato, o direito constitucional é essencialmente um *código político*, o que o diferencia de outros "ramos" do direito. De todo modo, acreditamos que isso ocorra em virtude do avanço e prestígio que o direito constitucional e a constituição passaram a gozar no mundo con-

---

9. Lúcia Valle Figueiredo, 2004:42.
10. Lúcia Valle Figueiredo, 2004:66.

temporâneo, sobretudo em razão da tendência de ver nos *princípios* a mola mestra da *interpretação constitucional*.

Por um ou por outro motivo, é certo que com eles (princípios), o *positivismo ortodoxo* perde força, dando também espaço para entrada do conceito de *legitimidade* no exercício do poder, o que parece ser um aspecto positivo.[11]

Acreditamos que, por meio dos princípios, que têm inegável aspecto *valorativo*, é possível questionar a regra jurídica acerca de sua justificação, é dizer: afirma-se que a legitimidade é a legalidade acrescida de sua valoração. Contendo os princípios uma dimensão valorativa (axiológica) inegável, é possível, por intermédio deles, de algum modo, aferir também a *racionalidade das regras jurídicas*.

Assim, parece útil ao desenvolvimento do presente trabalho dissertar acerca desta proposição.

---

11. É inegável que, entre as várias funções que cumprem, os princípios desempenham um papel ideológico, funcionam como verdadeiras válvulas jurídicas por meio das quais os intérpretes conseguem captar a ideologia constitucional, a *ratio* constitucional, renovando-a e preservando-a, em um movimento dialético, contínuo e aberto.

Capítulo 3
PECULIARIDADES DE UMA HERMENÊUTICA CONSTITUCIONAL

A interpretação jurídica incide sobre todo o fenômeno do direito. Entretanto, a doutrina é unânime em apontar peculiaridades que justificam uma hermenêutica constitucional[1] diferenciada, advogando métodos, de certo modo especiais, além dos tradicionais, para interpretar e aplicar a norma constitucional.[2]

1. A singularidade do direito constitucional, segundo Konrad Hesse (1994), manifesta-se em razão de sua primazia e de sua superioridade, pelo caráter aberto e vinculante de suas normas e, finalmente, pela circunstância de diferenciar-se de outros ramos do direito porque não existe instância que possa impor sua observância; o direito constitucional tem que se garantir por si mesmo, o que supõe a existência prévia de uma configuração que esteja em condições de assegurar no limite do possível essa "garantia imanente".

2. Como exemplo eloqüente de novos métodos ou abordagens criativas pode-se recordar a teoria concretista desenvolvida por Peter Haberle na Alemanha, já com adeptos no Brasil, como Paulo Bonavides e Luís Roberto Barroso. Ambos os autores parecem sugerir sua adoção no sentido de que os cidadãos são os maiores intérpretes da Constituição, uma vez que a efetuam para determinar sua conduta e aferir seus direitos. Essa linha de pensamento parece ser de extrema utilidade para aproximar a distância entre Sociedade e Estado indo ao encontro do pensamento do próprio Hesse que vê na noção de comunidade a junção entre o Estado, com funções estatais, e a sociedade, dotada de funções não-estatais. Esta última, a sociedade, aproxima-se mais do Estado, mediante a participação ativa dos cidadãos, por meio da democracia e de seus instrumentos, como, *v.g.*, o referendo, a iniciativa popular e a participação popular ampla, inclusive em entidades, associações, partidos, sindicatos, todos protagonistas, de algum modo, dessa desejada aproximação. Também talvez por isso e para isso, deseja-se que a Constituição origine-se da vontade popular e com ela permaneça, devendo seus intérpretes ("oficiais" ou "não-oficiais") preservar e condicionar sua força e seu texto e contexto em permanente contato com a realidade social.

Essencialmente, sete fatores são levados em conta para se sustentar a tese da peculiaridade da interpretação constitucional,[3] a saber: a) o posicionamento singular das normas constitucionais; b) a inicialidade fundante dessas normas; c) seu caráter aberto, o que possibilita sua atualização; d) a linguagem constitucional; e) o caráter sintético dos enunciados e a existência de lacunas na Constituição; f) o caráter amplo dos termos por elas empregados e dos princípios; e g) as opções políticas na Constituição.

Nem todas as características acima nos interessam, mais especialmente para determinar a procedência de nossa tese no sentido de que, por meio dos princípios, introduz-se uma válvula, uma abertura para interpretações constitucionais e, com ela, a possibilidade de constante alimentação do conteúdo do ordenamento jurídico constitucional.

Nesse contexto, parece-nos que o caráter aberto e amplo das normas constitucionais e de seus princípios permite a chamada "atualização" das normas constitucionais. Forçoso reconhecer que os princípios constitucionais encontram-se inseridos neste domínio existencial já que se apresentam com uma abertura para várias significações nos limites traçados por seu enunciado normativo que adquire "nova vida", a cada nova interpretação de suas previsões.

Aliás, é característica das normas constitucionais apresentarem-se "mui raramente como enunciados particularizados. Indo um pouco além, pode-se dizer que os próprios termos empregados, ou seja, os vocábulos, são, em sua maior parte, de significação imprecisa, o que reforça a idéia da presença abundante de princípios no texto constitucional".[4]

Os princípios constitucionais são *normas abrangentes* vocacionadas a concretizar e desenvolver a legislação infraconstitucional. Conquanto o trabalho do intérprete esteja de algum modo contido na própria Constituição, tendo-a como limite, a função e a tarefa de concretizá-la contém em si uma dimensão axiológica, valorativa.

Assim, no chamado círculo hermenêutico (Canotilho[5]), o intérprete vai compreendendo e revelando os sentidos dos princípios e

---

3. É a lição de Celso Ribeiro Bastos, 2002:105 e ss.
4. Bastos, 2002:117-118.
5. Canotilho (2002:1.196 e ss.) denomina "círculo hermenêutico" a relação entre o texto e o contexto com a mediação criadora do intérprete em "movimento de ir e vir", inserida na discussão do método hermenêutico concretizador.

regras constitucionais, como que "criando", preenchendo os sentidos normativos e concretizando a norma para e a partir de uma situação histórica real.

Por fim, as inegáveis opções políticas contidas na Constituição trazem, quase sempre, conflitos. Não é por outra razão que se forjou a idéia de uma jurisdição diferenciada a ser atribuída a um Tribunal Constitucional, órgão com especialização no julgamento desta "matéria constitucional política", fora propriamente do sistema judicial clássico, integrado por juízes na aplicação do direito constitucional.

Do mesmo modo, hoje se reconhece a existência de princípios de interpretação especialmente voltados à *realidade constitucional*, ao direito constitucional. Não se abdica naturalmente dos tradicionais métodos filológico, histórico, teleológico e sistemático, mas deve-se ir além para empregar recursos próprios da ciência constitucional.

Não fossem por outras razões, hoje não mais se discute que o direito constitucional tem forte conteúdo político-ideológico. A Constituição é uma expressão ideológica que organiza a convivência política em uma estrutura social. Assim, a interpretação de uma norma constitucional sempre terá, em maior ou menor medida, um significado político,[6] a partir da ideologia da Constituição e de seus valores.

Reconhecem-se, desse modo, alguns princípios básicos da interpretação especificamente constitucional. São os principais:

a) Princípio da unidade da Constituição

Corolário do princípio da unidade da ordem jurídica, o princípio da unidade da Constituição apresenta-se como a norma-síntese da "pirâmide" jurídica. É a Constituição a norma fundamental hierarquicamente superior que confere unidade e caráter sistemático ao ordenamento jurídico.

Considerado um dos mais importantes princípios da interpretação constitucional, ele de fato tem prevalência sobre os demais, ao

---

6. O significado político a que nos referimos refere-se à ideologia constitucional, com seus valores, expressos em seus enunciados normativos, princípios e regras. Pode-se afirmar que toda Constituição é dotada de uma ideologia, de uma orientação política normativa.

menos se o entendermos não só como método de trabalho e investigação das disposições constitucionais que são interdependentes e que formam um sistema integrado, como, também, para conferir ao conjunto das normas constitucionais um ponto de equilíbrio diante das discrepâncias que possam surgir na sua aplicação.

Com razão ensina Luís Roberto Barroso:[7]

"O papel do princípio da unidade é o de reconhecer as contradições e tensões – reais ou imaginárias – que existam entre normas constitucionais e delimitar a força vinculante e o alcance de cada uma delas. Cabe-lhe, portanto, o papel de harmonização ou 'otimização' das normas, na medida em que se tem de produzir um equilíbrio, sem jamais negar por completo a eficácia de qualquer delas. Também aqui, a simplicidade da teoria não reduz as dificuldades práticas surgidas na busca do equilíbrio desejado e na eleição de critérios que possam promovê-lo.

"A doutrina mais tradicional divulga como mecanismo adequado à solução de tensões entre normas a chamada *ponderação de bens ou valores*. Trata-se de uma linha de raciocínio que procura identificar o bem jurídico tutelado por cada uma delas, associá-lo a um determinado valor, isto é, ao princípio constitucional ao qual se reconduz, para, então, traçar o âmbito de incidência de cada norma, sempre tendo como referência máxima as decisões fundamentais do constituinte. A doutrina, todavia, tem rejeitado a predeterminação rígida da ascendência de determinados valores e bens jurídicos, como a que resultaria, por exemplo, da absolutização da proposição *in dubio pro libertate*. Se é certo, por exemplo, que a liberdade deve, de regra, prevalecer sobre meras conveniências do Estado, poderá ela ter de ceder, em determinadas circunstâncias, diante da necessidade de segurança e proteção da coletividade."

b) Princípio da máxima efetividade, também denominado
princípio da eficiência ou *da interpretação efetiva*

O princípio da máxima efetividade decorre, em grande medida, de uma preocupação que se intensificou a partir dos trabalhos da dou-

---

7. Barroso, 1996:185 e ss.

trina européia, notadamente a italiana, que se empenhou em alcançar uma orientação, ainda não satisfatória, mas já capaz de produzir resultados alentadores, relativamente à eficácia e à aplicabilidade da norma constitucional. A idéia essencial está em que cada norma constitucional é sempre executável por si mesma *até onde possa ser, até onde seja suscetível de execução*.[8] Conjugado a esse esforço, não há como não reconhecer que a doutrina ou o princípio da *força normativa da Constituição* (Hesse), que veremos mais adiante, também contribuiu decisivamente para o seu desenvolvimento.

O princípio da máxima efetividade é devedor dessa doutrina constitucional que, com muito esforço, vem procurando reduzir as distâncias entre as normas constitucionais e seus destinatários. Apesar de o tema ainda revelar muitas dificuldades, é certo que não mais se admite que a Constituição contenha apenas meras promessas ou orientações destituídas de eficácia jurídica.

Como conseqüência de sua adoção, desenvolveram-se, ademais, instrumentos de tutela jurisdicional em diversos países, a fim de que os direitos constitucionais não permaneçam desatendidos ou irrealizáveis. No Brasil, é o caso da inconstitucionalidade por omissão, do mandado de injunção.[9]

A matéria vem evoluindo no direito constitucional e acreditamos que a tendência contemporânea está em dotar os indivíduos e os grupos e associações de instrumentos processuais que, de algum modo, lhes garantam a discussão e o acesso à jurisdição constitucional. A

---

8. Nesse sentido, conferir a clássica monografia de José Afonso da Silva (2003).
9. Não é o caso de dissertarmos sobre esses importantes mecanismos que, lamentavelmente, não lograram alcançar, até o momento, na jurisprudência brasileira, o mínimo de operatividade – seu objetivo maior. Sobre a matéria dedicamos nossa dissertação de mestrado (Marcelo Figueiredo, 1989). Desde aquela ocasião, defendíamos com vigor ambos os instrumentos como uma alternativa possível para encurtar as distâncias entre o direito (constitucional) e a realidade para satisfação dos direitos de seus destinatários. Entretanto, não foi essa a orientação que prevaleceu no Supremo Tribunal Federal relativamente ao mandado de injunção. No nosso entendimento, houve o sepultamento dessa importante garantia quando o Supremo Tribunal afirmou que o "mandado de injunção nem autoriza o Judiciário a suprir a omissão legislativa ou regulamentar, editando o ato normativo omitido, nem, menos ainda, lhe permite ordenar, de imediato, ato concreto de satisfação do direito reclamado" (MI 168-5-RS).

ampliação da legitimação ativa na ação direta de inconstitucionalidade, a consagração e o incentivo da Constituição de 1988 à participação nessas ações, por meio de associações de classe, sindicatos e outras organizações do gênero apontam nesta direção.

É preciso, novamente acompanhar a lição de Barroso[10] que anota: "O Direito existe para realizar-se. O Direito Constitucional não foge a este desígnio. Como adverte Biscaretti di Ruffia, sendo a Constituição a própria ordenação suprema do Estado, não pode existir uma norma ulterior, de grau superior, que a proteja. Por conseguinte, ela deve encontrar em si mesma a própria tutela e garantia".

c) Princípio da força normativa da Constituição

Como conseqüência do movimento doutrinário que estabeleceu em definitivo a juridicidade e vinculatividade das normas constitucionais, a luta por sua eficácia na perspectiva já comentada, a noção mesmo de Constituição alterou-se para abarcar campos que dantes não eram sequer imaginados no direito constitucional.

Assim, da concepção clássica de Constituição que restringe seu papel à limitação do poder do governante e à garantia dos *direitos fundamentais*, dos direitos do homem, as Constituições passaram a regrar também a ordem econômica, social e cultural.

Desse modo, a Constituição passa a ser a lei fundamental não só do poder e dos direitos fundamentais (sentido amplo), como também da organização econômica e social. Procurando resolver os problemas derivados do direito constitucional, deve-se dar preferência aos pontos de vista que "promovam sob os respectivos pressupostos a *eficácia ótima da Constituição normativa*".[11]

O princípio é antigo, mas tem renovada inspiração na obra de Konrad Hesse, intitulada *A força normativa da Constituição*.[12] Nela o autor defende ardorosamente as potencialidades do direito constitucional e da Constituição, contrapondo-se essencialmente às reflexões de Ferdinand Lassalle, para demonstrar que o desfecho do embate

10. Barroso, 2001:87.
11. Cf. Muller, 1999.
12. Hesse, 1991.

entre os fatores reais de Poder e a Constituição não há de verificar-se, necessariamente, em desfavor desta última.

O princípio ainda chama a atenção para a historicidade das estruturas sociais, às quais se reporta a Constituição, o que implica, segundo Willis Santiago Guerra Filho, "a necessidade permanente de se proceder a sua atualização normativa, garantindo, assim, sua eficácia e permanência. Esse princípio nos alerta para a circunstância de que a evolução social determina sempre, se não uma modificação do texto constitucional, pelo menos alterações no modo de compreendê-lo, bem como às normas infraconstitucional".[13]

d) Princípio da interpretação conforme a Constituição

Há divergência se o princípio da interpretação conforme a Constituição é verdadeiramente um método de interpretação constitucional ou um procedimento próprio da fiscalização da constitucionalidade.[14] Cremos que o conflito é apenas aparente já que a interpretação conforme a Constituição serve como mecanismo de controle de constitucionalidade através do aludido princípio.

Seja como for, o princípio, inegavelmente, traduz a necessidade de que o intérprete da Constituição deve tomá-la como fundamento básico e superior de interpretação e jamais realizá-la a partir das leis.

Luís Roberto Barroso[15] sumulou as diversas dimensões do princípio didaticamente, apontando quatro elementos básicos para sua compreensão, a saber:

"a) trata-se da escolha de uma interpretação da norma legal que a mantenha em harmonia com a Constituição, em meio a outra ou outras possibilidades interpretativas que o preceito admite.

"b) Tal interpretação busca encontrar um sentido possível para a norma, que não é o que mais evidentemente resulta da leitura de seu texto.

---

13. Guerra Filho, 2001:60.
14. Miranda, 1983:232.
15. Barroso, 1996:175.

"c) Além da eleição de uma linha de interpretação, procede-se à exclusão expressa de outra ou outras interpretações possíveis, que conduziriam a resultado contrastante com a Constituição.

"d) Por via de conseqüência, a interpretação conforme a Constituição não é mero preceito hermenêutico, mas, também, um mecanismo de controle de constitucionalidade, pelo qual se declara ilegítima uma determinada leitura da norma legal."

e) Princípio da concordância prática ou da harmonização

O princípio postula e impõe ao intérprete da Constituição que busque, no problema a ser solucionado, confrontar os bens e valores jurídicos que estão em pauta, e eventualmente em conflito, de modo a encontrar, no caso concreto, os valores em tensão e a determinar, preservando a unidade da Constituição, qual deve prevalecer para a solução do caso.

O princípio assume relevância e expressão com o desenvolvimento da *jurisdição constitucional* e suas dificuldades para aplicar os diversos princípios e regras constitucionais em constante tensão. Parece inegável ter de reconhecer o necessário conteúdo valorativo da Constituição,[16] conquanto existam polêmicas antigas de como detectá-lo e aplicá-lo.

Sobre o momento, doutrina Paulo Bonavides[17] com precisão:

16. Fenômeno antigo que já se estabelecera com a contraposição entre jusnaturalistas e juspositivistas. No direito constitucional revela-se mais intenso a partir das tendências contemporâneas que analisam a Constituição e o direito constitucional como um código político. A denominada "politização" do conceito de Constituição não significa a conversão pura e simples do "normativo para o político", mas a constatação de que o direito constitucional traz um "modo de existência política", "um direito para a política" (Triepel), uma normatividade com conteúdo político, reforçada pelas construções dos Tribunais Constitucionais (modelos europeus) e pela Suprema Corte (modelo americano). O desenvolvimento do direito constitucional é examinado superiormente por Manuel Garcia Pelayo (1953). No Brasil, Paulo Bonavides (1983:420) afirma que "as relações que a norma constitucional, pela sua natureza mesma, costuma disciplinar, são preponderantes conteúdos político e social e, por isso mesmo, sujeitas a um influxo *político* considerável, senão essencial, o qual se reflete diretamente sobre a norma, bem como sobre o método interpretativo aplicável".

17. Bonavides, 1983:434-435.

"É certo que com o desenvolvimento do Estado Social, aprofundaram-se os debates acerca do sentido mais profundo das constituições como instrumentos destinados a estabelecer a adequação rigorosa do direito com a sociedade; do Estado com a legitimidade que lhe serve de fundamento; *da ordem governativa com os valores*, as exigências, as necessidades do meio social, onde essa ordem atua dinamicamente, num processo de mútua reciprocidade e constantes prestações e contraprestações, características de todo sistema político com base no equilíbrio entre governantes e governados. (...)

"A vida do direito, a interpretação, pois, já não se volve para a vontade do legislador ou da lei, senão que se entrega à vontade do intérprete ou do juiz, num Estado que deixa assim de ser o Estado de Direito clássico para se converter em *Estado de justiça*, único onde é fácil a união do jurídico com o social, precisamente por ocorrer o holocausto do primeiro ao segundo, com o Direito Constitucional se transformando numa Sociologia ou Jurisprudência da Constituição" (grifos nossos).

Nesse contexto, revelam-se e desenvolvem-se os *princípios constitucionais* com toda a sua exuberância. E com eles, e a partir deles, os métodos de interpretação constitucional mais consagrados na atualidade.[18]

E cada país, ou continente, urdiu de uma forma particular a aplicação dos princípios como meio potente de controlar o poder político e proteger o indivíduo frente ao Estado. Na Inglaterra e nos Estados Unidos é a "razoabilidade" o instrumento por excelência de verificação da conformidade com o Direito dos atos do Estado. Na Europa, notadamente na Alemanha, o princípio da "proporcionalidade" e seus desdobramentos assumem destacado relevo para cumprir o mesmo papel.

O Brasil incorporou, de certo modo, ambas as influências. Consagrou o princípio do devido processo legal e as principais garantias do indivíduo advindas do direito inglês, norte-americano e francês. Mais recentemente ainda, absorveu a doutrina alemã da aplicação do

---

18. A doutrina contemporânea vem trabalhando com afinco dando ênfase no tratamento dos problemas jurídicos ao emprego de princípios jurídicos, positivados no ordenamento jurídico, explícita ou implicitamente expressos. Nesse sentido: Ronald Dworkin (1978); Alexy, *apud* Paulo Bonavides, 1983, entre outros.

princípio da proporcionalidade que se encontra consagrada nas decisões de nosso Supremo Tribunal Federal.

Desse modo, para alcançar a apregoada "concordância prática", o direito constitucional desenvolveu a técnica da *aplicação dos princípios*. Entendemos que, neste contexto, assume particular relevância o estudo dos princípios da *razoabilidade* e da *proporcionalidade*.

Não é nosso objetivo dissertar amplamente sobre o tema – fascinante, reconheça-se –, dos princípios constitucionais, mas, tão-só referi-los na aplicação da *harmonia da Constituição*, a relevância que a *razoabilidade* e a *proporcionalidade* encontram. E nessa matéria a doutrina constitucional brasileira já produziu notáveis trabalhos. Registrem-se os pioneiros estudos de F. C. de San Tiago Dantas,[19] Antonio Roberto Sampaio Dória[20] e o magnífico trabalho de Carlos Roberto de Siqueira Castro, aos quais se seguiram inúmeros outros.[21]

Desde logo assentamos que não há *princípio isolado* no ordenamento jurídico. O ato de interpretação/aplicação do direito envolve conhecer e aplicar todo o ordenamento jurídico. Assim, por maior esforço que façamos para isolar este ou aquele princípio jurídico – para conhecê-lo e aplicá-lo – forçoso reconhecer que todos convivem em um mesmo plano normativo. Por isso, há uma forte conexão que os une. Um depende do outro para a solução do caso interpretado.

A não ser para efeitos teóricos, podemos isolar o princípio e dissecá-lo em seu alcance e extensão. Porque ao interpretá-lo e aplicá-lo teremos clara a noção de sistema, de conjunto ordenado de elementos que compõem um determinado sistema jurídico.

A observação é importante neste contexto ao ingressarmos nessa temática quando, como em um elo de uma grande corrente normativa, um princípio necessita do outro para alcançar o entendimento do conjunto normativo, para a compreensão e concreção do direito.

Finalizando, é oportuno fazer breve referência aos princípios da razoabilidade e da proporcionalidade – não pelo fato de que apenas neles a extrema relevância e o alcance dos princípios constitucionais estejam configurados, mas porque, através deles, pretendemos demonstrá-los.

19. San Tiago Dantas, 1953:357.
20. Dória, 1986 e 1989.
21. Tucci, Cruz e Tucci (1993); Stumm (1995); Barros (1996).

f) Princípios da razoabilidade e da proporcionalidade

O *princípio da razoabilidade* tem sua origem e largo desenvolvimento ligados à garantia do *devido processo legal*, que, por sua vez, como sabemos, advém do direito anglo-saxão.[22]

A doutrina do *due process of law* serviu de base à construção de uma jurisprudência de proteção dos direitos do indivíduo, especialmente em matéria de garantias processuais. Novamente aqui coube aos Tribunais repelir leis que lhes pareciam ferir os princípios da *common law*. Posteriormente, alargou-se a doutrina, e o *standard* passou a assegurar uma igualdade de tratamento em face de qualquer autoridade, sem jamais se chegar ao Parlamento (San Tiago Dantas).[23]

Nos Estados Unidos da América, a cláusula é introduzida formalmente através das emendas 5ª e 14ª à Constituição norte-americana, tornando-se uma das mais notáveis criações na defesa e proteção da liberdade e da justiça, verdadeiro fundamento de toda a estrutura institucional daquele povo.[24]

Segundo Luís Roberto Barroso,[25] profundo conhecedor do tema:

"O princípio do devido processo legal nos Estados Unidos é marcado por duas grandes fases: a primeira, onde se revestiu de caráter estritamente processual (*procedural due process*), e uma segunda, de

---

22. Para uma visão geral das instituições inglesas em língua portuguesa, consultar René David (1997).
23. San Tiago Dantas, 1953:42.
24. Laurence H. Tribe oferece-nos longa exposição sobre a evolução da cláusula do devido processo legal e sua aplicação criativa no direito norte-americano, notadamente pela Suprema Corte. Também foi por seu intermédio que foi possível a construção da doutrina dos limites constitucionais na atividade judicial, executiva e legislativa, bem como de atos concretos que atinjam os cidadãos em seus direitos fundamentais. A cláusula do devido processo, além de proteger a liberdade, também teve aplicações jurisprudenciais na vida concreta do indivíduo, para incluir: "not merely freedom from bodily restraint but also the right of the individual to contract, to engage in any of the common occupations of life, to acquire useful knowledge, to marry, establish a home and bring up children and to worship God according to the dictates of conscience. In addition, there were protections independently required by fundamental fairness" (1988:633 e ss.).
25. Barroso, 1996:199.

caráter substantivo (*substantive due process*), que se tornou fundamento de um criativo exercício da jurisdição constitucional.

"De fato, ao lado do princípio da igualdade perante a lei, essa versão substantiva do devido processo legal tornou-se importante instrumento de defesa dos direitos individuais, ensejando o controle do *arbítrio do Legislativo e da discricionariedade governamental*. É por seu intermédio que se procede ao exame de razoabilidade (*reasonableness*) e de racionalidade (*rationality*) das normas jurídicas e dos atos do Poder Público em geral" (grifos nossos).

De outra parte, mesmo em relação ao *princípio da proporcionalidade*, de algum modo, é preciso também considerar sua conexão no plano da teoria da argumentação, com a *razoabilidade* na medida em que ambos expressam, em essência, condensar e expressar um pensamento aceito como justo e razoável, de grande utilidade no encaminhamento de soluções constitucionais.

A interligação ou conexão entre os princípios é explicada em razão das diferentes visões a respeito do tema. Para alguns, o fundamento constitucional do princípio da proporcionalidade em sentido amplo é derivado do Estado de Direito, enquanto para outros decorre dos conteúdos dos direitos fundamentais, ou ainda, pode decorrer do princípio do devido processo legal.[26]

Entendemos que a discussão é estéril no sentido pragmático já que nossa Constituição incorporou, em larga escala, ambos os princípios, com amplas finalidades, de modo a não só garantir ao indivíduo potente remédio em face das arbitrariedades do Estado, como, também, para conter o próprio Estado em suas funções legislativas, executivas e judiciárias. Ademais, raras vezes é possível destacar os princípios diante de problemas concretos para, isolando-os, dar solução a hipóteses concretas.[27]

---

26. Vide, Caio Tácito (1996(206):1-8 e 1996(204):1-7).
27. No passado, tivemos oportunidade de assentar sobre a matéria: "Tanto na Europa, como na América, embora por construções diversas, o papel do Judiciário tem-se revelado como verdadeiro 'comisionado del poder constituyente para el sostenimiento de su obra, la Constitución, y para que mantenga a todos los poderes constitucionales en su calidad estricta de poderes constituidos' (Enterría). No direito americano, do mesmo modo, por intermédio da cláusula do '*due process of law*', notáveis construções foram feitas. No Brasil, recentes decisões do Supremo Tribunal Federal vêm controlando a razoabilidade das leis. Trata-se, à evidência, do controle

Na matéria, portanto, a incorporação dos aludidos princípios e suas teorias com sua introdução no ordenamento constitucional brasileiro é de ser louvada, pois vêm em benefício da cidadania e do Estado Democrático de Direito. Nesse aspecto, há de se concordar com Valmir Pontes Filho,[28] para quem: "Em se tratando da ordem jurídica brasileira, imprescindível a qualquer operador do Direito, quando dedicado à tarefa hermenêutica, o recurso, por exemplo, aos princípios democrático, federativo, republicano, da legalidade, da isonomia, da moralidade e da razoabilidade, assim como *de tantos outros decorrentes do sistema constitucional-normativo vigente*. Todos eles, sem qualquer sombra de dúvida, constituem instrumentos básicos de sua atuação no interpretar/aplicar o Direito" (grifos nossos).

Em razão da proposta inicial, devemos repassar os principais elementos do Estado de Direito. Já vimos o constitucionalismo em sua dimensão histórica e o princípio da legalidade. A exposição ficaria truncada se não dissertássemos minimamente acerca do princípio da supremacia da Constituição, um dos mais importantes princípios do direito constitucional, sem o qual o Estado de Direito não existiria para, a seguir, tratar do princípio da separação de poderes.

---

do racional, da razão, do equilíbrio, do ético, do proporcional. Assim, o desvio de poder, o desvio de finalidade, a proibição de arbitrariedade, a análise dos motivos determinantes, são exemplos concretos de preocupação com o tema" (Marcelo Figueiredo, 1995(202):264 e ss).

28. Pontes Filho, 2001:63.

Capítulo 4
A RIGIDEZ E A SUPREMACIA DA CONSTITUIÇÃO

Um dos elementos mais nobres do direito constitucional é o *princípio da supremacia da Constituição*, sem o qual o edifício constitucional desmoronaria. Naturalmente as normas e comportamentos contrários à Constituição não afastam a sua supremacia, nem a ferem mortalmente. Sua capacidade de regeneração virá logo a seguir ao ataque a ela perpetrado. A Constituição deve, a todo custo, subsistir.

Hoje associamos a Constituição a uma norma superior[1] de um dado ordenamento. Mas nem sempre foi assim. Durante algum tempo os exemplos históricos das Constituições flexíveis ou costumeiras[2] não foram contestados. Foi preciso verificar que o Poder Legislativo também poderia ser uma ameaça para as liberdades individuais para chegarmos à construção das Constituições escritas e depois rígidas e superiores.

É evidente a importância, neste contexto, da construção para o desenvolvimento do direito constitucional e de sua mais genial criação: a Constituição. É ela que ocupa, na sistemática jurídica contemporânea, lugar de destaque, revela a orientação geral das estruturas jurídicas, decide o significado e alcance das instituições jurídicas e decide, em última análise, os problemas do direito positivo. Para pre-

---

1. A estrutura escalonada do ordenamento prevê o processo de fundamentação-derivação das normas jurídicas, situando-as em planos hierárquicos diversos, ocupando a Constituição o plano hierárquico superior.
2. Oswaldo Aranha Bandeira de Mello (1980:61), afirma que "o sistema de Constituição flexível só não produz graves conseqüências em um povo de 'espírito conservador' e de 'tradições muito fortes". Só assim "essa onipotência teórica encontra, no domínio da realidade, fronteiras eficazes".

servar essa importante função, construiu-se a noção de supremacia da Constituição.

A origem histórica deste princípio assenta-se já na Antiguidade, quando Aristóteles fez a distinção entre leis ordinárias e a Constituição ou *politéia*. Já era, de certo modo, a discriminação incipiente entre a Constituição política e social da comunidade e as leis comuns, ordinárias.

Atualmente, a distinção se estabelece entre as leis constitucionais e as leis ordinárias. As teorias modernas sobre a Constituição surgem exatamente com o fortalecimento do direito constitucional como disciplina autônoma.

Os conceitos de Constituição rígida e de Constituição flexível são conhecidos. Quando não é tão fácil alterá-la quanto alterar a lei, diz-se que a Constituição é rígida. Junto a isso, trabalham recursos e expedientes de defesa, como a declaração da inconstitucionalidade das leis pelos juízes ou pelos Tribunais Constitucionais.

Não foi uma única obra ou autor que revelou a rigidez das Constituições ou sua superioridade, mas uma série de acontecimentos históricos. Assim, podemos afirmar que, de rigor, o que levou à descoberta da técnica que consiste na rigidez das Constituições e à da declaração de inconstitucionalidade foi o direito norte-americano, que, por sua vez, recebeu o legado acumulado ao longo do tempo, dos seguintes acontecimentos essenciais: a) a Magna Carta de 1215 e outros estatutos ingleses; b) a existência de Constituições outorgadas pela Inglaterra, para as suas colônias; c) a compreensão cívica dos direitos individuais, afirmados na França como "Direitos do Homem", como naturais; d) a necessidade de se manter a superioridade de tais textos em relação aos que saíssem do Congresso depois da independência, uma vez que se retirava dele o poder de reformabilidade das ex-Colônias, bem como a necessidade de prevalecer o direito federal, ou o dos Estados-membros, em cada uma de suas esferas.

Já no século XIV, na França, os Estados-Gerais adotavam leis só reformáveis com a sua concordância. Mesmo na Inglaterra, berço do direito constitucional e das mais notáveis declarações e direitos relativos à liberdade, o caminho tomado seguiu direção diversa com o fortalecimento do Parlamento e com a adoção da Constituição flexível de forma permanente. Desse modo, embora a Inglaterra tenha assegurado a democracia, a liberdade e construído seu caminho na implantação de direitos, como o de igualdade, a Constituição rígida não teve relevância neste percurso.

Assim, o conceito de *rigidez* e, a seguir, o da *intangibilidade* da Constituição foram fundamentais para se chegar naturalmente ao princípio da supremacia da Constituição e sua defesa (controle de constitucionalidade).

Sobre a matéria, disserta Raul Machado Horta:[3]

"A aderência da *rigidez* ao conceito de Constituição formal acentua e robustece a distinção entre lei ordinária e lei constitucional, mediante disposição hierárquica sob a égide suprema da Lei Magna. Para manter inalterável essa hierarquia, a Constituição rígida e formal reclama, doutrinária e praticamente, instrumento eficaz que o defenda.

"A intangibilidade de setor ou de setores constitucionais, por mais elevado, importante e nobre, sugere a supremacia da parte sobre o todo. A supremacia que nos cabe examinar não é a supremacia do regime, isoladamente, mas a da própria Constituição."

O princípio da supremacia e rigidez constitucional é, portanto, regra fundamental para a defesa da alma da Constituição e de seus valores mais caros. Nesse contexto, é relevantíssimo compreender a importância teórica do princípio da supremacia da Constituição, sobretudo para defender a Constituição brasileira, peça jurídico-política do nosso povo.

Referimo-nos, portanto, à importância desse princípio como mecanismo de defesa da democracia e de seu *núcleo essencial*, que na Constituição está expresso em seus princípios e regras estruturantes e, sobretudo, nos enunciados normativos constantes do art. 60 e seu § 4º.

É necessário defender a Constituição de sua banalização cotidiana, dos abusos a ela perpetrados pelos agentes do poder ou seus delegados que deveriam protegê-la e respeitá-la. Defender, sua identidade, seu espírito e sua essência. É preciso compreendê-la como um instrumento que vai além da conformação formal do poder ou de um conjunto normativo com hierarquia superior, regra-matriz de um dado ordenamento jurídico.

---

3. Horta. 1999:124-128.

Defendê-la como um instrumento hábil de liberdade e de igualdade, como uma regra que determina a preservação e implantação de políticas públicas preocupadas com a efetividade dos direitos constitucionais econômicos, sociais e culturais. Eis porque, não poderíamos deixar de manifestar nosso repúdio a uma série de reformas e emendas constitucionais sem compromisso com a *principiologia constitucional*, com a alma da Constituição.

Nesse sentido, manifesta-se Carlos Ayres Britto[4] em passagem poética: "Portanto, a Constituição, como é o único documento capaz de se autoqualificar como norma jurídica, a sua qualificação como norma jurídica é de dentro para fora. A Constituição se coloca num patamar exclusivo, instala no topo do Ordenamento o seu trono de rainha e ninguém mais pode ocupar esse espaço ao lado dela. É como Deus: está condenada à solidão. Ele não pode fazer outro Deus, porque se Ele fizer outro Deus, o novo Deus, tão onipotente quanto o primeiro Deus, pode riscar do mapa do mundo o primeiro Deus. Deus não pode existir senão em solidão, porque a onipotência não divide o seu espaço com nada. Assim é a Constituição. Ela é o único documento que se situa no ápice do ordenamento jurídico e, aí os senhores dirão: 'Mas, e as emendas? E as revisões?'. Muito bem. Elas estão a meio caminho do Direito, e não no ponto de largada, como anteriormente dissemos. Elas não podem ditar o seu próprio regime jurídico ou o seu próprio molde normativo. Só a Constituição originária pode fazê-lo. As emendas e revisões têm o seu regime jurídico ditado pela Constituição. A Constituição é um molde para as emendas, para as revisões e para as leis, e um molde vem antes do objeto a ser moldado. O objeto a ser moldado não pode dar a si mesmo o próprio molde, por ser um conseqüente. Não um antecedente".

Neste contexto, entendemos que o *princípio da supremacia e rigidez da Constituição* projeta-se como importante garantia da cidadania, inclusive para opor obstáculos em face de ameaça a outros direitos e garantias fundamentais da Constituição, como, por exemplo, ao impedir a alteração, a diminuição ou, *a fortiori*, a supressão de outros princípios e regras que conformam o sistema constitucional brasileiro.

4. Brito, 2001:44.

Desse modo, o núcleo de princípios e regras constitucionais contidos no art. 60, § 4º de nossa Constituição contempla forte proibição de alteração de matérias que o constituinte entendeu intangíveis ao legislador ordinário, a saber: a) a forma federativa de Estado; b) o voto direto, secreto, universal e periódico; c) a separação de Poderes; d) os direitos e garantias individuais.

Parece que esse tema – das limitações ao poder de reforma constitucional –, embora venha recebendo comentários de eminentes constitucionalistas pátrios em várias dimensões, não tem recebido idêntico aprofundamento da jurisprudência constitucional no Brasil.

José Afonso da Silva[5] é enfático: "É claro que o texto não proíbe apenas emendas que expressamente declarem: 'fica abolida a Federação ou a forma federativa de Estado', 'fica abolido o voto direto...', 'passa a vigorar a concentração de Poderes', ou ainda 'fica extinta a liberdade religiosa, ou de comunicação... ou o *habeas corpus*, o mandado de segurança...'. A vedação atinge a pretensão de modificar qualquer elemento conceitual da Federação, ou do voto direto, ou indiretamente restringir a liberdade religiosa, ou de comunicação ou outro direito e garantia individual; basta que a proposta de emenda se encaminhe ainda que remotamente, 'tenda' (emendas *tendentes*, diz o texto) para a sua abolição".

Clèmerson Merlin Clève,[6] após observar que, na hipótese, dá-se a fiscalização jurisdicional abstrata preventiva no direito constitucional brasileiro, condena a posição do Supremo Tribunal Federal que mantém a restrição à utilização da ação direta de inconstitucionalidade, doutrina: "Se a proposta não pode ser objeto de deliberação, então a impugnação seria legítima mesmo antes da deliberação, promulgação ou publicação da Emenda Constitucional (...). Não há dúvida de que as tentativas de quebra da 'identidade' da Constituição, porque graves, desafiam pronta censura judicial. É o caso da proposta de emenda autorizativa da realização de plebiscito sobre a proposta de pena de morte. Caminhe-se um pouco para o absurdo: imagine-se proposta de emenda autorizativa da realização de plebiscito sobre a transferência, para o Executivo, do poder de reforma constitucional. Ora, realizado o plebiscito, empolgada a nação pelo clima surrealista

---

5. Silva, 2004:67.
6. Clève, 2000:185-187 e 197 e ss.

do fascismo ou do bonapartismo, terá forças o Judiciário para pronunciar a nulidade das reformas aprovadas? As Emendas à Constituição (mesmo decorrentes da revisão constitucional) sujeitam-se à fiscalização abstrata da constitucionalidade. Devem observar, sob pena de inconstitucionalidade, as (i) limitações circunstanciais (art. 60, § 1º, da CF), as (ii) limitações procedimentais (art. 60, I, II, III, e §§ 2º, 3º e 5º, da CF), assim como (iii) as limitações materiais expressas (art. 60, § 4º, da CF) e implícitas (entre elas, o núcleo essencial determinante da identidade da Constituição) ao poder de reforma constitucional. Quanto às emendas de revisão (art. 3º do ADCT), a doutrina debateu intensamente a problemática e seus limites. O Congresso Nacional, ao aprovar a resolução que autorizou a instalação dos trabalhos, parece ter perfilhado a orientação intermediária, segundo a qual, desde o prisma material, a revisão haveria de sujeitar-se aos mesmos limites da Emenda. O Supremo Tribunal Federal por mais de uma vez admitiu ser competente para fiscalizar a legitimidade das Emendas à Constituição. Concebeu também ser titular de competência em relação à revisão constitucional, já que Emenda e revisão constituiriam modos distintos de manifestação do Poder Constituinte de reforma".

Parece-nos que o tema em foco é de extrema relevância e, nesse sentido, mereceria maior reflexão doutrinária. De nada adiante proclamarmos, em verso e prosa, a importância do *princípio da supremacia e rigidez constitucional* se os órgãos controladores do sistema não vêm na cláusula constitucional (art. 60, § 4º, da CF) todas as suas potencialidades.

Anota com acerto José Paulo Sepúlveda Pertence[7] "que muito embora a Supremo Tribunal Federal tenha no passado afirmado a tese do controle constitucional das emendas à constituição (discussão de forma de cálculo sobre o número de congressistas presentes ou sobre o número total da Câmara para sua aprovação), passaram-se sessenta anos para que o Supremo voltasse a essa discussão. No final dos anos 1970 – já o regime militar sendo forçado à concessão de algumas aberturas – é que o tema volta ao Supremo, no Mandado de Segurança 20.257: os senadores Itamar Franco e Mendes Canale impetraram segurança contra a tramitação no Congresso da proposta de emenda

---

7. Sepúlveda Pertence, 2001:28 e ss.

constitucional que prorrogava os mandatos dos prefeitos da época, sob a justificativa de provocar a sempre anunciada coincidência de mandatos. Como a República tem entre os seus marcos essenciais a temporariedade dos mandatos – e a República, com a Federação, eram as únicas limitações materiais ou cláusulas pétreas da Carta outorgada de 1969 –, alegava-se que a prorrogação de mandatos era essencialmente ofensiva à República – 'tendente a abolir a República', nos termos da Constituição – e, portanto, inconstitucional. (...) A construção audaciosa surge aí, quiçá inesperadamente, do meu querido colega e mestre Ministro Moreira Alves, que, dissentindo, conhece do mandado de segurança, chamando a atenção para que, conforme dizia a Carta de 1969 e diz até hoje o texto, que não se limitava a Constituição a proibir a emenda constitucional que tendesse a abolir a Federação ou a República; foi mais longe, proibiu que fosse 'objeto de deliberação a proposta de emenda constitucional tendente a abolir a Federação e República...'. Daí argumentou: por isso, *o congressista tem o direito a não ser chamado a participar de uma deliberação, que ela própria, a Constituição proíbe*" (grifos nossos).

Posteriormente, anota ainda Pertence, que no Supremo Tribunal Federal a construção do Ministro Moreira Alves foi mantida no Mandado de Segurança 21.754, contra a abertura da revisão constitucional em 1993, levando o Ministro Marco Aurélio a conceder medida liminar suspendendo os trabalhos da reforma, vencido depois no Plenário do Tribunal por outras questões: "O certo, porém, é que, no tocante ao processo legislativo ordinário ou de emenda constitucional, a maioria do Tribunal se mantém firme na recusa de exame de controvérsias regimentais, limitando-se àquelas de hierarquia constitucional: a restrição foi reafirmada em caso atinente à reforma previdenciária".[8]

É certo que o conteúdo do art. 60, § 4º, da CF detém enormes possibilidades de interpretação, lamentavelmente pouco exploradas pela jurisprudência ou mesmo pela doutrina pátria. Isto porque deve ser visto o dispositivo não só como uma *barreira intransponível* ao poder reformador como também e sobretudo ao *legislador ordinário*, que não se cansa de violá-lo de forma direta ou indireta, mas certamente de forma sistemática.

---

8. Sepúlveda Pertence, 2001.

A proteção à forma, ou melhor dizendo, ao *princípio federativo*, considerado um dos princípios constitucionais mais importantes da ordem jurídica brasileira,[9] por certo evitaria centenas ou milhares de discussões constitucionais, econômicas e tributárias que entulham os tribunais de todo o País. Bastaria vê-lo com a dignidade que merece, como de resto todos os demais princípios constitucionais, para afastar as normas em desacordo direto ou indireto com aludido princípio.

O mesmo se diga em relação à abertura fantástica oferecida pela proteção aos "direitos e garantias individuais", que em apenas uma expressão terminológica abarca centenas ou milhares de situações constitucionais; dos Tratados Internacionais e dos princípios decorrentes do regime constitucional (do art. 1º ao 11, com destaque para o art. 5º, em toda a sua extensão, e seu § 2º, em especial, e ademais, mas não finalmente, toda a sua projeção por todo o ordenamento constitucional, como, por exemplo, nos arts. 150 a 152, 208, § 1º, 221, IV, 227, § 3º, III, e tantos outros). Em relação ao tema da separação de poderes dissertaremos logo a seguir, deixando-o, portanto, para fazê-lo no capítulo próprio.

Lamentavelmente a atividade judicial de integração, de cunho mais criativo ou ativo, ainda não faz parte de nosso cotidiano forense, não se incorporou à cultura jurídica nacional, muito embora trabalhos nesse sentido venham sendo realizados para, no mínimo, revelar essa situação e suas incongruências.[10]

---

9. Ataliba, 2004:36 e ss.
10. Nessa perspectiva, vide, por exemplo, a obra de Oscar Vieira Vilhena (2002). Nela, encontra-se um levantamento crítico da jurisprudência do Supremo Tribunal Federal e o estudo de casos emblemáticos.

Capítulo 5
A SEPARAÇÃO DE PODERES

O princípio da separação de poderes é outra viga mestra do edifício constitucional, que grande evolução sofreu desde a sua formulação original e que toca de perto o nosso tema, como será possível demonstrar no momento adequado. Cumpre agora dissertar sobre sua evolução e conceito essencial.

A idéia segundo a qual os poderes devem ser distintos nasce na filosofia política de Aristóteles. Para o grande filósofo há três funções capitais do Estado e três espécies de órgãos: o poder consultivo, que tem de se pronunciar acerca especialmente da guerra e da paz e acerca das leis; a jurisdição; e o magistrado, competente para os restantes assuntos da administração. A Constituição de Sólon, em Atenas, organizou o Estado mais ou menos de acordo com aquela distinção, de modo que os seus órgãos eram, além da assembléia popular, os tribunais e as autoridades do governo e da administração.

Em Platão e Políbio, nota-se uma proposta de uma forma de governo mista; do pensamento de uma divisão do poder político supremo e, conseqüentemente, de uma limitação deste último. Os diversos elementos do poder político devem contrabalançar-se de modo – assim escreveu Políbio – "que nenhum deles adquira a supremacia e imprima a nota dominante, mas, pelo contrário, que todos eles permaneçam em *equilíbrio* como os pesos nos pratos de uma balança; que as forças antagônicas se neutralizem mutuamente e que, como resultado, a situação constitucional se mantenha longo tempo".[1]

---

1. Conforme Zippelius (1971:146 e ss.).

A idéia central da separação de poderes alcançou um significado político nos Estados a partir das obras de Locke, Cromwell, Bolingbroke e Montesquieu. Não se trata apenas de formulações teóricas, mas, sobretudo, a noção desenvolveu-se por conta de abusos dos reis em suas regências ou, ainda, em virtude de ingerências indevidas em assuntos e competências dos Parlamentos.

A tese central está exatamente na formulação pragmática segundo a qual o poder deve conter instrumentos que possibilitem controles recíprocos, "le pouvoir arrête le pouvoir" (Montesquieu) de modo a que nenhum órgão ou agente do Estado possa dele abusar.

Apesar de a idéia central permanecer válida e atual, a noção do princípio veio sendo elaborada e compreendida de forma diversa ao longo do tempo, por força mesmo das alterações nos modelos de organização do Estado ou também em virtude da oscilação do pêndulo do poder, que ora tende mais para um lado (Legislativo), ora mais para o outro (Executivo).[2]

As tendências do constitucionalismo democrático, logo após a Segunda Guerra Mundial e conforme as Constituições elaboradas naquele período, na Europa, na Ásia e mesmo nos Estados Unidos da América, são, sem dúvida, o estabelecimento de um *equilíbrio prag-*

---

2. Mirkine-Guetzévitch encarece a constante dificuldade de estabelecer-se o relacionamento entre o Poder Legislativo e o Executivo ao longo da história, para afirmar: "As condições complicadas da vida atual transformam as relações entre o Legislativo e o Executivo. No período da luta da democracia contra o poder real, o centro de gravidade era o controle do Parlamento: a luta do Parlamento contra o poder real. Mas numa democracia moderna esta luta não existe. O verdadeiro sentido do regime democrático exige o reforçamento do Executivo, que se torna por este fato muito mais forte e muito mais poderoso que o poder dos antigos reis e dos antigos ministros reais. A vida atual é de tal modo complexa que, de um lado, diversos problemas da vida social devem receber uma regulamentação administrativa e não legislativa, e, do outro lado, é o Executivo que desempenha o papel mais importante no processo legislativo. Para preparar uma lei são necessários vários especialistas, é preciso recorrer às competências técnicas de um grande número de sábios, de técnicos, de administradores, de funcionários, etc. Para estabelecer um projeto de lei é preciso ter um aparelho governamental. Para redigir a imortal Declaração de Direitos não foi necessário recorrer aos técnicos; mas para edificar uma lei sobre os seguros sociais, sobre a proteção da maternidade ou mesmo um código de estradas, é preciso recorrer constantemente às competências técnicas acessíveis unicamente ao Governo. O verdadeiro sentido político do regime parlamentar na democracia contemporânea está na formação do Executivo (...)" (1933:295 e ss.).

mático entre os Poderes Executivo e Legislativo, embora fortalecendo o primeiro, nos limites previstos nas Constituições.

Rosah Russomano[3] oferece-nos excelente síntese do princípio da separação dos poderes e de suas diversas formulações, inclusive da doutrina de freios e contrapesos formulada pelos ingleses. Afirma a renomada professora:

"O sistema de freios e contrapesos foi delineado na Inglaterra, por Harrington, à época de Cromwell (...). Busca o sistema em pauta, por definição, estabelecer freios e controles recíprocos entre os órgãos estatais, de sorte que estes, embora divididos, se venham a entrosar em harmonia. Suas faculdades, por vezes, contrapostas, poderiam romper esta harmonia que, entretanto, persistiria, desde que funcionasse o mecanismo dos 'checks and controls'.

"Não podemos fugir à realidade que defere ênfase maior a um ou outro Poder, em face do regime de governo adotado. Assim, no parlamentarismo, a tônica recai sobre o órgão legiferante. No presidencialismo, inflete sobre o Executivo. Apesar dessas circunstâncias – e sobretudo apesar das distorções que, em alguns Estados, se imprimem ao presidencialismo, hipertrofiando-se o Poder Executivo –, em geral vige o sistema dos freios e controles recíprocos. Tal significa: apesar das precariedades, das contingências, das determinantes, das circunstâncias por vezes negativas, continua a afirmar-se aquele sistema, meio eficiente para que se equilibrem os órgãos estatais em distintos países (...)

"A divisão funcional de Poderes é, como temos inferido, relativa. Os Poderes, antes do que 'separados' (designação utilizada muitas vezes) ou 'divididos' (expressão, mais modernamente, por igual, muitas vezes utilizada) são distintos, denominação que empresta maior flexibilidade às suas linhas fronteiriças. O mecanismo dos 'checks and controls', mencionado acima, revela a relatividade da 'separação' ou 'divisão'. E, lembre-se, aquele termo foi sugerido no século XVIII. A própria teoria de Montesquieu traduz aquela relatividade, embora o faça tenuamente, desde que tenhamos como ponto de referência o que se veio a estabelecer no mundo jurídico-político-ocidental.

---

3. Russomano, 1997:140 e ss.

"De qualquer sorte, observa-se que, à medida que se desdobram as décadas, se vão apagando diferenciações entre os Poderes, seus sulcos distintivos, sucedendo o mesmo no relativo às suas funções."

A teoria da separação dos poderes, entretanto, não resolve de forma absoluta – nem sequer poderia – o delicado problema do *equilíbrio* entre os "poderes" do Estado. Deveras, como é sabido, cada Poder exerce sua função própria, não com exclusividade. Cada Estado, por intermédio de sua Constituição e de seu sistema de governo deve encontrar a solução que melhor implemente o princípio e a teoria dos *checks and controls*. Sabemos também, que a produção normativa, em sentido amplo, hoje é compartilhada. Não é só afeta ao Poder Legislativo. Já a Administração cabe ao Executivo apenas quando encarada em sentido estrito.

Desse modo, será na análise concreta desse ou daquele ordenamento jurídico que será possível dizer, com alguma segurança, se há ou não respeito e atendimento ao princípio da separação de poderes e, ainda, se aquele Estado tem, efetivamente, mecanismos aptos a corrigir os desequilíbrios eventuais ou circunstanciais que ocorrem de tempos em tempos ao longo da história.

No Brasil, deixando de lado o Período Imperial e da Primeira República, ao menos formalmente, podemos afirmar que se adotou o *princípio da separação de poderes*. A Constituição de 1946 estabelecia em seu art. 36: "São poderes da União o Legislativo, o Executivo e o Judiciário, independentes e harmônicos entre si". E seus §§ 1º e 2º afirmavam: "O cidadão investido na função de um deles não poderá exercer a de outro, salvo as exceções previstas nesta Constituição. É vedado a qualquer dos Poderes delegar atribuições".

A Constituição de 1988 contém dispositivo similar, à exceção da parte final da de 1946, ao dispor, em seu art. 2º: "São poderes da União, independentes e harmônicos entre si, o Legislativo, o Executivo e o Judiciário".

O problema não está, naturalmente, na enunciação formal do princípio nas Constituições, mas nas inúmeras e sérias conseqüências que ele encerra no mecanismo e no funcionamento do poder estatal; nas relações jurídicas que este poder entretém com os cidadãos (autoridade *x* liberdade).

Nessa medida, o princípio da separação de poderes está intimamente associado a uma garantia do Estado de Direito. É dizer, não basta termos forjado o primado *da superioridade da lei* e logo a seguir o das Constituições.

Necessitaríamos de algo mais, de controles efetivos no poder, a fim de que cada um deles fosse o fiscal do outro, de tal maneira que ninguém pudesse deturpar suas competências ou atribuições, não só não invadindo a seara jurídica alheia, como obtendo censura de outro agente titulado pelo sistema. Ademais, é preciso entender que o controle do poder não se exaure no princípio da separação de poderes. Modernamente, diversos mecanismos de participação da sociedade civil são protagonistas ativos do controle do poder.

Vê-se claramente, através da meditação das lições acima expostas, que o princípio da separação de poderes se preocupa, na verdade, com a funcionalidade de determinado modelo jurídico-político de Estado. Sua finalidade será – independente da forma de organização de determinado Estado: Presidencialismo ou Parlamentarismo, Monarquia Constitucional ou República – determinar se o sistema contém instrumentos efetivos que possibilitem a contenção de atos abusivos ou uso arbitrário do poder.

Nesse sentido, não basta termos o "governo da lei", isto é, aquele que se faz por meio da emanação de normas gerais e abstratas, mas devemos nos perguntar quem está titulado pelo ordenamento jurídico a inovar no mundo jurídico; quem é competente para fazê-lo; se esse alguém detém título jurídico e democrático que o habilite a introduzir aludidas normas e, sobretudo, se esses poderes, competências e atribuições estão adequadamente balanceados no quadro de poderes de determinado Estado.

O princípio da separação de poderes, mais do que uma fórmula teórica que responda a uma determinada funcionalidade ou racionalidade de determinado sistema, aspira algo mais. Ele parece desejar que haja *efetivamente* um sistema de garantias de liberdades em seu sentido mais amplo. Afinal, de nada vale sua simples enunciação na Constituição se, ao seu lado e paralelamente, os cidadãos, os indivíduos não tiverem mecanismos efetivos para controlar o poder, para fiscalizá-lo, para verificar se o aludido princípio está em funcionamento[4] ou se se trata de mero ornamento dogmático e decorativo que se repete ao longo da história constitucional dos países.

O tema assume renovada atualidade na época contemporânea não só no Brasil como em vários países do mundo por força da tendência pendular a que aludimos anteriormente, influenciado ainda pela atividade legislativa do Poder Executivo[5] e, sobretudo, pela introdução do conceito de *poder regulador*[6] a que referimos no início do trabalho, um dos pontos centrais de nossa preocupação.

No caso do Brasil, o princípio da *separação de poderes* – e seus *desdobramentos* – assume particular interesse nos estudos de direito constitucional, porque poderia, se adequadamente manejado, ser efetivamente instrumento de controle do poder.

Nunca é demais recordar que, na fase imperial, o Brasil se viu dominado pelo influxo europeu, atado "aos modelos constitucionais, quer do constitucionalismo continental e peninsular (o de Espanha, França e Bélgica), quer do constitucionalismo insular (o da Inglaterra). Neste último caso, pelas vias materiais e consuetudinárias, com adoção de um parlamentarismo rudimentar, de inspiração britânica", que propiciou, aliás, "a estabilidade política do Brasil durante a se-

---

4. Ainda que a Constituição desenhe figuras, entidades ou entes "autônomos", "independentes", "descentralizados", enfim, qualquer que seja a proposta, a idéia central, matriz da separação, parece útil e imprescindível. Entendemos perfeitamente que possa haver vários níveis de organização no Estado pluralista e democrático e que o princípio da separação de poderes não possa alcançar todas as dimensões da experiência jurídica, mas, também, compreendemos que em relação à idéia fundamental de controle jurídico do poder ele continua a responder como uma idéia-força fundamental, independentemente da "organização estatal ou para além do Estado", mas na Constituição.

5. Tema que mereceu a magnífica dissertação de Merlin Clève Clèmerson, *Atividade legislativa do Poder Executivo*. É o autor quem afirma: "Ora, no mundo de hoje, o homem necessita preocupar-se com o Estado. Também deve precaver-se contra os grupos, porque, em face deles, mais uma vez a liberdade corre perigo. É preciso limitar o Estado, mas é preciso verificar que nem ele nem a sociedade correspondem às imagens oferecidas pelos séculos XVIII e XIX. Reivindica-se, agora, a atuação do Poder Público para quebrar o domínio dos grupos e corporações" (2000:44).

6. Desde logo, posicionamo-nos no sentido de não dissertar de forma detalhada acerca das agências reguladoras no Brasil. Não é nosso objetivo enunciar ou dissecar seu funcionamento ou regime jurídico. Estamos em outro plano: desejamos investigar de que modo é possível inseri-las no mundo constitucional e que problemas jurídicos essa inserção nos traz.

gunda metade do século passado [*XIX*] até o advento da República, gravitando por inteiro na pessoa do Imperador D. Pedro II".[7]

É ainda Bonavides quem observa, com acerto, que "o princípio democrático existiu apenas como um embrião na realidade política do país, durante a segunda década do século XIX, época em que a Nação quebrantara seus vínculos com a Coroa de Portugal por obra de uma negociação basicamente política e econômica, e sem mais traumas, salvo o simbólico gesto de D. Pedro rompendo *prima facie* com o pai, D. João VI.

"Ao contrário das demais repúblicas americanas, a separação do Brasil de Portugal não provocou uma guerra de emancipação das proporções daquelas que consumaram a ruptura do domínio espanhol na América Latina, e o fim da presença inglesa nas 13 colônias da América do Norte, convertidas, debaixo das armas de Washington, em estados independente confederados.

A partir do golpe de Estado de 1889 até 1993 (data do plebiscito ratificando a forma de regime), período que abrange, portanto, mais de um século, o Brasil tem atravessado, com o regime republicano, épocas políticas extremamente conturbadas, de tal sorte que a estabilidade e a legitimidade de suas instituições continuam sendo questionadas.[8]

Neste contexto, assume especial relevância, o *princípio da separação de poderes* como um instrumento *teórico e pragmático* para a intelecção e eventual correção de abusos dos governantes e de seus poderes na edição de atos normativos em desacordo com a Constituição e seus valores fundamentais.

A ausência de tradição de estabilidade e legitimidade continua como um desafio dirigido ao povo brasileiro para construir seu futuro, aprendendo com a opressão do passado, onde as elites sempre governaram de costas a "vontade geral da Nação".

7. Bonavides (2002:13-14).
8. Sobre o assunto, v. Bonavides (2002:18 e ss.). O renomado autor observa ainda: "O quadro histórico, precedido da ditadura do Governo Provisório, que instalou a República, atravessa as seguintes fases: a Primeira República (1891-1930), a primeira ditadura de Vargas – a do Governo Provisório (1930-1934), a Segunda República, a mais efêmera de todas (1934-1937), a segunda ditadura de Vargas, ou seja, a do Estado Novo (1937-1945), a Terceira República (1946-1964), a ditadura militar (1964-1985), a Transição (1985-1988), e, de último, a Quarta República, inaugurada com a promulgação da Carta Constitucional de 5 de outubro de 1988, e ainda em curso" (2002:18).

Se por democracia entendemos o regime político que assegura a permanente penetração e influência da *vontade dos governados* nas decisões normativas dos governantes, muito temos de caminhar.[9] Afirmamos, no contexto do trabalho, que o Estado de Direito contém alguns elementos mínimos, basilares, sem os quais não pode prosperar. Entre eles, destacam-se: a) a supremacia da Constituição; b) a separação de poderes; c) a superioridade da lei; d) a garantia dos direitos fundamentais.

Evidentemente que esses são elementos mínimos para o funcionamento teórico de um Estado de Direito, moldados e plasmados nos termos de uma determinada Constituição; é dizer, na forma e nos limites previstos em um determinado ordenamento constitucional.

Cada um desses elementos desdobra-se em várias outros que, por sua vez, contemplam outras tantas regras jurídicas de organização para que o projeto constitucional aconteça.

Assim, a supremacia da Constituição pode ser uma ilusão dogmática se o poder constituinte reformador de uma forma direta ou

---

9. Neste sentido, a ausência de uma reforma política, que aperfeiçoe o processo de legitimação e encurte as distâncias entre o eleitor e o eleito é lamentável. A reformulação dos partidos políticos e de suas regras de organização, a ausência de fidelidade partidária, o abuso sistemático dos governantes, quer do Legislativo, quer do Executivo, em dar cumprimento aos princípios e regras constitucionais afigura-se intolerável. A questão, reconhecemos, é complexa, mas nem por isso deveria deixar de ser enfrentada. Interessante notar como ela foi encarada nos Estados Unidos da América, que também sofreram a influência do descrédito da atividade política e parlamentar, instituindo o chamado *term limits* em alguns Estados-membros, mecanismos que têm por efeito *impossibilitar a reeleição de representantes do povo*, após um interregno legalmente determinado, o que, em tese, impossibilitaria o fortalecimento de uma "casta de políticos profissionais" que terminam por se acomodar nos cargos. Não há ainda evidências dos resultados dessa medida. O que se sabe é que a Suprema Corte admitiu o *term limitation* através de emenda constitucional. Consoante Maria Elizabeth Rocha, a retomada dos debates sobre a rotatividade após dois séculos valoriza a democracia ao propor a criação de novas cadeias de participação política que modificam os padrões estabelecidos pelo modelo da democracia representativa, pressionando por uma correção dos mecanismos de representação, reivindicando formas diretas de participação, constituindo-se num elemento de ruptura com os padrões usuais de apatia social. Traz ainda a autora o magistério de Luzia Marques da Silva Cabral, para quem: "A mobilização e a participação popular a favor da limitação dos mandatos legislativos consiste numa tentativa de insurgência contra a pacífica coexistência do 'cidadão apático' com o Estado capitalista monopolista que conferiu aos funcionários políticos e técnicos do grande capital, a competência decisória à revelia da vontade da maioria ou mesmo contra ela" (2000:413-415).

indireta retalha a obra do constituinte, alcançando-lhe a alma e o espírito, seu cerne fundamental, sua espinha dorsal.

Dessa forma, a separação de poderes não passará de *mero* enunciado normativo formal, se sistematicamente descumprida pelo Legislador ou pelo Executivo. Pelo primeiro, ao não dar concreção aos direitos constitucionais que reclamam legislação infraconstitucional; e, pelo segundo, ao editar medidas provisórias aos borbotões, ausentes os seus pressupostos constitucionais, veiculando matérias de qualquer conteúdo, afrontando assim, de uma só vez, diversos princípios constitucionais tais como o da legalidade e da legitimidade das instituições e o sentido valorativo da Constituição.

Do mesmo modo, e por fim, de nada vale a tábua de direitos e garantias fundamentais, obra de ponta da engenharia constitucional de 1988, se não há atores que lhe possam dar concreção e pronto atendimento, notadamente em relação aos direitos que exigem a implementação de políticas públicas a exigir esforço dos legisladores e dos administradores públicos (legislativo e executivo) portanto.

Não seria possível analisar cada uma das patologias do sistema, dissecando, em cada caso, as razões pelas quais elas existem e quais seriam os remédios mais eficazes para a cura de todas essas mazelas. Entretanto, nosso objetivo é, tendo esse quadro político-normativo como pano de fundo, eleger um determinado aspecto – *o poder normativo* – e saber se, de fato, trata-se de algo novo no ordenamento constitucional positivo brasileiro.

Eis por que fomos obrigados a desenvolver o que é um Estado de Direito, quais seus elementos essenciais para, logo a seguir, caminharmos em direção ao nosso direito constitucional positivo, com mais vagar, para identificar a existência de algo que se convencionou chamar de "poder regulador", "poder normativo", dando a impressão de algo novo, de uma nova categoria, um novo instituto jurídico que a todos desafia, que a todos obriga, que de todos exige condutas positivas e negativas, traçando, eventualmente, direitos e deveres na ordem jurídica.

Mas, antes de entrarmos neste tópico, cumpre abrir um capítulo acerca da importância dos *direitos fundamentais* no contexto do Estado de Direito, na democracia contemporânea.

Capítulo 6
OS DIREITOS FUNDAMENTAIS

As Constituições, ausentes os direitos fundamentais (sobretudo os direitos do homem), serviriam muito pouco. O conjunto de direitos e garantias do indivíduo, como é de amplo conhecimento, precedeu a própria noção de Constituição escrita e rígida, incorporando-se a seguir em seus textos ao longo do tempo.

O tema dos direitos fundamentais aparece conjugado ao da liberdade em geral, vista no princípio como a faculdade que todo homem tem de desenvolver-se, exercitando seus direitos individuais de modo consciente e autônomo, através da garantia da lei.

Já a afirmação histórica dos direitos inerentes à própria condição humana identifica-se ou inicia-se pelo movimento para a instituição de limites ao poder dos governantes, tema que já vimos anteriormente.

Por ora, não nos importa considerar as inúmeras discussões e diferenças terminológicas e conceituais existentes acerca do que são "direitos individuais", "garantias individuais", "direitos fundamentais", "garantias constitucionais", bastando referir que nossa preocupação está em destacar a importância desse plexo de direitos e de garantias, para o Estado de Direito, utilizando como referência fundamental a terminologia constitucional constante do Título II ("Dos Direitos e Garantias Fundamentais") e que se projetam por toda a Constituição.[1]

---

1. Não é, portanto, nosso objetivo, dissertar a respeito desse ou aquele direito, seu conteúdo ou alcance na Constituição, mas, sim, verificar o significado e a importância geral dos direitos fundamentais para o fortalecimento do Estado de Direito, para o aperfeiçoamento da democracia, e como ocorreu essa evolução e quais suas principais características.

O tema dos direitos humanos é fundamental para a compreensão do fenômeno do Estado (Democrático) de Direito, cujo surgimento e evolução sempre estiveram relacionados ao limite de intervenção na esfera individual, bem como, após os movimentos socialistas e o constitucionalismo social, à satisfação das demandas coletivas, como agente encarregado de realizar o valor da solidariedade social.

Passamos assim de uma concepção individualista a uma concepção solidária dos direitos humanos, ao menos no plano teórico, o que não significa que tenhamos implementado a contento, na sua integralidade, os direitos "individuais" ou que tenhamos atingido a terceira ou a quarta gerações de direitos no Brasil. Mas do ângulo estritamente normativo e formal, inúmeros passos foram dados para que essa realidade ocorresse.

Deveras, a Constituição de 1988, inspirada pelo ideal de integração das normas do Direito Internacional dos Direitos Humanos, previu a integração dessas normas (art. 5º, § 2º), oferecendo, portanto, uma nova geração[2] (ou dimensão) de direitos individuais, coletivos e difusos, todos com objeto de proteção direta ou indireta dos sistemas internos e internacionais, bem assim, determinando obrigações positivas ou negativas do Estado de modo a dar-lhes concreção.

É certo que a jurisprudência brasileira ainda é incipiente na matéria. Inclusive alguns direitos constitucionais que se projetam na esfera interna carecem de eficácia e aplicabilidade, em razão da inexplicável ortodoxia do Supremo Tribunal Federal que, lamentavelmente por sua maioria, não deu concreção, por exemplo, às garantias constitucionais por intermédio do controle de constitucionalidade da omissão. O mandado de injunção e a inconstitucionalidade por omissão[3] ainda não encontraram sua identidade nos pretórios nacionais.

---

2. A expressão "geração" de direitos, para alguns autores, mostra-se inconveniente porque pode ensejar uma leitura inadequada no sentido de que os direitos fundamentais estariam "divididos" e assentados em determinados períodos de tempo, sendo superados por outros de uma "nova geração". Sendo assim, o importante é compreender que há um *acúmulo de direitos* que vão se assentando e aperfeiçoando ao longo da história.

3. Sobre o tema, no passado, já tivemos a oportunidade de dissertar. Na ocasião já entendíamos que o Judiciário tem o dever de concretizar os direitos constitucionais através desses instrumentos nos limites enunciados na própria Constituição (Marcelo Figueiredo, 1991b).

Normas classificadas como "programáticas"[4] são sistematicamente ignoradas pelo Legislador e pelo Executivo, a pretexto de não serem dotadas de normatividade suficiente para gerar os efeitos a que se destinam. Mas as patologias do sistema não devem servir de obstáculo ao avanço da ciência do direito. Por isso mesmo, devemos seguir nosso objetivo, procurando demonstrar a importância do tema para o aperfeiçoamento do Estado (Democrático) de Direito, verificando sua evolução.

Também será na Inglaterra que encontraremos uma grande parcela do desenvolvimento dos *direitos individuais*. Eles foram o resultado de sua história e se apresentaram como sua forma mesma de governo. Eles se manifestaram e se encontram garantidos principalmente na Magna Carta,[5] na Petição de Direitos[6] e na Declaração de Direitos,[7] conseqüência de uma ampla luta mantida durante séculos entre o povo e os parlamentos e o poder absoluto dos reis.

4. Também sobre a matéria sempre defendemos não só a eficácia das normas programáticas, como, ainda, sua integração judicial de modo a que seus comandos não remanesçam no limbo jurídico (Marcelo Figueiredo, 1996(16):119-135).
5. A Magna Carta ou *Magna Charta Libertatum* é uma compilação de antigas leis, usos e costumes de caráter civil, penal e mercantil. Ela trata das prerrogativas eclesiásticas, de assuntos de interesse geral para o comércio, da administração da justiça, bem como confirma e concede privilégios a algumas cidades e portos. Mesmo não contendo disposições que se refiram à liberdade política, dispõe em sua cláusula oitava: "nenhum homem livre será preso, levado à prisão, despojado do que tem livremente, ou de suas liberdades, usos e costumes, ausente a lei, desterrado ou privado de coisa alguma de qualquer forma, nem perseguido, senão em virtude de sentença de seus pares ou em virtude de alguma lei do país".
6. A Petição de Direitos, assim chamada porque não foi redigida na forma ordinária dos demais atos, acabou obrigando o rei "a não mais instituir e cobrar impostos sem o consentimento das assembléias, a não determinar prisões senão em virtude da autoridade da lei, a não submeter jamais seu povo à jurisdição das cortes marciais".
7. Votada pelo Parlamento inglês em 24 de fevereiro de 1689, cujos princípios se conservam até hoje, a Declaração de Direitos reiterava e ampliava antigas franquias do parlamento, visando conter a tirania dos reis, e dispunha que o soberano não tinha o direito ou a faculdade de suspender a aplicação das leis civis ou penais; que não poderia cobrar contribuições não votadas pelas Câmaras; que sem o consentimento do Parlamento não poderia haver exército permanente em tempo de paz; que todos os súditos tinham o direito de eleger livremente seus representantes e que estes tinham liberdade de discussão, reclamando ainda "seus direitos e liberdades incon-

A seguir, na França, em 1789, a idéia de uma declaração de direitos foi aceita sem maiores dificuldades. Nela, depois de invocar o nome do povo e consignar que a ausência ou o desprezo aos direitos do homem são as causas das desgraças públicas e da corrupção dos governos, em dezessete artigos, afirma-se que a soberania reside essencialmente na Nação, que o fim de toda associação política é a conservação dos direitos naturais e imprescritíveis do homem, sendo estes, a liberdade, a propriedade, a segurança e a resistência à opressão, explicando-se seu alcance e sua importância em prescrições que, até hoje, encontram-se incorporadas em quase todas as Constituições do mundo contemporâneo.

Os Estados Unidos da América, por sua vez, já eram independentes quando na França se operavam estes acontecimentos históricos e já tinham incorporado em sua Constituição os princípios que os legisladores franceses queriam estender a todos os povos, como a conquista das liberdades mais primordiais. Os americanos haviam recebido o novo espírito da Inglaterra e desde o século XVII, as colônias de Massachusetts, Connecticut e Nova York já detinham os aludidos princípios incluídos em suas respectivas cartas.

Proclamada sua separação da Inglaterra, em 4 de julho de 1776, as colônias encontravam-se em um Estado quase completo de recíproca independência e constituíram uma espécie de confederação de fato sob a direção de um Congresso. Em 1781, formou-se uma confederação com uma Constituição escrita, cujas conseqüências negativas reclamavam uma nova carta, discutida em 1787, e finalmente promulgada em 1789, por ocasião da abertura do primeiro Congresso e com a eleição de George Washington à Presidência.

Posteriormente, ainda houve a necessidade de realizar-se uma reforma na Constituição para agregar uma declaração de direitos, bem como para determinar que os poderes do Congresso eram limitados. Os americanos davam grande importância à necessidade de ter uma declaração de direitos, já que as Constituições dos Estados-membros (colônias) as contemplavam, seguindo o exemplo inglês, e era indis-

---

testáveis"; e finalmente, a ata do Parlamento, que sanciona o documento, reconhece que "todos os direitos, e cada um deles, que se enumeram e reclamam, são os direitos verdadeiros, antigos e indubitáveis do povo do reino".

pensável que esta nova Constituição, cujas prescrições se declaravam superiores, contivessem também uma declaração de direitos.

Desse modo, dez emendas foram submetidas ao povo em 1789, e adotadas em 1791, que, com as demais prescrições que pela nova situação criada pela guerra de secessão eram demandadas, formam a verdadeira declaração de direitos da União americana, abarcando a liberdade de religião e de imprensa, os direitos de petição e de associação, a milícia e o uso de armas, o domicílio, as finanças, as penas e multas excessivas, os jurados, as garantias de juízo, entre outras.[8]

Fábio Konder Comparato[9] apresenta-nos uma interessante conexão entre o tema dos *direitos humanos* e a *democracia*. Após repassar os principais movimentos de afirmação dos direitos humanos, diz que a conseqüência imediata da proclamação de que todos os *seres humanos são essencialmente iguais* (1789 e depois 1948), em dignidade e direitos, foi a mudança nos fundamentos da legitimidade política, "todo o poder pertence ao povo e, por conseguinte, dele deriva. Os magistrados (isto é, os governantes) são seus fiduciários e servidores, responsáveis a todo tempo perante ele (Virgínia)".

Ainda é o professor Comparato[10] quem doutrina: "Mas a democracia que ressurge nessa época nada tem que ver com a *demokratia* grega. Nesta, como explicou Aristóteles, o poder supremo (*kyrion*) pertence ao *demos*, que o exerce diretamente e nunca por meio de representantes. Ora, o *demos* ateniense é composto, em sua grande maioria, de pequenos camponeses e artesãos, ou seja, de grupos de baixo poder econômico. É por isso que, no pensamento político grego, a democracia representa a exata antítese da oligarquia, em que o poder político supremo pertence à classe proprietária.

"Em sentido contrário, a democracia moderna, reinventada quase ao mesmo tempo na América do Norte e na França, foi a fórmula política encontrada pela burguesia para extinguir os antigos privilégios dos dois principais estamentos do *ancien régime* – o clero e a nobreza – e tornar o governo responsável perante a classe burguesa. O espírito original da democracia moderna não foi, portanto, a defe-

---

8. Conforme Story, 1857 (Capítulo 17).
9. Comparato, 1999:38 e ss.
10. Comparato, 1999:39.

sa do povo pobre contra a minoria rica, mas sim a defesa dos proprietários ricos contra um regime de privilégios estamentais e de governo irresponsável. Daí por que, se a democracia ateniense tendia, naturalmente, a concentrar poderes nas mãos do povo (*demos*), a democracia moderna surgiu como um movimento de limitação geral dos poderes governamentais, sem qualquer preocupação de defesa da maioria pobre contra a minoria rica. As instituições da democracia liberal – limitação vertical de poderes, com os direitos individuais, e limitação horizontal, com a separação das funções legislativa, executiva e judiciária – adaptaram-se perfeitamente ao espírito de origem do movimento democrático. Não assim, os chamados direitos sociais, ou a reivindicação de uma participação popular crescente no exercício do governo (referendo, plebiscito, iniciativa popular legislativa, orçamento participativo). De qualquer modo, esse feito notável de geração dos primeiros direitos humanos e de reinstituição da legitimidade democrática foi obra de duas 'revoluções', ocorridas no espaço de um lustro em dois continentes. Mas a mesma palavra foi empregada em acepções distintas e até mesmo contraditórias."

Seja como for, é inegável que o desenvolvimento histórico dos direitos fundamentais do homem contribuiu de forma decisiva para não só conter o poder arbitrário dos governantes ao longo do tempo, como, também, para, aos poucos, erigir proteção para os indivíduos e barreiras em face do Estado[11] e, posteriormente, exigir do Estado direitos sociais – e assim paulatinamente.

Assim, *a lei e o direito* têm condições de serem vistos e manejados como um instrumento de defesa, de proteção e também de desenvolvimento do Homem na sociedade.

Os direitos fundamentais retratam, desse modo, um processo contínuo da História. Não são estáticos, porque as condições históricas também se alteram, e com elas, os direitos.

Como vimos, em um primeiro momento, os direitos do homem surgem e se afirmam como direitos do indivíduo em face do poder do

---

11. O que não impediu, lamentavelmente, o aparecimento do nazismo, do fascismo ou de ditaduras ao longo do tempo. A utilização do direito como instrumento de repressão ao povo também é um fato, o que levou Vychinski, jurista soviético do período estalinista a afirmar: "les lois sont faites pour défendre l'État contre les individus et non les individus contre c l'État" (*apud* Duverger, 1966:49).

soberano. Reafirmam-se na doutrina *liberal*, através do reconhecimento das liberdades clássicas (religião, opinião, associação, propriedade etc.).

Seu conjunto já foi chamado de direitos de "primeira geração",[12] complementado pelo legado do socialismo, que reivindicava o direito dos desprivilegiados de participarem do "bem-estar social", o que nos levou aos direitos a prestações positivas do Estado,[13] denominados "direitos de segunda geração", previstos pelo *welfare state*, direitos de crédito do indivíduo em relação à coletividade, acrescidos e complementados pelos direitos econômico-sociais e culturais, todos procurando garantir a todos acesso aos meios de vida e de trabalho em um sentido amplo, conferindo, assim, *dignidade à pessoa humana*.

Atualmente, não só se alude aos direitos de "terceira e quarta gerações" (direito ao desenvolvimento, direito à paz, direito ao meio ambiente, direito de titularidade coletiva), como também se desenvolveram mecanismos de proteção e defesa internacional dos direitos humanos globalmente considerados, montando-se uma estrutura normativa para esse efeito.[14]

---

12. Lafer, 1988:55
13. J. H. Meirelles Teixeira sobre o momento doutrina: "Reconhecida essa situação de fato, surge a possibilidade de protegerem-se os mais fracos, limitando-se os excessos do poderio social, e àquelas idéias de liberdade abstrata e negativa, de igualdade abstrata, sobre as quais repousavam o Direito e o Estado liberais-individualistas, substitui-se a idéia de *equação*, a que corresponde à justiça distributiva. Daí as limitações e as restrições à liberdade, isto é, aos direitos individuais, pois a maioria das relações jurídicas, mesmo as essencialmente de direito privado, passam a considerar-se como interessando não apenas aos que delas participam, mas como *relação social*, interessando à sociedade e ao Bem Comum, devendo o Estado, que os representa, intervir no sentido de restabelecer o acordo entre a *forma* e a *realidade* jurídica. Ocorrerá, então, ao lado dessa intervenção estatal, a *publicização do direito privado*. O Estado Social, portanto, nada mais é que *o Estado cuja atividade assume este sentido social, de realização cada vez maior e mais perfeita de justiça social e do Bem Comum*, e essa tarefa se realiza essencialmente sob três aspectos diferentes, embora intimamente entrosados e condicionados uns pelos outros: a) pelas *limitações e restrições* aos direitos (liberdades) individuais; b) pela *prestação positiva*, pelo próprio Estado, daquelas condições concretas, daqueles meios, necessários ao exercício efetivo dos direitos (ou liberdades) individuais; c) pela fixação, aos indivíduos, de certos *deveres* em relação ao Estado" (1991:707-708).
14. Nesse sentido, Piovesan (2002).

Por fim, resta assinalar que os direitos fundamentais, que em última análise almejam proteger e promover o homem nas sociedades contemporâneas, são dotados da chamada "fundamentalidade material", expressão de Canotilho.[15] É dizer, o conteúdo desses direitos apresenta-se como decisivo para constituir as estruturas básicas do Estado e da sociedade.

Desse modo, podemos afirmar que, da mesma forma que os direitos individuais representaram um movimento de restrição da burguesia contra os governantes, os direitos humanos contemporâneos têm um papel fundamental no Estado (Democrático) de Direito, qual seja, o de reafirmar a cidadania, a participação da sociedade na construção de seus destinos e de seus valores.

A consciência gera, pois, a liberdade, a dignidade, a cidadania. O *homem conscientizado politicamente*[16] pode escolher, porque conhece o seu mundo e sua identidade própria, enxerga-se como ser individual e coletivo. Os direitos individuais convivem com os coletivos e difusos (direitos fundamentais), na Constituição. Todos eles, de algum modo, pretendem que a sociedade, por seu intermédio, exerça essa consciência coletiva na busca de sua cidadania.

É a vertente da *dialética social* que, ao contrário do que possamos imaginar, está bem presente no direito constitucional, já que este é um *código político* por excelência, molda os direitos do Estado e do cidadão.

A inclusão, em nosso texto constitucional, da possibilidade da defesa coletiva de direitos é, em síntese, o reconhecimento de que vivemos em uma sociedade de massas que, para compreender e enfrentar os fenômenos sociais, inclusive seus direitos, há de estar aparelhada para conhecê-los e defendê-los. Paralelamente, é preciso que o Poder Judiciário possa compreendê-los, para adequadamente aplicá-los.

Nesse sentido, trata-se do grande desafio do direito constitucional contemporâneo. Como realizar os "direitos de crédito" que necessitam intervenção ativa do Estado para sua realização. Não foi por

---

15. Piovesan, 2002:509.

16. O que supõe, evidentemente, no mínimo, investimentos pesados em educação, saúde e habitação. Ademais, um sistema político e eleitoral limpo, bem estruturado, livre de vícios e mazelas corporativas, que efetivamente reflita a vontade popular, circunstâncias que, ao que parece, lamentavelmente não ocorrem no Brasil.

outra razão que, na passagem do Estado Liberal para o Estado do *Welfare State*, ou Estado Social, se, de um lado, estes mesmos direitos desenvolveram-se para espelhar o último modelo, de outro, as condições para sua implementação permaneceram pouco desenvolvidas, inadequadas ou ameaçadas.

Fato é que há uma relação de *condicionamento mútuo* entre *direitos fundamentais do homem* e a *democracia*, pois esta pressupõe liberdade individual protegida juridicamente para todos, e a liberdade para todos pressupõe democracia. Este fato é de grande importância para a interpretação dos direitos fundamentais. A separação entre tais temas pode levar a uma determinada interpretação dos direitos capaz de pôr em perigo, tanto a liberdade, como a democracia.[17]

Chegamos ao século XX, período de avanços extraordinários na ciência e na informação, encurtando distâncias entre os homens e suas sociedades. Todavia, o Estado das técnicas não trouxe, com igual vigor e criatividade, o avanço da política, da cultura, da participação, da igualdade de oportunidades e, também, da aparente ausência da conscientização do papel do homem neste "novo mundo".[18]

---

17. Exatamente por essa razão, quando ouvimos vozes defenderem o retorno ao "liberalismo" ou a implantação de um *"neo*liberalismo" preocupamo-nos se nesta concepção estiver impregnada a idéia de um retorno ao século XVIII sem que sequer tenhamos, em muitos casos, afirmado o Estado de Direito.
18. Milton Santos observa, comentando a necessidade da precedência do homem: "uma outra globalização supõe uma mudança radical das condições atuais, de modo que a centralidade de todas as ações seja localizada no homem. Sem dúvida, essa desejada mudança apenas ocorrerá no fim do processo, durante o qual reajustamentos sucessivos se imporão. Nas presentes circunstâncias, conforme já vimos, a centralidade é ocupada pelo dinheiro, em suas formas mais agressivas, um dinheiro em estado puro, sustentado por uma informação ideológica, com a qual se encontra em simbiose. Daí a brutal distorção do sentido da vida em todas as suas dimensões, incluindo o trabalho e o lazer, e alcançando a valoração íntima de cada pessoa e a própria Constituição do espaço geográfico. Com a prevalência do dinheiro em estado puro como motor primeiro e último das ações, o homem acaba por ser considerado um elemento residual. Dessa forma, o território, o Estado-nação e a solidariedade social também se tornam residuais. A primazia do homem supõe que ele estará colocado no centro das preocupações do mundo, como um dado filosófico e como uma inspiração da compaixão nas relações interpessoais e o estímulo à solidariedade social, a ser exercida entre os indivíduos, entre o indivíduo e a sociedade e vice-versa e entre a sociedade e o Estado, reduzindo as fraturas sociais, impondo uma nova

O fenômeno não passou despercebido a Mauro Cappelletti[19] para quem os efeitos das grandes transformações do papel do Estado e do direito nas sociedades modernas estão a exigir maior amplitude e profundidade na análise da função jurisdicional: a legislação social, os direitos sociais e o papel transformador da magistratura constituem intenso desafio no mundo contemporâneo.

Assim, parece-nos, no mínimo precipitada, a "introdução" ou apregoada presença (ou tendência) mundial de um determinado modelo de Estado "neoliberal", quando nem sequer alcançamos o estágio completo de um "Estado de Direito". É dizer, o jurista, o cientista do direito deve preocupar-se em analisar o modelo de ordenamento constitucional positivo, e suas potencialidades jurídicas, tal como está plasmado pelo poder constituinte.[20] Assim, deixando de lado discussões da filosofia política contemporânea, não poderíamos deixar de registrar nosso repúdio a algo que não corresponde a nossos valores constitucionais.[21]

E, nesse contexto, um dos poderosos antídotos para conter a desfiguração do Estado ou, ao menos, um mecanismo para preservar a noção básica de *democracia* é lutar pela defesa intransigente dos direitos do homem, ou direitos fundamentais, porque a história já deu provas de que efetivamente, somente em sistemas democráticos de governo os *direitos do homem* têm maior probabilidade de serem respeitados, ou vice-versa. Ao lutarmos pela implantação e realização dos direitos humanos estaremos propondo, inexoravelmente, o aperfeiçoamento do Estado (Democrático) de Direito.

ética, e, destarte, assentando bases sólidas para uma nova sociedade, uma nova economia, um novo espaço geográfico. O ponto de partida para pensar em alternativas seria, então, a prática da vida e a existência de todos (...) Assim, o interesse social suplantaria a atual precedência do interesse econômico e tanto levaria a uma nova agenda de investimentos como a uma nova hierarquia de gastos públicos, empresariais e privados. Tal esquema conduziria, paralelamente, ao estabelecimento de novas relações internas a cada país e a novas relações internacionais" (2001:148).

19. Cappelletti, 1993:40 e ss.

20. Naturalmente que, sem prejuízo de procurar sugerir caminhos que levem ao constante aperfeiçoamento do Estado Democrático e Social.

21. O que, entretanto, preocupa os estudiosos do direito constitucional é exatamente a desfiguração do Estado Democrático de Direito (art. 1º da CF), através de emendas e reformas que de algum modo retratam a tentativa de mutilação do conjunto de conquistas que integram seu perfil estrutural.

Há, portanto, uma rigorosa conexão entre os temas *Estado de Direito, democracia* e *direitos humanos*, o que pode ser facilmente compreendido, porque, para proteger estes últimos, faz-se necessário o ambiente do Estado de Direito. Por sua vez, para construir um sistema de proteção dos direitos fundamentais há necessidade do respeito a certos princípios inerentes aos direitos humanos,[22] a saber: a) a universalidade;[23] b) a transnacionalidade;[24] e c) a progressividade.[25]

A Democracia, conceito que inaugura e funda o Estado brasileiro,[26] só avançará, efetivamente, se o catálogo de *direitos fundamentais*, que constitui o elemento central de quase todas as Constituições deste século, for constantemente implementado. E, nesse contexto, parece ter o Poder Judiciário papel de extrema relevância, sem prejuízo de todos os outros agentes sociais ou poderes estatais.

Aqui, é preciso entender um fenômeno aparentemente complexo e sua lógica. Afirma-se, com razão, que com o advento do Estado Social surgem novos desafios. Que o papel do Legislador, do governante (do Executivo) e do Judiciário deve sofrer transformações de vulto, para enfrentar a implementação desses novos direitos, dessa nova realidade. Entretanto, a questão que se põe é saber se efetivamente aludidas transformações desafiam, revogam ou implicam a *desconsideração* de princípios, institutos e modelos jurídicos assen-

22. Os direitos humanos exigem para sua proteção e promoção uma ambiente jurídico dotado de regras democráticas que contenham o poder e ademais legítimas. Nessa medida o Estado de Direito deve servir à promoção da liberdade, da igualdade, em síntese, dos direitos do homem.
23. Todos os homens nascem iguais em direitos e deveres segundo construção universal de há muito assentada na teoria geral dos direitos constitucionais. A Declaração de Viena de 1993 é taxativa ao afirmar que "todos os direitos humanos são universais, indivisíveis, interdependentes e inter-relacionados".
24. Corolário da internacionalização dos direitos humanos, a transnacionalidade pretende atingir o máximo de eficácia em todos os Estados, o que lamentavelmente ainda não é uma realidade.
25. A progressividade desdobra-se em outros princípios como a indivisibilidade ou interdependência. O caráter de expansão crescente dos direitos humanos impõe-se à medida que são descobertos e complementados aos anteriores já existentes. Nesse sentido, Trindade (1997:357 e ss.).
26. Já no Preâmbulo de nossa Constituição a alusão explícita à instituição de um "Estado Democrático", o que vem ratificado logo em seu pórtico, no art. 1º que alude a um "Estado Democrático de Direito".

tados ao longo da história constitucional, tais como: a) a Constituição como norma superior de um dado ordenamento jurídico (supremacia e rigidez constitucional); b) o constitucionalismo com os seus consectários – a legalidade em sentido amplo; c) o princípio da separação de poderes; d) os direitos fundamentais do homem.

É dizer: *saber se as alterações do Estado contemporâneo ou os seus novos desafios, de algum modo, têm o condão de afetar as conquistas históricas do direito constitucional*, e, em caso positivo, *de que modo devemos entendê-las nos tempos atuais, sempre, naturalmente, tendo o Direito Constitucional e suas conquistas históricas como ponto de referência e apoio no raciocínio a ser empreendido.*

Capítulo 7
DO ESTADO DE DIREITO
AO ESTADO DEMOCRÁTICO DE DIREITO

A primeira questão a ser respondida (*se as alterações do Estado contemporâneo ou os seus novos desafios têm o condão de afetar as conquistas históricas do direito constitucional*) não é fácil, ou depende da análise de várias perspectivas ou teorias. Afinal, qual o modelo jurídico-político adotado pelo constituinte de 1988? É o Brasil um Estado de Direito, um Estado Social de Direito ou um Estado Democrático de Direito (art. 1º da CF)? Qual a significação básica desses conceitos?

Não é o caso de nos perdermos com digressões teóricas a respeito do conceito de Estado e sua evolução.[1] *Nuclearmente*, o Estado é "um ente social que se forma quando, em um território determinado, se organiza juridicamente um povo que se submete à autoridade de um Governo".[2] A matéria, também porque diz com a filosofia política e com a teoria geral do Estado, parece não ter recebido tratamento condigno dos estudiosos do direito constitucional ou de seus tratadistas.

Não deveria ser assim, já que a noção de Estado (Democrático) de Direito insere-se nas bases, nas estruturas mais fundas da Consti-

---

1. Há inúmeras concepções do que seja efetivamente o Estado. Costuma-se designá-lo como a sociedade política existente num determinado território e dotada de um governo soberano. Basta-nos, por ora, a referência de Canotilho para quem: "O Estado é, assim, uma forma histórica de organização jurídica do poder dotada de qualidades que a distinguem de outros 'poderes' e organização de poder. Em primeiro lugar, a qualidade de (1) poder soberano com um poder político de comando; dotado de um determinado (2) povo; (3) em um determinado território (2002:89). No mesmo sentido, Machado Paupério (1987).

2. É a lição de Di Ruffia (1982:99).

tuição. Trata-se da opção fundamental de um povo, do poder constituinte, a maneira essencial pela qual aquela sociedade irá organizar-se, e como o Estado deve comportar-se. A Constituição traça essa estrutura fundamental. Exatamente por esta razão é que, logo no início, em seu art. 1º, percebe-se que a *República Federativa do Brasil constitui-se em Estado Democrático de Direito*.[3]

O primeiro artigo da Constituição contém *dois princípios fundamentais, estruturantes, e uma regra-matriz de ampla normatividade constitucional*, que devem orientar todo o raciocínio do intérprete constitucional, a saber: a) o princípio republicano; b) o princípio federativo; c) a regra-síntese e matriz de ampla normatividade constitucional.

Os dois primeiros princípios já receberam tratamento mais do que condigno pela doutrina constitucional, pelo que não é o caso de nos alongarmos para ressaltar a extrema relevância de ambos na Constituição brasileira. Geraldo Ataliba,[4] neste, como em outros temas, foi insuperável.

Entretanto, é necessário deixar assinalado que o conceito de Estado Democrático de Direito não pode ser visto como um mero *qualificativo* do Estado. Conquanto com ele se instaure um novo tipo de Estado (conforme o pensamento de José Afonso Silva, 2004:96) de modo algum desaparecem os elementos do Estado de Direito, isto é, as suas conquistas, como já visto acima, são *incorporadas* a esse *novo tipo* de Estado em prol da cidadania e na busca da democracia.

Retornando à questão do que seja o decantado e desconhecido conceito de "Estado Democrático de Direito", é ainda José Afonso da Silva[5] que, transpondo os ensinamentos de Vital Moreira e Canotilho para o Direito Constitucional positivo brasileiro, afirma:

---

3. O artigo assim está redigido: "A República Federativa do Brasil, formada pela união indissolúvel dos Estados e Municípios e do Distrito Federal, constitui-se em Estado Democrático de Direito e tem como fundamentos: I – a soberania; II – a cidadania; III – a dignidade da pessoa humana; IV – os valores sociais do trabalho e da livre iniciativa; V – o pluralismo político. Parágrafo único. Todo o poder emana do povo, que o exerce por meio de representantes eleitos ou diretamente, nos termos desta Constituição".
4. Ataliba, 1985.
5. Silva, 2002:96, 119 e 120.

"Algumas são normas-síntese ou normas-matriz cuja relevância consiste essencialmente na integração das normas de que são súmulas, ou que as desenvolvem, mas têm eficácia plena e aplicabilidade imediata, como as que contêm os princípios da soberania popular e da separação de poderes. A expressão 'República Federativa do Brasil' é, em si, uma declaração normativa, que sintetiza as formas de Estado e de governo, sem relação predicativa ou de imputabilidade explícita, mas vale tanto quanto afirmar que o 'Brasil é uma República Federativa'. É uma norma implícita, e norma-síntese e matriz de ampla normatividade constitucional. A afirmativa de que a 'República Federativa do Brasil constitui-se em Estado Democrático de Direito' não é uma mera promessa de organizar esse tipo de Estado, *mas a proclamação de que a Constituição está fundando um novo tipo de Estado*, e, para que não se atenha a isso apenas em sentido formal, indicam-se-lhe objetivos concretos, embora de sentido teleológico, que mais valem por explicitar conteúdos que tal tipo de Estado já contém, como discutiremos mais adiante.

"A configuração do *Estado Democrático de Direito* não significa apenas unir formalmente os conceitos de Estado Democrático e Estado de Direito. Consiste, na verdade, na criação de um conceito novo, que leva em conta os conceitos dos elementos componentes, mas os supera na medida em que incorpora um componente revolucionário de transformação do *status quo*. E aí se entremostra a extrema importância do art. 1º da Constituição de 1988, quando afirma que a República Federativa do Brasil se constitui em *Estado Democrático de Direito*, não como mera promessa de organizar tal Estado, pois a Constituição aí já o está proclamando e fundando.

"(...).

"A Constituição portuguesa instaura o *Estado de Direito Democrático*, com o 'democrático' qualificando o Direito e não o Estado. Essa é uma diferença formal entre ambas as constituições. A nossa emprega a expressão mais adequada, cunhada pela doutrina, em que o 'democrático' qualifica o Estado, o que irradia os valores da democracia sobre todos os elementos constitutivos do Estado e, pois, também sobre a ordem jurídica. O Direito, então, imantado por esses valores, se enriquece do sentir popular e terá que ajustar-se ao interesse coletivo.

"(...).

"É um tipo de Estado que tende a realizar a síntese do processo contraditório do mundo contemporâneo, superando o Estado capitalista para configurar um Estado promotor da justiça social que o personalismo e o monismo político das democracias populares sob o influxo do socialismo real não foram capazes de construir. Nesse quadrante, é ainda pertinente lembrar o pronunciamento de Elías Díaz, que se revelou profético: "Desta forma, e sem querer chegar com isso apressadamente à 'grande síntese final' ou qualquer outra forma de 'culminação da História' (isto deve ficar bem claro), cabe dizer que o Estado Democrático de Direito aparece como a fórmula institucional em que atualmente, e sobretudo para um futuro próximo, pode vir a concretizar-se o processo de convergência em que podem ir concorrendo as concepções atuais da democracia e do socialismo. A passagem do neocapitalismo ao socialismo nos países de democracia liberal e, paralelamente, o crescente processo de despersonalização e institucionalização jurídica do poder nos países de democracia popular, constituem em síntese a dupla ação para esse processo de convergência em que aparece o Estado Democrático de Direito."

Após essa longa e notável lição, não há como ter dúvidas. Toda e qualquer ação do Estado brasileiro há de estar *confortada nesta concepção*, neste *standard* constitucional. Toda ação (positiva ou negativa) ou medida, advinda dos Poderes do Estado, Executivo, Legislativo ou Judiciário, deve revelar, o quanto possível e nos limites de sua atuação, o conjunto de seus elementos.

As leis do país, as ações governamentais e as políticas públicas devem atender aos comandos da *cidadania*, da *dignidade da pessoa humana*, aos valores *sociais* do trabalho e da livre iniciativa e ao *pluralismo* político (art. 1º da CF).

Não basta assim ao *Estado Democrático de Direito* a lei. A lei há de ser fruto de um Parlamento representativo da sociedade e do povo. As regras do processo eleitoral, dos partidos políticos e do Parlamento devem ser legítimas, democráticas. O processo público deve ser acessível, aberto e constantemente participativo.

A sociedade humana é uma *unidade* feita de *variedade*. O Estado Democrático de Direito deve atender à vontade dos governados, ampliando e facilitando, inclusive, a iniciativa das leis que lhe dizem respeito.

Se construir uma sociedade livre, justa e solidária é objetivo da República Federativa do Brasil (art. 3º, I, da CF), *toda e qualquer política* que contrarie essa diretriz será inconstitucional. Lamentavelmente a afirmação, apesar de elementar, não constitui um truísmo em face dos desatinos e da perda da cerimônia com a Constituição e seus valores mais caros.

O mesmo podemos dizer do desenvolvimento nacional e da erradicação da pobreza e redução das desigualdades sociais e regionais (art. 3º, II e III, da CF), seja para encarecer a necessidade de políticas governamentais que caminhem neste sentido, seja para que os recursos públicos sejam alocados no combate efetivo da pobreza.

De qualquer modo, gostaríamos de ressaltar que, conquanto a fórmula do Estado Democrático de Direito encerre *amplo conteúdo e significado constitucional*, ela deve servir de guia seguro e eficaz para os destinatários do comando, no Estado ou fora dele, seus cidadãos, de forma que *todo ato jurídico* possa ser contrastado a partir desses elementos e fundamentos basilares da cidadania.

Todas as competências recebidas pelos órgãos ou instituições de todo o país, voltados à realização do interesse público ou coletivo, devem *desenvolver-se, conformar-se, basear-se* nos elementos do Estado Democrático de Direito e no *princípio participativo*; em síntese, devem fundamentar-se *na* e *para* a cidadania.

Do mesmo modo, toda a interpretação de atos jurídicos, leis ou demais atos normativos deve refletir justiça e finalidade social.

A objeção fatal e evidente que encontramos está na *plasticidade* desses conceitos, o que dificultaria seu contraste e controle. Muito já foi feito em nome da "Democracia", da "justiça social", do "valor social do trabalho". Acreditamos que a única solução será, além da interpretação construtiva, o debate público e transparente das medidas tomadas em nome desses objetivos constitucionais. Não há como, *a priori*, identificar fraude a tais comandos.

Elas podem, no mínimo, ser caracterizadas pelo seu *conteúdo negativo*, ou seja, dizendo o que elas *não são* ou *não podem ser*. O mesmo raciocínio vale para a aplicação dos aludidos princípios. Ao analisarmos a medida governamental ou normativa, que busca seu fundamento de validade nos princípios estruturantes do Estado Democrático de Direito, haveremos de nos perguntar *se os meios e fina-*

lidades propostas[6] confirmam os elementos que constituem o Estado Democrático de Direito na direção de seus objetivos fundamentais (arts. 1º e 3º da CF).

Assim, o Estado Democrático de Direito pode ser considerado uma evolução do Estado de Direito.[7] Este, como sabemos, tinha como nota essencial o império do direito, a construção de barreiras jurídicas contra o poder arbitrário através da lei (*secundum legem*) e, por conseguinte, também do direito.

A Constituição de 1988 é, basicamente, em muitas de suas dimensões essenciais, uma Constituição do Estado Social.

Estamos com Paulo Bonavides,[8] que, quase em tom profético, afirma que um dos mais graves problemas do Direito Constitucional decorre de que ele realiza os fins do Estado Social de hoje, com as técnicas do Estado de Direito de ontem: "Mas o verdadeiro problema do Direito Constitucional de nossa época está em como juridicizar o Estado social, como estabelecer e inaugurar novas técnicas ou institutos processuais para garantir os direitos sociais básicos, a fim de fazê-los efetivos. Para esse aspecto muito avançou o Estado social da Carta de 1988. Até onde irá, contudo, na prática, essa garantia, até onde haverá contradições materiais propícias para traduzir em realidade o programa de direitos básicos formalmente postos na Constituição, não se pode dizer com certeza".

Acreditamos que já seja possível caminhar para o segundo momento do trabalho, municiados das principais idéias, avanços e retrocessos da história constitucional moderna. É o que faremos a seguir.

6. Os princípios da razoabilidade e da proporcionalidade, para esse efeito, apresentam-se de grande valia nesta investigação.
7. A expressão "Estado de Direito" não é unívoca e vem se alterando ao longo dos séculos. Modernamente a expressão conota, essencialmente, o Estado que não só é limitado por leis e normas gerais, como, especialmente, estabelece-se por meio de uma Constituição democrática, norma que condensa princípios regras e diretrizes vinculantes ao poder político e administrativo. Alude-se ao "bloco de legalidade", ao "bloco da constitucionalidade", expressões que pretendem sumular a limitação do poder e seu controle, através da tábua de direitos fundamentais, por meio de segurança jurídica, em que haja a vinculação total do Direito a todos os órgãos do Estado, o amplo acesso à tutela jurídica com instrumentos processuais que garantam aos cidadãos o acesso aos direitos constitucionais, inclusive através da jurisdição constitucional.
8. Bonavides, 1983:338.

Imaginamos que nossa reflexão e investigação acerca do fenômeno do "poder regulador"[9] deva ser feita a partir do parâmetro de nossa Constituição, de nosso direito constitucional positivo. Sem prejuízo de analisar ou considerar as principais teorias que pretendem justificar essa ou aquela posição, não nos cabe, em nome de uma determinada concepção ou *filosofia* política, interpretar o direito constitucional positivo. Ele deve ser nosso limite de análise e objeto fundamental.[10]

Nesse contexto, nenhum Estado é isolado no mundo. Forçosamente recebe as influências das idéias e movimentos políticos e sociais de seu tempo. Como sabemos, nossa era é marcada pela velocidade da informação e comunicação, pelo inegável avanço da ciência e da tecnologia, pela *globalização*[11] de temas, problemas e soluções que pretendem uma *visão totalizadora* das necessidades de proteção em certas matérias, como o meio ambiente, a existência e a proteção dos direitos humanos, o desenvolvimento econômico e social, entre outros.

Mas, nem mesmo esse *fenômeno global*, acreditamos, tem o condão de alterar, de chofre, o quadro normativo constitucional de um Estado, que, como se sabe, somente admite revisões ou alterações por intermédio de mecanismos previstos na Constituição.

Assim, não fosse por essa razão – reconheça-se, elementar –, há outras, como as peculiaridades jurídicas de cada ordenamento jurídico, suas tradições, sua história, seu povo, sua cultura, que acabam condicionando e moldando as instituições políticas *nacionais*. O fenômeno, acreditamos, é circular. Cada Estado recebe as influências da cultura mundial, mas não perde (ou não deveria perder) sua identidade, sua cultura, sua história.

Marcamos desde logo essa posição, porque temos o vezo histórico de *transplantar ou de importar* a cultura e "identidade" de outros povos, nações e com elas, institutos jurídicos e experiências, muitas vezes sem a necessária cautela, sem prudência, conveniência ou opor-

---

9. Ou normativo, estamos ainda na fase de investigação do conceito.
10. Naturalmente quando aludimos ao direito constitucional positivo obrigatoriamente haveremos de analisar nossa Constituição de 1988, sem descuidar da *realidade histórica e social* do direito constitucional brasileiro.
11. Já nos manifestamos sobre os aspectos positivos e negativos da globalização e da mundialização (vide Marcelo Figueiredo, 2001:45-51).

tunidade.[12] Tendências históricas ou movimentos políticos não alteram Constituições a não ser que estes últimos sejam vitoriosos e capazes de implantar uma *nova ordem jurídica*, destruindo a anterior. A história das instituições políticas brasileiras é marcada por esse fenômeno, às vezes imposto pelas elites governantes,[13] às vezes por interesses econômicos de grupos, ou até simplesmente pelo sabor da novidade. Trata-se de matéria de grande interesse, mas em que não devemos penetrar, apenas constatar, seja pelo desconhecimento de suas causas mais profundas, seja porque afeta mais a antropologia social do poder.[14] Serve a advertência de que devamos, no mínimo, ter cautela com fenômenos políticos de hegemonia global.

12. J. H. Meirelles Teixeira alude ao "idealismo" das nossas Constituições – e com Oliveira Vianna o condena – motivo de todos os nossos males sociais e políticos, e que consistiria na substancial inadaptação das nossas Constituições, leis e instituições políticas à realidade social brasileira (1991:9).

13. José Bonifácio, o moço, já dizia: "Neste país, a pirâmide do poder assenta sobre o vértice e não sobre a base". Paulo Bonavides e Roberto Amaral fizeram notável levantamento dos principais textos políticos da história do Brasil, interpretando-os. Lá se vê, por exemplo, que a mentalidade colonial seria enfrentada na República de forma mais efetiva com a Revolução de 1930. "A alienação político-cultural levaria o Brasil a uma economia extrativista e predatória, inimiga do progresso. Somente em 1827, o Império instituiu o ensino primário público no Brasil, por decreto que nem ao menos abria o necessário crédito para a construção das escolas e contratação de professores. A sociedade da época, futuros personagens de Machado de Assis, vivia de renda, do latifúndio, das funções cartorárias; enfim, compunham uma sociedade tradicional e patriarcal. Em 1889, ano da proclamação da República, isto é, da implantação mecanicista do modelo norte-americano da República e federação (depois da importação não menos mecanicista do modelo inglês de parlamentarismo) possuíamos tão-somente cinco escolas de ensino superior. O objetivo, na construção proposta dessa sociedade ágrafa e autoritária, era evidente: reforçar o hiato entre o culto e o democrático, entre o povo e seus representantes, entre a sociedade e o poder, entre o povo e os heróis de sua História escrita. Ao poder absoluto dos senhores de terra e escravos, seguiu-se o poder autoritário dos senhores da terra e do capital, elevado a um maior grau de concentração depois que o País se industrializou. Enfim, a economia rural, relutante, não sem traumas, cedeu praça à força emergente das cidades, e o povo seguidamente foi às ruas, mas raramente fez história própria. Quase sempre serviu de massa de manobra da mesma burguesia que, crise após crise, se conservou olímpica e inviolável no comando político. A pesquisa documental reitera essa afirmação de denúncia do exílio a que em sua História foi submetido o povo" (Paulo Bonavides e Roberto Amaral, 1996:24 e ss.).

14. Gilberto Freire ensina: "As criações ou invenções – manifestações culturais, embora a cultura em si nada tenha de biológico nem se explique biologicamente – têm, entretanto, sua base biológica e psicológica, pois a capacidade do indivíduo

Também por essa razão não aceitamos a assertiva generalizadora e, portanto, em princípio, falsa de que determinado Estado deva alterar-se, para enquadrar-se no modelo ou figurino "x", "y" ou "z", porque esse é, ou seria, o modelo *de nosso tempo*, da moda, ou porque é formado por características que melhor serviriam *a todos os povos*. É mais ou menos essa a filosofia que prega, no nosso modesto ponto de vista, as *necessárias*[15] mudanças no aparelho do Estado.

De outra parte, não há dúvida de que certos temas e matérias podem, por sua natureza pontual, ou mesmo em razão de determinado consenso político e civilizatório, encontrar solo fértil ao tratamento global. Os direitos humanos por exemplo.[16] Ninguém negará que hoje, no século XXI, há *determinados direitos* universais indiscutíveis e imprescindíveis ao desenvolvimento básico do homem no seu espaço social (ao menos no Ocidente), portanto exigíveis do Estado, independentemente do modelo político a ser adotado.[17]

de inventar parece ser, em parte, biologicamente condicionada. Sendo assim, as culturas se apóiam de modo particular na capacidade especial para criar ou inventar de certos indivíduos sociais que seriam também os aperfeiçoadores de instrumentos ou de coisas da cultura. Essa capacidade especial é às vezes exibida através de gerações sucessivas por famílias superiores como a dos Bach, na Alemanha, ou dos Darwin, na Inglaterra. Não parece, entretanto, estar ligada de modo particular a qualquer 'raça', estável como 'raça', isto é, independentemente de situações sociais especialmente favoráveis à invenção, e sim, segundo alguns estudiosos do assunto, a meias-raças, sem que se possa separar em tais casos, com precisão, a expressão do processo biológico, do social" (1967:243).

15. Devemos nos perguntar: necessária para quem? Por quê?

16. Mas mesmo no campo dos direitos humanos há controvérsias em relação a seu alcance e imposição pela comunidade internacional em todos os países do mundo em face da enorme diversidade cultural que separa os povos dos vários continentes do planeta. De qualquer modo, nessa matéria – direitos humanos –, parece razoável sustentar uma ordem global, um consenso civilizatório mundial mínimo, ao menos em relação a alguns direitos básicos e elementares do ser humano. Mas quantos séculos foram necessários para que chegássemos até aqui?

17. Mesmo em relação aos direitos humanos, acreditamos, seria difícil afirmar com absoluta precisão e rigor que haveria um plexo de direitos considerados universais aplicáveis forçosamente em todo o mundo. Há, também aqui, uma controvérsia que afirma o caráter antidemocrático da doutrina fundamental dos direitos humanos que estaria a desconsiderar algumas culturas e identidades, sobretudo orientais e africanas dotadas de uma lógica diversa da civilização cristã e ocidental. A forte oposição, sobretudo do Oriente, *v.g.*, China, África e Ásia, em relação a esse tema, revela, no mínimo, a falta de consenso universal acerca da conveniência e oportunidade de exigir o cumprimento de *todos os direitos (humanos)* que o Ocidente considera elementares.

Finalmente, estamos com Bidart Campos,[18] notável constitucionalista argentino, que ensina sobre o tema: "La política económica no puede, entonces, desligarse de la libertad sin incomunicarse con el resto del sistema constitucional de libertades, y teniendo presente que la libertad, la igualdad, la eficiencia y el bienestar no fluyen por azar cuando el Estado es mínimo, débil, abstencionista, en un ambiente social de pura competencia. Ese Estado ausente deja fuera una puja conflictiva que no engendra automáticamente la armonía ni la articulación de intereses, ni su compensación equilibrada. Pero tampoco la libertad, la igualdad, la eficiencia y el bienestar se realizan con justicia, cuando el Estado paternalista, autoritario o totalitario, acapara en su gestión pública la serie plúrima de actividades propias del hombre y de los grupos sociales, porque de su dirigismo intervencionista sólo dimana la anulación de los protagonismos activos que enriquecen a una sociedad democrática".

---

18. Campos, 1987:761 e 1989:27.

Capítulo 8
AS FONTES DO DIREITO CONSTITUCIONAL

Parece-nos oportuno iniciar a segunda parte, neste momento de nosso trabalho, a partir de determinados pressupostos.

O direito constitucional, já vimos, é o ordenamento supremo que constitui o Estado e o Direito posto.

Em que medida e sentido poderíamos aludir às fontes de direito constitucional, já que a Constituição inaugura um "novo ordenamento" cada vez que o poder constituinte originário se manifesta, sendo, portanto, a norma de produção originária do direito?

Entendida como *fonte* a manifestação da norma jurídica no direito constitucional, encontramos a própria Constituição, escrita ou não-escrita. A primeira abrange, em um sentido amplo, as leis constitucionais, as leis ordinárias e complementares e todas as demais normas regulamentares ou regimentais. Nas fontes não-escritas, a doutrina assinala o costume e os usos constitucionais.[1] Em outra aproximação teórica, poderíamos inclusive entender como fonte de direito constitucional (em sentido impróprio) a interpretação das normas constitucionais, a doutrina e a jurisprudência.[2]

---

1. Bonavides, 1983:38.
2. Paulo de Barros Carvalho, embora afaste a doutrina como fonte de direito positivo (com razão), a respeito ensina: "Por *fontes do direito* havemos de compreender os focos ejetores de regras jurídicas, isto é, os órgãos habilitados pelo sistema para produzirem normas, numa organização escalonada, bem como a própria atividade desenvolvida por essas entidades, tendo em vista a criação de normas. O significado da expressão *fontes do direito* implica refletirmos sobre a circunstância de que regra jurídica alguma ingressa no sistema do direito positivo sem que seja introduzida por outra norma, que chamaremos daqui avante, de 'veículo introdutor

Entretanto, parece que o ponto mais relevante nessa matéria será compreender e internalizar que *fonte primeira e primária* do direito constitucional (positivo) é, de fato, a Constituição, e, sendo ela a primeira das normas do ordenamento, a norma fundamental, a lei superior, ela, com já foi dito, inaugura um "novo ordenamento" com a manifestação do poder constituinte originário. Nesse sentido, a Constituição define, ela própria, o sistema de fontes formais do direito.

É ela a fonte das fontes. Inaugurando um novo sistema, original, portanto, configura e estrutura *toda uma ordem jurídica* com rigidez e superioridade. Lamentavelmente, poucos autores nacionais, em seus manuais de direito constitucional, dedicam um capítulo para o tema das fontes no direito constitucional.

O tema nos interessa desde que possa nos auxiliar a desvendar os alicerces seguros para a produção normativa que venha a ser edificada a partir da Constituição e com sua licença, com a juridicidade constitucional. Não tencionamos explorar as fontes, ou investigá-las, com outro propósito senão o assinalado.

Meirelles Teixeira[3] enfrenta a questão e afirma que a expressão "fontes de direito" é empregada pelos juristas em três acepções principais:

"a) Na primeira, designa-se por 'fonte de Direito' *a causa eficiente da sua existência, a que lhe explica a própria origem e o fundamento*;

"b) Na segunda acepção, por 'fonte de Direito' significaríamos *os órgãos do Estado, de que dimanam as normas jurídicas*, e teríamos, destarte como fontes do Direito Constitucional as Assembléias Constituintes, o Poder Legislativo, o Poder Executivo (que edita normas jurídicas através de decretos, regulamentos, instruções etc.) e, como veremos, também o Poder Judiciário, através dos juízes e dos tribunais.

de normas'. Isso já nos autoriza a falar em "normas introduzidas" e "normas introdutoras". Pois bem, nos limites desta proposta, as *fontes do direito* serão acontecimentos do mundo social, juridicizados por regras do sistema e credenciados para produzir normas jurídicas que *introduzem* no ordenamento outras normas, gerais e abstratas, gerais e concretas, individuais e abstratas ou individuais e concretas. Agora, tais ocorrências serão colhidas enquanto atos de enunciação, já que os enunciados consubstanciam as próprias normas" (1991:37).

3. Meirelles Teixeira, 1991:25-26.

"c) Finalmente, podemos ainda designar por fontes do Direito *os modos ou formas de elaboração ou revelação da norma jurídica* – e é justamente neste sentido que nos interessa indagar quais sejam as fontes do Direito Constitucional. Trata-se, aqui, sendo terminologia de alguns autores, de fontes *juris cognoscendi*, ao passo que na primeira e na segunda acepção de fontes *juris essendi*.

"Fontes *imediatas* são aquelas que revelam imediatamente, diretamente, o Direito, e mediatas as que o revelam indiretamente, isto é, já através, ou pela força ou autoridade de uma fonte imediata. São fontes *imediatas* do Direito Constitucional: a constituição, as leis, decretos e regulamentos de conteúdo constitucional, e fontes *mediatas*, os costumes, a jurisprudência, a doutrina, os princípios gerais do direito, as convicções sociais vigentes, a idéia de justiça e manifestações diversas da consciência jurídica nacional."

A doutrina aborda o tema das fontes sob vários ângulos e perspectivas.[4] Interessam-nos mais as "segunda e terceira" acepções a que alude Meirelles Teixeira.

Procuraremos investigar não somente quais são os órgãos do Estado de que dimanam as normas jurídicas no Brasil, mas seus limites de atuação na experiência jurídica e, especialmente, a forma essencial de sua elaboração e *aplicação* na dinâmica do processo democrático.

Como a Constituição é a norma que determina a produção de outras normas – com a particularidade de ser ela, Constituição, a norma superior do ordenamento – é natural que a produção normativa e, de certo modo, o conteúdo de suas normas, sejam ambos pautados pela própria regra constitucional. Assim, o tema das fontes imbrica-se no nosso modelo, com a) a rigidez constitucional; b) a distinção entre o poder constituinte originário e derivado, que fundamenta a distinção já comentada; c) e a própria estrutura do documento constitucional, suas opções políticas, ideológicas, em uma palavra seu fundamento essencial.

Finalmente, é necessário registrar que, com o grande desenvolvimento da *jurisdição constitucional*, embora a mesma não possa rigo-

---

4. Reconhece-se que as normas sobre a produção jurídica (escrita ou não escrita) podem ser muito distintas segundo a formulação do direito em cada Estado. Ademais, a preocupação com o tema das fontes naturalmente transcende a simples análise do órgão de produção normativa e vai ao encontro da análise do (a) conteúdo da norma, (b) de suas fontes de produção e (c) de sua aplicação na realidade.

rosamente ser classificada como fonte (produção) de direito constitucional,[5] em sentido formal, há de ser lembrado o seu relevante papel na interpretação e concreção (efetividade) do direito constitucional contemporâneo, inclusive no Brasil.

Parece, portanto, interessante verificar de que modo a *técnica constitucional*, no Brasil, responde às exigências do "Estado Democrático de Direito". É dizer, toda a construção do direito constitucional volta-se à garantia da liberdade, à restrição do poder e ao estabelecimento de competências.[6] Mas para quê? Para regular a vida do povo, dos cidadãos, segundo (supõe-se) seus desígnios, sua vontade, suas determinações.[7] Assim o elemento valorativo embebe toda a Cons-

---

5. Paolo Biscaretti Di Ruffia afirma, a respeito do direito constitucional italiano, que, segundo a Constituição daquele país, é possível deduzir a seguinte hierarquia, muito complexa e genérica, de atos de produção normativa: "1) fontes *superprimárias*: a constituição e as leis formalmente constitucionais (entre elas: o estatuto das regiões com autonomia especial); 2) fontes *primárias*: as leis formais (que são as normas jurídicas estatais por antonomásia – o freqüente uso da expressão lei, tomada em sentido puramente material de norma) e os atos equiparados do Poder Executivo, como os decretos legislativos (hoje representados somente por leis delegadas) e as ordenanças de necessidade (entre elas, os decretos-leis); as leis regionais e os atos equiparados dos governos regionais, assim como as leis provinciais da região de Trento e Alto Adigio (em matérias de competência respectiva e regularmente, sempre dentro dos limites assinalados pelos "princípios fundamentais das leis ordinárias"; os estatutos das regiões ordinárias; e com conteúdo puramente negativo, o referendum derrogador das leis formais; 3) fontes secundárias: os regulamentos estatais (válidos somente quando se conformam com as leis e se distribuem segundo uma escala de eficácia em relação com a hierarquia dos órgãos que emanam, figurando, portanto, no vértice, os presidenciais); os estatutos e os regulamentos dos demais sujeitos da autonomia (cujas normas devem uniformizar-se aos regulamentos de execução de leis estatais, de outro lado, as matérias conferidas ao poder normativo dos mesmos sujeitos não podem ser limitadas pelos regulamentos independentes do Estado); os contratos coletivos de trabalho (válidos para todos os que pertencem às categorias interessadas, mesmo que se ditem segundo as modalidades previstas no art. 39 da constituição)" (1982:173-174).

6. Georges Burdeau, Francis Hamon e Michel Troper chegam a afirmar que sob o ângulo do constitucionalismo e do funcionamento efetivo do poder e seus limites, "uma constituição não é outra coisa senão uma certa repartição de competências; todas as constituições poderiam ser classificadas segundo o tipo de repartição de competências de poder que realizam" (1995:110).

7. Art. 1º da CF: "Parágrafo único. Todo poder emana do povo, que o exerce por meio de representantes eleitos ou diretamente, nos termos da Constituição". Não é sem razão que para alguns é fonte de direito constitucional a manifestação direta do povo, o direito de resistência, bem assim, os mecanismos de referendo, plebiscito e iniciativa legislativa, que deveriam todos eles ser ampliados, encurtando, o quanto possível a distância entre a democracia representativa e semidireta.

tituição, conferindo, pelos seus princípios e regras, o norte seguro para o poder e para os indivíduos em sociedade.

Ainda segundo Meirelles Teixeira, por "fonte de Direito" significaríamos *os órgãos do Estado, de que dimanam as normas jurídicas*, e teríamos, destarte, como fontes do Direito Constitucional, as Assembléias Constituintes, o Poder Legislativo, o Poder Executivo (que edita normas jurídicas através de decretos, regulamentos, instruções etc.) e, também, o Poder Judiciário, por meio dos juízes e dos tribunais.

Em relação ao poder constituinte[8] (originário), a doutrina é praticamente unânime. "Trata-se de um poder inicial, porque produz originariamente o ordenamento jurídico, ao passo que o derivado (instituído ou constituído) é instituído na Constituição para o fim de proceder à sua reforma. A produção originária da ordem jurídica ocorre na hipótese de formação de um *novo Estado*, (primeira Constituição), ou no caso de modificação revolucionária da ordem jurídica, em que há solução de continuidade em relação ao ordenamento anterior. A reforma normal, ao invés, se dá na conformidade do processo previsto na Constituição e, por isso, apresenta uma continuidade ou desdobramento natural da vida jurídica do Estado".[9]

Preocupam-nos, todavia, as outras fontes de direito constitucional, em especial a mais ordinária, aquela com que se produzem as alterações no dia a dia da cidadania. Estamos, naturalmente, nos referindo à produção do direito, realizada pelo Poder Legislativo (Parlamento), que, secularmente, foi o principal protagonista da produção jurídica, da inovação no modelo clássico de Estado de Direito.[10]

---

8. Na matéria, é insuperável a clássica obra de Nelson de Sousa Sampaio (1995).
9. Bastos, 1989:28.
10. Giorgio Del Vecchio, após afirmar que "fonte de direito *in genere* é a natureza humana, ou seja, o espírito que reluz na consciência individual, tornando-a capaz de compreender a personalidade alheia, graças à própria", mais adiante ensina que, em sentido técnico, tem-se em vista já não a idealidade do Direito *in genere*, mas o Direito histórico positivo (*jus in civitate positum*). A lei, segundo o filósofo, é "o pensamento jurídico deliberado e consciente formulado por órgãos especiais que representam a vontade predominante numa sociedade. A lei é, pois, a manifestação solene do Direito, a sua expressão racional. Só nesta forma a elaboração técnica do Direito atinge maior perfeição. Exprime-se na lei a vontade de um povo, na medida em que este se encontra politicamente constituído, ou seja, organizado em uma uni-

Não ignoramos, naturalmente, que a *norma jurídica, enquanto categoria,* possa ser proveniente de órgãos do Legislativo, do Executivo e do Judiciário.[11] Estamos preocupados com aspecto diverso. Sem dúvida, dentro do universo normativo positivado, as Constituições são as *leis maiores,* devendo todas as espécies normativas, toda a "produção normativa" adequar-se aos seus preceitos. E sendo a lei a baliza, o limite mais significativo nesse universo é dela que nos ocupamos.

A lei, segundo o *critério formal,* não é apenas aquele ato editado pelo Poder Legislativo. Todo ato emanado dos órgãos aos quais a Constituição atribua função legislativa, se praticado no uso da competência constitucional, será lei, em uma perspectiva genérica.[12]

dade independente. A definição romana, *Lex est communis reipublicae sponsio,* refere-se particularmente ao modo pelo qual, em Roma, as leis se formavam (a aceitação da '*rogatio*'), a qual sugeria a idéia da aceitação de um pacto. Em todo o caso, o fundamento da lei é o *consenso público,* quer este se manifeste diretamente, no momento da aprovação da lei, quer indiretamente, pela manutenção da autoridade de que emana" (1979:403 e 409, respectivamente).

11. Como bem afirma Lourival Vilanova: "Como o direito não é um sistema nomológico-dedutivo, em que seus enunciados derivem implicacionalmente de outros enunciados, um sistema formal fechado, mas um sistema empírico aberto aos fatos, os fatos nele ingressam através de normas. As aberturas por onde entram os fatos são as hipóteses fácticas; e suas conseqüências em fatos se transformam pela realização dos efeitos. Mas, dissemos, as normas, que são enunciados de um tipo lógico peculiar, não derivam de normas, esgotando-se o processo de criação do direito num processo inferencial-dedutivo. Sem norma e sem a porção do fato que lhe serve de incidência, sem o suporte fáctico, não sobrevém norma. Um dos efeitos do fato jurídico é o estatuir normas. O efectual do processo legislativo, que é um fato jurídico complexo, é a criação da lei. É fato jurídico um plexo de manifestações de vontade, normativamente qualificado como *ato* (fato jurídico em sentido amplo) constitutivo de normas. O órgão competente é, por sua vez, um plexo de fatos e atos qualificado por normas de organização e de competência. As normas de organização (e de competência) e as normas do 'processo legislativo', constitucionalmente postas, incidem em fatos e os fatos se tornam jurígenos. O que denominamos 'fontes do direito' são fatos jurídicos criadores de normas: fatos sobre os quais incidem hipóteses fácticas, dando em resultado normas de certa hierarquia. Assim, as normas, potencialmente incidentes sobre as classes de fatos que delinearam, *resultam de fatos que, por sua vez, são qualificados como fatos jurídicos por outras normas do sistema*". E em outra passagem: "A passagem da norma geral para o concreto faz-se mediatamente, nos atos de competência de poder. É preciso ato de poder, manifestação de vontade de órgão (legislativo, administrativo ou jurisdicional) para a realização da regra abstrata" (2000:55 e 149, respectivamente).

12. Fagundes, 1984:20.

Clèmerson Merlin Clève ensina que, embora o critério continue a exigir uma *origem* e uma *forma* determinados para a caracterização da lei, a primeira não mais se circunscreve ao Legislativo, podendo, ao contrário, ser editada pelo Executivo se a Constituição o admitir.[13-14]

Embora não tenhamos dúvidas a respeito da procedência do ensinamento do ilustre professor, acreditamos que seja necessário encarecer a relevância do elemento origem da lei no contexto democrático para prestigiar a atividade do Legislativo. É dizer, conquanto a lei, no sistema brasileiro, em sentido formal, seja *ato complexo*, fruto da conjugação de vontades de dois Poderes, o Legislativo e o Executivo, há, em última análise, preponderância do primeiro no jogo das forças constitucionais. E não sem razão, pelos fatos já mencionados.

É o mesmo autor (Clève) quem ressalta a importância do conceito de lei formal (emanação do Poder Legislativo, detentor da função legislativa ordinária), que exprime, no contexto democrático pluralista, um processo público geral, coordenando o maior número de interesses particulares.

Assim, ao menos no nosso regime constitucional, embora não haja como negar a competência atribuída ao Presidente da República para também editar *atos normativos "com força de lei"* (por meio das medidas provisórias), haveremos de interpretá-los com maiores cuidados. e redobrada atenção, já que elas são "restrições excepcionais ao princípio da legalidade", na lição de Celso Antônio Bandeira de Mello,[15] que adotamos. O ilustre professor marca bem a distinção entre as *medidas provisórias* e as *leis*:

"A *primeira diferença* entre umas e outras reside em que as medidas provisórias correspondem a uma forma *excepcional* de regular certos assuntos, ao passo que as leis são via normal de discipliná-los.

---

13. "A lei, portanto, no Estado contemporâneo, é definida pela sua origem (alargada), forma e força. Não mais pelo seu conteúdo ou em virtude de seus atributos (generalidade, abstração, impessoalidade)" (Clève, 2000:67-70).
14. Ousamos divergir do ilustre mestre. Rigorosamente, o Executivo, no Brasil *não edita "lei"*, salvo em uma acepção muito lata. Se entendermos por "lei" um rótulo que abriga a noção de "ato normativo", nossa posição tende a convergir. É dizer, preferimos convencionar nomear o termo "lei", apenas para designar o ato jurídico, privativo do Legislativo, que, através do regular processo, inova a ordem jurídica originariamente, nos espaços e limites constitucionais.
15. Bandeira de Mello, 2004:118-119.

"A *segunda diferença* está em que as medidas provisórias são, por definição, *efêmeras*, enquanto as leis, além de perdurarem normalmente por tempo indeterminado, quando temporárias têm seu prazo por elas mesmas fixado, ao contrário das medidas provisórias, cuja duração máxima já está preestabelecida na Constituição: 120 dias.

"A *terceira diferença* consiste em que as medidas provisórias são *precárias*, isto é, podem ser infirmadas pelo Congresso a qualquer momento, dentro do prazo em que deve apreciá-las, em contraste com a lei, cuja persistência só depende do próprio órgão que a emanou (Congresso).

"A *quarta diferença* resulta de que a medida provisória não confirmada, isto é, não transformada em lei, perde sua eficácia desde o início; esta, diversamente, ao ser revogada, apenas cessa seus efeitos *ex nunc*.

"Por tudo isto se vê que a força jurídica de ambas *não é a mesma*.

"Finalmente, a *quinta e importantíssima diferença* procede de que a medida provisória, para ser expedida, depende da ocorrência de certos pressupostos, especificamente os de 'relevância e urgência', enquanto, no caso da lei, a relevância da matéria *não é condição para que seja produzida*; antes, passa a ser de direito relevante tudo o que a lei houver estabelecido. Demais disso, inexiste o requisito de urgência."

Não acreditamos que haja utilidade na construção que defende a posição segundo a qual a *lei* é ato normativo que pode ser editado *por vários órgãos ou entidades*.[16]

É preciso deixar claro e marcar a posição segundo a qual somente alguns órgãos, constitucionalmente delimitados, são competentes, têm esse poder jurídico, essa competência.

São eles: o Congresso Nacional, no âmbito federal, as Assembléias Legislativas, no âmbito estadual, as Câmaras Municipais, no âmbito municipal, e, recentemente, a Câmara Distrital. Nada além disso. Também não deve haver confusão entre *iniciativa legislativa*, que pode ser atribuída a esta ou àquela pessoa, seja integrante do Executivo, do Legislativo, do Judiciário, ou popular; com o seu pro-

---

16. Posição que, de forma direta ou velada, em nosso entendimento, acaba de algum modo, desprestigiando a nobreza da atividade parlamentar e legislativa, suas lutas e conquistas ao longo da história constitucional.

duto final, a lei – ato privativo, em seu ciclo vital, do Poder Legislativo, insistimos.

Mas se não há como negar, na matéria, em todo o mundo, a preponderância do Executivo no Estado contemporâneo, que se manifesta por diversas causas e circunstâncias,[17] de outro lado, e talvez em razão dos abusos do Executivo e pelas mesmas circunstâncias, o *direito constitucional e as Constituições*, acabaram por erigir uma "reserva" perante os poderes constituídos e, especificamente, perante o legislador ordinário, procurando reequilibrar essas forças políticas.

É dizer, vigora o princípio da *legalidade* em nosso ordenamento constitucional: "Ninguém será obrigado a fazer ou deixar de fazer alguma coisa senão em virtude *de lei*" (art. 5º, II, da CF). Com todo o desprestígio que possa ter no mundo contemporâneo a função legislativa – do Legislativo, dos Parlamentos –, o *princípio* permanece íntegro e deve ser respeitado. Seu atendimento, entendemos, não pode ser compreendido como uma competência *genérica* a qualquer um dos órgãos do Estado. Não será indiferente entendê-lo e aplicá-lo de modo compreensivo, para abarcar nele autorização para expedição de, *v.g.*, medidas provisórias, atos regulamentares e *quaisquer* atos normativos. Ao contrário, entendemos que, no caso, a Constituição continua a exigir ato concreto e positivo do Poder Legislativo. É ele o destinatário da norma em caráter predominante.

Trata-se, entendemos, de uma garantia fundamental da cidadania, ter os seus destinos, os seus direitos e deveres regulados, postos, disciplinados em ato normativo, denominado "lei", quando não, obviamente, garantidos pela *própria* Constituição.

Comungamos do entendimento de Geraldo Ataliba[18] que, sob a égide da Constituição anterior, já relaciona a *lei* ao *regime republicano* como instrumento e garantia da cidadania, ao ensinar:

"Assim, a Constituição consagra o princípio segundo o qual ninguém é obrigado a fazer ou deixar de fazer [alguma coisa], a não ser em virtude de lei. Isto significa que, no Brasil, *só lei obriga, e nenhuma norma*, a não ser a legal, *pode ter força inovadora obrigatória*

---

17. Fenômeno muito bem explicado por Manoel Gonçalves Ferreira Filho (1995:121 e ss.).
18. Ataliba, 2004:125.

(nisso, o nosso regime é peculiar e mais estrito que a maioria do direito comparado). Entre nós, todos os demais atos normativos, para terem força inovadora obrigatória, devem ser imediatamente infraconstitucionais, como acontece com a lei: só excepcionais e, pois, só as taxativamente previstas no texto constitucional: regimento do Supremo Tribunal Federal, lei delegada, medida provisória. Estas normas, porém são limitadas em seu âmbito e alcance e só são válidas observados os estritos pressupostos constitucionais; isto em contraste com a lei, de âmbito universal, incondicionada, independente de pressupostos.

"As demais normas, para serem obrigatórias, não podem ser inovadoras, mas terão que ser implicitamente contidas em preceitos legais (ou pelo menos imediatamente infraconstitucionais). Sua obrigatoriedade, nesse caso, decorre não de virtude própria, mas de sua conformidade com a lei – esta, sim, máxima expressão de vontade estatal republicana. O apanágio do cidadão, no regime republicano, está exatamente na circunstância *de só obedecer-se a si mesmo*, pelos preceitos que seus representantes, em seu nome, hajam consagrado formalmente em lei. Em suma, o *dono* da coisa pública tem na sua própria vontade a fonte da força coercitiva que o obriga, por ato formal de *seus* representantes" (grifos nossos).

A existência nos sistemas políticos de uma grande variedade e gradação de "poderes normativos", inclusive com a possibilidade de produzir a integração normativa do ordenamento jurídico, é uma realidade histórica. Contudo, em razão das evidências e dos abusos praticados pelos "poderes" e agentes políticos, sempre se procurou conferir supremacia à lei, ao Parlamento e, posteriormente, à Constituição como uma forma de garantir um núcleo de direitos e garantias à cidadania, livre de interferências e contingências de grupos políticos eventuais.

O exercício reservado e abrangente da função legislativa e seu exercício pelos Parlamentos, notadamente na Europa ocidental, teve seu apogeu até o século XIX, quando começaram a transferir amplos poderes normativos ao Executivo. Paulatinamente, verificou-se que o Executivo abusava dessa delegação, o que ensejou um movimento de maior restrição e controle por parte dos Parlamentos.[19]

---

19. Nesse sentido confira-se a lição de Aldo Sandulli. É o autor quem afirma em outra passagem: "La fase di transizione dal sistema 'dualístico' alla definitiva vittoria di quello puramente 'parlamentare', e gli stessi primordi di quest'ultimo, si

Entretanto, o primado do Parlamento e a *superioridade da lei*, em certo sentido, jamais deixou de existir, se considerarmos que os poderes normativos transferidos sempre foram relegados a um grau inferior. Mesmo vários dos atos delegados, tradicionalmente denominados "com força de lei", estão subordinados ao crivo final do próprio Parlamento na medida em que necessitam de conversão daquele importante órgão da cidadania.

Com o desprestígio do Parlamento – atribuído a vários fatores, entre os quais a sua insuficiência na tarefa de, solitariamente, ser o produtor de toda a atividade normativa indispensável às múltiplas exigências do Estado Social e, hoje, também da sociedade tecnológica de massas –, associado à transferência gradual de poderes normativos ao Executivo, surge, no cenário político-jurídico internacional, uma multiplicação de centros normativos, desde a atividade regulamentar (muitas vezes desvirtuada), que se completa com a multiplicidade de organizações administrativas governamentais ou não-governamentais que passam a emitir normas jurídicas – nem sempre, é certo, respeitando os poderes recebidos do ordenamento jurídico constitucional.

Esse fenômeno de *multiplicação de centros normativos* é fruto de grande preocupação para o direito constitucional. Levamos séculos para construir um modelo que pudesse, de algum modo, garantir ao cidadão controles efetivos em face dos abusos do Estado, direitos e garantias, enfim; mecanismos que pudessem equilibrar a autoridade e a liberdade. Será possível encontrar ou restabelecer esse equilíbrio com a expansão desordenada e muitas vezes em contraste com o próprio direito positivo?

Ainda que possamos entender as causas que levaram, em diferentes momentos históricos, ao prestígio e desprestígio dos Parlamentos em todo o mundo, e as sérias conseqüências jurídicas que delas advieram para o direito constitucional e para a cidadania, parece útil, para o desenvolvimento da matéria, verificar como e por que o fenômeno ocorreu e se há espaço jurídico para justificá-lo e legitimá-lo no atual regime constitucional brasileiro.

caratterizzarono come un periodo di assestamento, durante il quale – facilitati dalla fragilità delle recenti istituzioni democratiche – frequenti furono gli abusi, a opera dell'Esecutivo, e l'impiego di esse, 'di deliberato proposito', contro le intenzioni e persino contro la volontà esplicita di legislatori" (1983:29).

Também parece importante registrar, uma vez mais, que hoje o Estado (Democrático) de Direito é plasmado no *princípio da constitucionalidade*.

O legislador não é mais o *soberano* que fora no passado sob o pálio do princípio da legalidade (de cunho liberal). Mas isso não pode significar que a "legalidade", vista sob a ótica da Constituição, traga menos garantias do que tínhamos no Estado Liberal, o que seria, evidentemente, um retrocesso absurdo em termos de conquistas para o homem e seus direitos. Feito o registro, voltemos ao desenvolvimento de nosso trabalho.

Não há como traçar um único[20] regime jurídico para melhor visualizar a questão, mas, tão-só, mencionar de passagem, como em cada sistema jurídico deu-se este fenômeno, que parece ser universal. Fiquemos com os modelos mais significativos.

Como entendemos que a "lei" ainda é fonte primordial da produção normativa em um Estado, em atendimento e obediência aos comandos constitucionais,[21] deixamos de lado, por um momento, os demais atos normativos, inclusive e especialmente os do Executivo, dos "órgãos" ou "administrações independentes", como agências, departamentos etc. – problema dos mais graves que enfrentamos atualmente. Apenas registramos a existência de outras fontes de direito constitucional, tema que está intimamente relacionado com as origens do constitucionalismo na Europa Continental e na América.[22]

---

20. Não só impossível, como indesejável, já que cada povo e cada Nação têm sua identidade, sua cultura, inclusive jurídica e política, e naturalmente sua Constituição com diferentes formas de organizar o poder, seus órgãos e sua compostura jurídica.
21. Carlos Maximiliano com apoio em Tucker afirma que "a constituição é a lei suprema do país: contra a sua letra, ou espírito, não prevalecem as resoluções dos poderes federais, constituições, decretos ou sentenças estaduais, nem tratados, ou quaisquer atos diplomáticos" (1954:142).
22. Segundo Santi Romano, "as origens do constitucionalismo na Europa foram completamente diversas. Durante a segunda metade do século XVI, o direito constitucional inglês atraiu a atenção dos 'monarquistas' franceses, que tendiam a imitá-lo; porém, tal tendência tornou-se estéril devido à grande difusão das doutrinas de Bodin em defesa da monarquia absoluta. No século XVIII, aquele direito passou a ser novamente objeto de estudos e de admiração, principalmente após a genial apologia de Montesquieu. Essa tendência à imitação das instituições inglesas vinha na França contrastada à escola racionalista, representada por Rousseau e Mably que, de acordo com seus princípios às luzes da razão, para deduzir do modelo inglês uma constitui-

Como assinalamos anteriormente,[23] Paolo Biscaretti di Ruffia disserta amplamente sobre a matéria, ao afirmar que no ordenamento italiano é possível deduzir a hierarquia, complexa e genérica, de atos de produção jurídica, já indicados, a saber, resumidamente: 1) *Fontes superprimárias*: a constituição e as leis formalmente constitucionais (entre elas, os estatutos das regiões com autonomia especial); 2) *Fontes primárias*: as leis formais e os atos equiparados do Poder Executivo, como os decretos legislativos, leis delegadas e "ordenanças de necessidade" (decretos-leis); as leis regionais e os atos equiparados dos governos regionais, assim como as leis provinciais; os estatutos das regiões ordinárias – e, com conteúdo negativo, o referendo derrogatório de leis formais; 3) *Fontes secundárias*: os regulamentos estatais (válidos somente quando se conformam com as leis e se distribuem segundo uma escala de eficácia em relação com a hierarquia dos órgãos de que emanam, figurando, no vértice, os presidenciais); os estatutos e os regulamentos dos demais sujeitos de autonomia (cujas normas devem conformar-se aos regulamentos de execução das leis estatais, de outro modo, as matérias conferidas ao poder normativo dos mesmos sujeitos não poderiam ser limitadas pelos regulamentos independentes do Estado); os contratos coletivos de trabalho.

A Inglaterra, como sabemos, nunca teve uma Constituição formal, enunciando solenemente seus princípios, mas elaborou um conjunto de convenções e regras processuais que tem por efeito impor aos governantes e à administração, por vias judiciárias, o *respeito ao direito*.[24]

ção ideal, em todo caso teriam preferido aqueles antigos de Roma e da Grécia. Importância decisiva tiveram neste contraste as constituições americanas. Nota-se quão difícil é o conhecimento material do direito público inglês, que resulta de fontes tão numerosas e incertas, e sobretudo penetrar-lhe o espírito, fruto de uma particular mentalidade jurídica e política. Como acima já se observou, as cartas americanas inspiravam-se em princípios análogos, que haviam formulado em breves e claras proposições; subitamente foram conhecidas na Europa, e publicadas pela primeira vez na Suíça em tradução francesa, tiveram uma ampla e célebre divulgação. Elas facilitaram a difusão na Europa do constitucionalismo de tal forma que se pode dizer que o direito americano serviu como trâmites entre o direito constitucional inglês e aquele dos vários Estados continentais da Europa" (1997:49-50).

23. V. nota 5, acima (Di Ruffia, 1982:162-174 e ss.).

24. René David ensina que o "direito constitucional inglês (*constitutional law*), ausente na descrição das instituições políticas inglesas, consiste, em grande parte, na descrição dos procedimentos que servem, desta sorte, para garantir as liberdades do cidadão inglês. *Remedies precede rights*: esse brocardo é verdadeiro no direito consti-

A França, por força de sua história, encontrou outros mecanismos de erigir barreiras em defesa da cidadania. Atribuiu valor jurídico superior à lei, à declaração de direitos do homem, e iguala-a à Constituição. Desde o século XIX, afirma-se a crença na lei geral, emanada através da decisão do Parlamento – expressão da vontade geral – como garantia de justiça. Paralelamente, os princípios gerais de direito desempenharam, igualmente, importante papel na construção das decisões do Conselho de Estado ao serem considerados integrantes da Constituição.[25]

O modelo francês, portanto, tem peculiaridades, pois lá encontramos uma reserva de competências do legislador, do Parlamento e também um amplo direito regulamentar, derivado da própria Constituição.[26]

tucional, como também o é nas relações entre particulares. Nem a palavra Estado nem a palavra administração pertencem ao vocabulário do direito inglês. O direito inglês conhece somente a Coroa que constitui o poder executivo da Inglaterra, do mesmo modo que as Cortes superiores de Justiça representam o poder judiciário. Não há divisões territoriais. Condados, burgos e paróquias são concebidos como simples agrupamentos de pessoas, aos quais certos poderes são reconhecidos, segundo o costume ou de acordo com a Carta que lhes é outorgada pela Coroa. Só se considera constituindo a administração, na Inglaterra, a administração central; os empregados das coletividades locais ou das corporações, não sendo 'servidores da Coroa' (*Crown servants*), não são considerados funcionários públicos. Pode-se muito bem negar, na Inglaterra, o princípio da distinção entre direito público e direito privado, afirmar a subordinação do poder ao reino do direito (*rule of law*), declarar que a administração e os funcionários não desfrutam de qualquer privilégio em relação aos cidadãos" (1997:83-84 e 90).

25. Fala-se em dualidade do sistema de fontes. No direito francês, há o primado da lei escrita, mas seu alcance é diferente, conforme se trate da aplicação do direito privado ou do direito público. A jurisprudência desempenha importante papel criativo e o juiz administrativo supre as insuficiências da regra escrita. Em ambos os casos, os princípios gerais do direito desempenham importante papel. Christian Starck doutrina: "En France, ce sont les principes généraux du droit trouvés par la jurisprudence du Conseil d'État qui régissent le droit administratif. On peut observer que ces principes acquièrent rang constitutionnel. Cela est à mettre à l'actif du Conseil Constitutionnel, qui a décidé em 1971 que les droits formulés dan la Déclaration des droits de l'homme et du citoyen (1789) ont part à la primauté de la Constitution au travers du préambule de l'actuelle Constitution (...). Dans les États modernes, l'activité de l'administration est, en effet, soumise au droit et au contrôle jurisdictionnnel. L'administration ne dispose pas d'un pouvouir arbitraire; comme les particuliers, elle doit observer les règles de droit et, si elle les enfreint, les personnes intéressées peuvent s'adresser à des tribunaux pour faire redresser ces manquements: c'est là le système de l'État de droit" (1994:128).

26. O art. 34 da Constituição francesa de 1958 enumera uma série de matérias atribuídas ao Parlamento (reserva de competências atribuídas ao legislador parlamentar) e o art. 37 estabelece que outras serão do domínio regulamentar.

Na Alemanha, para finalizarmos os exemplos europeus, a atividade do Parlamento e a lei ocupam destacado papel no quadro político-normativo daquele país.

É o que nos informa Eric Bulow.[27] Afirma o autor que o conceito constitucional de lei é empregado, basicamente, em dois sentidos: material e formal.

Para a intervenção estatal nos direitos fundamentais exige-se reserva de lei formal, é dizer, lei editada pelo Parlamento e, também, para questões que afetem diretamente o cidadão alemão. Ademais, afirma que a lei, em sentido formal tem, enquanto ato de vontade do Parlamento, uma hierarquia superior em face de outras fontes de direito, especialmente se comparadas às normas produzidas pelo Executivo que, por sua vez, têm valor superior às disposições administrativas.[28]

Destaca ainda, a importância do Tribunal Constitucional, que naquele sistema pode declarar compatíveis ou incompatíveis normas jurídicas em confronto com a Constituição e com o direito federal, sendo que suas decisões têm força de uma lei em sentido formal: "cuando quiera que leyes parlamentarias son declaradas inconstitucionales quiebra la presunción de la validez formal o material de tales leyes. El principio democrático cede ante el postulado del Estado de Derecho".

Em relação à hierarquia normativa geral na Alemanha, sustenta o autor, a posição mais elevada da Constituição, as emendas constitucionais e, em um nível abaixo, as decisões do Tribunal Constitucional, seu intérprete máximo; as leis em sentido formal e, por fim, as "normações inferiores" à lei, os regulamentos e as "regulações autônomas" de entes dotados de poder normativo próprio, estas últimas devendo ajustar-se às leis em sentido formal e naturalmente, à Constituição.

Deixamos de analisar por agora, propositadamente, o direito norte-americano e sua realidade, para enfrentá-lo mais adiante.

Após repassar as principais características dos diversos sistemas positivos continentais, já é possível realizar algumas anotações em face da realidade brasileira.

---

27. Bulow, 1994:728 e ss.
28. "La ley en sentido formal hace contraria a Derecho toda práctica reglamentaria o de la Administración que se desvíe de lo establecido en aquella" (Bulow, 1994:731).

Apesar de algumas advertências da doutrina estrangeira, a distinguir o "Estado legal" do "Estado de Direito", vendo, no primeiro, um combatente da democracia e um defensor da onipotência do Parlamento,[29] não compartilhamos desse entendimento, ao menos não com essa intensidade.

Cremos que o combate generalizado à insuficiência da lei, como instrumento regulador (ordinário) dos conflitos sociais, é muito mais ideológico do que jurídico. Ademais, corremos o risco de, ao endossar esse movimento, perder, paulatinamente, legitimidade e força política, elementos indispensáveis à consolidação do espaço público da cidadania.

É dizer, parece-nos insuficiente deixar de lado a construção erigida através de séculos que forjou: a) a organização dos poderes; b) o princípio da separação dos poderes; c) a lei como expressão da vontade geral; d) a soberania dos Parlamentos (Legislativos); e) a independência do Judiciário, tudo em nome da complexidade técnica ou tecnológica da sociedade de massas.[30]

É certo que a tese da insuficiência da lei e dos abusos dos Parlamentos não é despida de fundamentos. Mas é preciso registrar que, exatamente em razão dessas vicissitudes, reconheceram-se e fortaleceram-se os direitos humanos e suas garantias, os direitos fundamentais, inclusive os direitos sociais. Aquela antiga concepção de "legalidade", originariamente edificada como uma barreira exclusivamente dirigida ao poder político, ao administrador público, ao Executivo, foi-se ampliando e modificando-se, para ser, afinal, alocada nas Constituições. Ela passa a ser o limite verdadeiro, direto ou indireto, da atividade do poder.

Acreditamos que o *princípio da legalidade* conquanto possa assumir um papel distinto do que representou no século XIX, *não deixa e não pode deixar de ser* um limite objetivo à ação dos poderes consti-

---

29. Redor, 1992:388 e ss.
30. Com isso, não nos consideramos radicais a ponto de não discutir novos modelos jurídicos ou categorias jurídicas que possam melhor enfrentar os desafios de nosso século, aperfeiçoando a democracia representativa e pluralista, mas entendemos perigosa a "mera" substituição do conceito de "legalidade" pelo conceito de (Estado de) "Direito" se com ela não resistirmos à tentação de ver nesta passagem uma evolução onde existe uma involução, um retrocesso. Talvez não tenhamos chegado sequer à legalidade, o que dizer do "Estado de Direito".

tuídos, do Legislativo, do Executivo e do Judiciário. Não vemos "limitação" que possa justificar o rebaixamento do papel da lei no sistema constitucional brasileiro. Ela continua a ser uma regra-limite, um limite objetivo da ação estatal de todos os agentes do Estado e de seus braços ou criações.

Do mesmo modo entendemos *ser a própria Constituição fonte hierarquicamente superior da qual dependem todas as outras*, que nos oferece, a seu modo, o conjunto normativo, por meio de seus princípios e regras, a pauta de conduta de todos os seus destinatários. Será a Constituição, e logo a seguir, a lei (constitucional, naturalmente), que constitui a fonte de todos os poderes e limites que devemos respeitar e atender.

Entendemos que da Constituição dimana a preeminência da lei, categoria jurídica advinda do Parlamento, do Legislativo. Nenhum particular ou órgão do Estado que não o legislador tem o poder jurídico de estabelecer ou instituir direitos e obrigações, inovar a ordem jurídica. É dizer, os atos jurídicos devem corresponder a figuras reconhecidas pelo direito, de tal modo que, sem exceção, todos devem pertencer, ter uma origem jurídica conhecida, vir de uma espécie normativa legítima, competente, apta a disciplinar os direitos a que se propõem.

Somente assim estaremos defendendo o verdadeiro "Estado de Direito" que não prescinde do legislador; que não desvaloriza o legislador ou a lei, que está inexoravelmente vinculada aos princípios e regras constitucionais. Apenas desse modo, acreditamos, os particulares terão a garantia de que sua esfera jurídica estará, de algum modo, livre de interferências arbitrárias e de que há limites formais e substanciais à ação do Estado em todas as suas manifestações.

Dessa forma, haverá o impedimento de que o Estado imponha *unilateralmente* sujeições que não tenham sido previstas pelo legislador nem estejam *expressa ou implicitamente* contidas no ordenamento constitucional.

Os exemplos trazidos à colação são eloqüentes. Não obstante os desgastes do Parlamento e do papel da lei ao longo dos séculos, o esquema de equilíbrio e de balanço entre os poderes do Estado não prescinde de ambos no Estado de Direito contemporâneo. Ao contrário, a introdução de um novo elemento nesse cenário, os Tribunais

Constitucionais, parece indicar a busca constante desse equilíbrio, na tentativa de correção e distorção dos desvios da Constituição e de seus valores.

Neste cenário, embora as constituições tenham instituído Tribunais ou Cortes Constitucionais paralelamente, pressionando por maiores controles, o poder acabou por forjar novas figuras, *administrações autônomas*, entes que, ao lado do Estado ou em seu nome, também ficaram encarregados *da produção normativa*. Este fenômeno preocupa o estudioso do direito constitucional, pois, como vimos, levamos séculos para, de uma forma ou de outra, controlarmos as normas jurídicas que regulam nossa vida em sociedade.

Assim, parece útil, neste segundo momento, enfrentar esse fenômeno, tendo sempre como parâmetro o *direito constitucional brasileiro*, trazendo, a seu lado, a *experiência estrangeira*, para comparação, verificando de que modo incorporamos em nossa experiência jurídica esses modelos e se é possível assimilá-los com validade e legitimidade constitucional.

Capítulo 9
A PLENITUDE DO ORDENAMENTO

Não obstante vivermos na era da pretendida integração, é certo que do ponto de vista estritamente dogmático e teorético não há como afastar o chamado dogma da *plenitude* do ordenamento jurídico. Sem ele, qualquer modelo de sistema cairia por terra, sem base ou fundamento. Não somos capazes de imaginar um modelo jurídico que não seja construído, edificado, sem que haja um determinado ordenamento jurídico uno, completo, ou *complementável*, indivisível e dotado de *hierarquia*.

A plenitude é uma exigência dogmática de todo ordenamento[1] – tão combatida pela escola da exegese – que se fundamenta, essencialmente, na obrigação de decidir, de o sistema conferir respostas às demandas que lhe são apresentadas, na exigência de que essas respostas sejam naturalmente jurídicas e que estejam assentadas em normas jurídicas regularmente editadas e produzidas conforme o direito.

Estas exigências regem todo o ordenamento jurídico e certamente compõem uma unidade. Cuida-se de uma exigência estrutural, de um princípio estruturante de qualquer sistema jurídico, e, sem dúvida, está conectado a outros princípios como a segurança jurídica, o direito à tutela efetiva dos juízes e dos tribunais.

A matéria recebeu a atenção de Miguel Reale,[2] que, ao estudar o ordenamento jurídico e seus elementos constitutivos, afirma o equívoco

---

1. Não obstante, reconheçamos que a idéia de *sistema*, na teoria geral das ciências, caminha e procura influenciar também a concepção da idéia de *sistema "jurídico"*, portanto, também na ciência do direito, confrontando o dogma da plenitude. O *sistema jurídico* seria, a um só tempo, paradoxalmente, fechado na concepção estática do direito e aberto, em sua concepção dinâmica.
2. Reale, 1997:189 e ss.

da redução do ordenamento jurídico a um sistema de leis, entendidas como simples "proposições lógicas" ou, até mesmo, a um sistema de direito. Mais certo será dizer "que o ordenamento é o sistema de normas jurídicas *in acto*, compreendendo as fontes de direito e todos os seus conteúdos e projeções: é, pois, o sistema das normas em sua concreta realização, abrangendo tanto as regras explícitas como as elaboradas para suprir as lacunas do sistema, bem como as que cobrem os claros deixados ao poder discricionário dos indivíduos (*normas negociais*)".

E mais adiante arremata:

"De todos os sistemas de normas o que, em nosso Direito, se põe como fundamental é o *sistema das leis* ou das *normas legais;* porém, por mais minuciosa e prevalente que possa ser a obra legislativa, haverá sempre lacunas na lei. Mas se o sistema legal pode ter casos omissos, o ordenamento jurídico não pode deixar de conter soluções para todas as questões que surgirem na vida de relação. É o *princípio da plenitude da ordem jurídica positiva*, mais um dos postulados da razão prática jurídica, a que vamos logo mais nos referir. Donde se conclui que o '*ordenamento jurídico*', que é o sistema das normas em sua plena atualização, não pode ter lacunas[3] e deve ser considerado, em seu todo, vigente e eficaz".

De todo modo, a "plenitude" do ordenamento somente consegue sua realização porque o sistema jurídico não é estático, congelado no tempo e no espaço. Por intermédio de distintas técnicas de integração, o próprio sistema autoriza o preenchimento de lacunas, a atualização do direito, a mutação por meio da interpretação,[4] em síntese, a renovação do próprio direito que, como um organismo vivo, procura defender-se da própria morte e obsolescência.

Conquanto haja forte polêmica acerca das lacunas e sua classificação na doutrina,[5] para nós, é incontestável sua existência, a indicar

---

3. Não pode, mas tem; por isso entendemos que o sistema jurídico é em certa perspectiva completo, ou melhor, complementável e constantemente atualizado e alimentado pelos fatos sociais, em um verdadeiro sistema de retroalimentação. O intérprete e os atores jurídicos e sociais cuidam de atualizá-lo a partir dos mecanismos encontrados no ordenamento jurídico, passando de um subsistema a outro: fato, valor e norma, como apregoa o mestre Reale.
4. A respeito dos processos informais de mudança da Constituição, consulte-se Anna Cândida da Cunha Ferraz (1986).
5. Nesse aspecto, imprescindível a obra de Maria Helena Diniz (1981).

um vazio, um espaço que o ordenamento necessita colmatar e, nele, a prova da necessidade de sua constante integração e construção. Também por essa razão acompanhamos Maria Helena Diniz[6] quando com acerto ensina:

"Destas idéias se deduz que os elementos do sistema estão vinculados entre si por uma relação, sendo interdependentes. De forma que quando houver uma incongruência ou alteração entre eles temos a lacuna e a quebra da isomorfia. Logo, o sistema normativo é *aberto*, está em relação de importação e exportação de informações com outros sistemas (políticos, fáticos, axiológicos etc.), sendo ele próprio parte de um subsistema jurídico".

Não é nosso intuito adentrar no tema das lacunas no direito, mas tão-só marcar uma posição em relação à noção de sistema, de ordenamento jurídico e relacioná-la com nossa preocupação fundamental – a existência de órgãos ou entidades que venham a produzir normas jurídicas – e questionar se essa possibilidade tem legitimidade, validade constitucional e, caso válida, quais seus limite e alcance.

Como sabemos, e a esta altura acreditamos já ter demonstrado, o tema assume particular relevância e dificuldade no direito constitucional positivo. Sendo a Constituição a *norma-origem* que inaugura e dá fundamento de validade a todas as outras normas jurídicas admitidas em dado ordenamento, a resposta também há de estar radicada na própria Constituição. É dizer, a produção normativa de determinado Estado, o sistema de normas harmoniosamente articulado há de encontrar seu fundamento último de validade no próprio direito constitucional, na Constituição.

É nessa medida que acreditamos que a normatividade interna, ou todos os "ordenamentos menores", "ordenamentos parciais" para usarmos a terminologia de Norberto Bobbio,[7] cuja vida se desenvolve no interior do Estado, devem estar, de algum modo, enquadrados, recepcionados ou protegidos e assim *integrados* ao ordenamento estatal, à Constituição.

Até mesmo os tratados internacionais, expressão máxima do possível intercâmbio entre as diversas ordens jurídicas, no Brasil, pos-

6. Diniz, 1981:65.
7. Bobbio, 1995:169.

suem o mesmo *grau hierárquico das leis internas infraconstitucionais*, não podendo, evidentemente, confrontar a Constituição e suas normas. Desse modo, e *a fortiori*, acreditamos que a produção normativa interna, do Estado, por qualquer de seus órgãos, deva encontrar conforto na Constituição e em suas normas.

Finalmente, cumpre registrar e ratificar, uma vez mais, que, sendo o direito um sistema de normas harmonicamente articuladas, em havendo conflitos de leis, o ordenamento jurídico se serve de três critérios para resolver a questão: o da *hierarquia*, de fundamental importância no direito constitucional – pelo qual a lei superior prevalece sobre a inferior –, o *temporal* – onde a lei posterior prevalece sobre a anterior – e o da *especialização* – em que a lei específica prevalece sobre a lei geral.

Em relação à produção normativa infraconstitucional, parece não haver dúvida, ao menos no Brasil, de que esta somente pode ser produzida *nos limites e competências constitucionais*. Até porque, como bem anota Comparato,[8] "até o povo soberano sofre *limites* no exercício de seus poderes. Se o povo ou, *a fortiori*, os seus representantes pudessem alterar uma norma constitucional ao seu alvedrio, o Estado de Direito seria mera ficção". Assim, também a produção do direito ou das normas jurídicas deve sofrer os limites do ordenamento, que tem na Constituição a mais elevada posição e barreira aos poderes constituídos.

---

8. Comparato, 2001:85.

Capítulo 10
A PRODUÇÃO NORMATIVA: NECESSIDADE DE CONTROLES PARA A DEMOCRACIA E O ESTADO DE DIREITO

10.1 Introdução. 10.1 Delegação sem previsão constitucional. 10.2 Delegação com assento constitucional. 10.3 Função legislativa decorrente de atribuição.

10.1 Introdução

Tarefa das mais árduas consiste em pretender compreender e bem resumir as múltiplas influências incidentes sobre o universo da produção normativa no mundo ocidental.

Juristas e historiadores da maior envergadura já produziram magníficas obras pretendendo compreender o fenômeno, que deita raízes na história dos povos, em suas tradições, na política, na engenharia constitucional, na fenomenologia do poder.

Temos consciência da vastidão da matéria e, por isso, procuraremos destacar os principais modelos continentais e suas características, a fim de não nos perdermos em divagações da filosofia política, procurando não sermos seduzidos pela própria história do Estado que contribuiu, e muito, para o deslocamento da produção normativa em um movimento pendular que ora privilegia um determinado órgão em detrimento de outro(s), e assim por diante.

A resposta a essa relevantíssima questão – da produção normativa no Estado – que afeta, condiciona e restringe a vida de seu povo e, portanto, seus direitos e deveres parece estar na constante busca de um delicado equilíbrio do poder o que, em certa medida, e do ângulo técnico-jurídico, somente pode ser disciplinado por meio do próprio Direito.

Também nos parece evidente que as transformações por que passou a figura do Estado com seus desafios sociais, desde o seu nascimento até os dias de hoje, influenciam, decisivamente, a temática em foco, mas nem por isso acreditamos que devamos construir ou explicar um determinado modelo jurídico a partir das circunstâncias fáticas desse ou daquele período histórico,[1] procurando, na *essência do fenômeno* – da produção normativa –, um modelo adequado à nossa história, aos nossos costumes; aquele que, teoricamente, melhor possa atender responder à contenção do poder pelo próprio poder, idéia e conceito-matriz desenvolvido pelos filósofos, de Aristóteles até os contemporâneos.

Paralelamente não é possível ignorar a realidade. O papel do direito constitucional e, também, de seu instrumento mais nobre, *a Constituição*, não é o mesmo do século XVIII. Concebido como um meio de frear o poder absoluto dos governantes, do soberano, passa de uma feição garantista, absenteísta, típica do Estado Liberal, a ter papel e finalidade diversas.

O modelo constitucional contemporâneo ocidental não está "apenas" preocupado em instituir direitos de defesa em face do poder, mas, sobretudo, em intervir, em prestar serviços, em atuar nos diversos segmentos sociais coordenando-os, consoante os princípios e diretrizes constitucionais, proporcionando liberdade, igualdade e vida digna aos cidadãos, aos administrados, aos jurisdicionados.

Assim, nesse contexto, é natural que o direito constitucional e a Constituição enfrentem novas dificuldades de efetivação e eficácia que seriam impensáveis no século XVIII. O Estado, por força dos movimentos sociais, é pressionado a realizar políticas públicas. Os eixos e as coordenadas de força que atuam no Estado, os atores sociais, alteram-se, sofisticam-se, organizam-se e postulam posturas positivas e participativas.

---

1. Konrad Hess afirma que toda Constituição é a constituição de seu tempo, que a realidade social refletida em suas normas está submetida às mudanças históricas, mas adverte para o perigo da constituição que se adapta, sem reservas, às circunstâncias *de cada momento*; neste caso, suas normas não são pautas das circunstâncias, mas ao contrário, estas que atuam como parâmetros de suas normas (1994:9).

Também parece natural, nesse contexto, que o papel da lei,[2] do legislador, se tenha modificado, para dele exigir-se programação, intervenção, coordenação, tarefas inexistentes no início do século XIX. A Constituição não perde sua função limitadora do poder, mas não é a única. À medida que a Constituição procura regular e coordenar vários segmentos sociais e econômicos, seus desafios crescem e com eles cresce a responsabilidade dos legisladores (sentido amplo), daqueles que, direta ou indiretamente, pretendem disciplinar as condutas juridicamente obrigatórias, permitidas ou proibidas.

A teoria de Montesquieu, como já vimos, descansa na necessidade de instalar-se um equilíbrio entre os órgãos que exercem o poder no Estado. Parte do pressuposto, corretíssimo, de que as pessoas dotadas de poderes tendem normalmente ao abuso, pelo que, considera imprescindível que o Estado e o Direito instituam um sistema de *freios e contrapesos*, de modo que os poderes possam controlar-se reciprocamente, e que este almejado equilíbrio permita o balanço dos corpos intermediários da sociedade e, assim, favoreça a liberdade dos cidadãos.

Em nenhum momento Montesquieu parece indicar, em sua obra,[3] a primazia do Poder Legislativo ou o *isolamento* das funções típicas de cada poder, mas, sim, ocupa-se da divisão do Poder Legislativo, atribuindo ao Poder Executivo funções colegislativas (como o veto e a iniciativa legislativa) e, assim, estabelecendo um sistema bicameral, com o intuito de impedir o predomínio e o abuso do órgão parlamentar.

A tônica da teoria, sem dúvida, parece estar no pretendido equilíbrio, o que poderia ser alcançado, sobretudo, com o papel atribuído ao Poder Judiciário, nesse contexto, como um órgão *imparcial* para julgar e resolver os conflitos de poder com *independência* em face dos outros órgãos do poder.

A concepção original de Montesquieu[4] ganhou o mundo, influenciou o direito e todas as Constituições que advieram após suas idéias,

---

2. Também nos parece indiscutível que a Constituição não possa tudo disciplinar, deixando ao legislador um espaço normativo amplo, porém delimitado, para coordenar as relações sociais, consoante as diretrizes e princípios constitucionais do sistema.
3. Conforme Charles Einsemann (*apud* Duverger, 1966:146 e ss.).
4. Saldanha, 1987.

inclusive a norte-americana, como é possível verificar em Madison ao defendê-la e aclará-la, afastando a idéia de *divisão radical*: "nenhuma verdade política é certamente de maior valor intrínseco ou revestida da autoridade de mais esclarecidos defensores da liberdade do que aquela na qual a crítica se fundamenta. A acumulação de todos os poderes – Executivo, Legislativo e Judiciário – nas mesmas mãos, quer de um, de poucos ou de muitos cidadãos, por hereditariedade, autonomeação ou eleição, pode com justiça ser considerada como caracterizando a tirania". E ao interpretar a obra de Montesquieu, aduz: "A verdadeira interpretação, como se deduz de suas palavras e, ainda mais concludentemente, como ilustrada pelo exemplo ante seus olhos, não pode ser outra senão esta: que onde 'todo' o poder de um dos ramos é concentrado *nas mesmas mãos* que enfeixam 'todo' o poder de outro ramo, os princípios fundamentais de uma Constituição livre estarão subvertidos"[5] (grifos nossos).

No mundo ocidental, segundo o magistério autorizado de Clèmerson Merlin Clève,[6] de uma maneira geral, três têm sido as fórmulas básicas por meio das quais o Governo vê-se autorizado a desenvolver *atividade normativa primária*.

10.1 Delegação sem previsão constitucional

Trata-se de transferência da função normativa atribuída originária e constitucionalmente ao Poder Legislativo a órgãos integrantes dos demais Poderes do Estado, cujo exemplo mais marcante dá-se nos Estados Unidos da América,[7] onde os princípios da separação dos poderes e da indelegabilidade de atribuições foram sofrendo reinterpretações sucessivas que possibilitaram, sob certas condições, o alargamento da atividade normativa do Executivo. Mesmo neste caso, adverte Merlin Clève, com apoio em Siqueira Castro, "uma vez que a lei formal de delegação especifica as fronteiras materiais e objetivas dentro das quais pode a autoridade delegada legislar, de maneira que não haja risco desmesurado a indevidas restrições à liberdade, tem-se por inaceitável a delegação".

---

5. Madison, 1984:393-399.
6. Clève, 1999:22 e ss.
7. Vide a clássica obra de Carlos Roberto Siqueira Castro (1996.)

10.2 Delegação com assento constitucional

É o caso da Itália, Portugal, França, Reino Unido e Espanha.

Na Itália, o art. 76 da Constituição admite o exercício da função legislativa delegada ao Governo, marcada e determinada por princípios e critérios determinados, por tempo limitado e objetos definidos.

Em Portugal, a Constituição de 1976 prevê a hipótese de delegação legislativa através de leis de autorização ao Governo, com limites, excluídas as funções de fiscalização e controle, bem assim as matérias de competência política (art. 161).

A Constituição francesa de 1958 também admite a delegação da função legislativa ao Executivo autorizando o Governo a solicitar autorização para editar *ordonnances*, por um período determinado, disciplinando matérias que constituem, ordinariamente, objeto de lei.[8]

No Reino Unido (ainda seguindo a indicação de Mèrlin Clève), o Parlamento delega atribuição aos Ministros para a edição de normas especificadoras e de atualização, consideradas de natureza regulamentar. O Executivo também desenvolve função normativa através de delegações genéricas autorizadas pelo Parlamento.

Aliás, na Inglaterra e no País de Gales a lei, ao contrário do que ocorre nos países do direito continental, de origem romana, não tem a mesma aplicação, não representa o modo "normal", corrente, de expressão do direito.[9]

---

8. Georges Burdeau, Francis Hamon e Michel Troper afirmam: "cette dernière technique est parfois appelée une *délégation législative*. L'expression est pourtant erronée parce que l'éxécutif ne reçoit pas le pouvoir de faire des lois. Les actes quil'prend sont des actes d´exécution, des actes formellement réglementaires et par conséquent soumis au régime juridique du règlement" (1995:140).
9. Por isso, os juristas ingleses citarão mais as decisões de jurisprudência que aplicam uma lei do que o próprio texto da lei. Todavia, o juiz considera o Parlamento um órgão que lhe é superior. Logo, terá o cuidado, quando for fazer justiça, de adotar a lei existente em todo o seu rigor e de forma escrupulosa. Seria possível, então, pensar, num primeiro momento, que os magistrados são contidos pela lei. Na prática, não acontece isso. Os juízes gozam de grande liberdade o que lhes permite interpretar a lei de tal maneira que ela provoque o mínimo tumulto no estado anterior do direito positivo. O juiz entende até mesmo que a regra fundamental do precedente se aplica plenamente às decisões dos tribunais – inferiores e superiores – que tiverem de passar por um dispositivo legal. Pode acontecer de a lei, cuja estrutura é em geral complexa, conservar sua função corretiva do direito em vigor. De fato, o Poder Judi-

Na Constituição espanhola, a delegação legislativa está contemplada no art. 82 e ss. de modo a permitir a expedição de atos normativos com força de lei emanados pelo Governo em virtude de autorização expressa e limitada do Poder Legislativo (Cortes).

10.3 Função legislativa decorrente de atribuição

Trata-se da possibilidade de o Executivo, em certas circunstâncias graves e excepcionais, deter o poder de legislar diretamente a respeito de determinadas matérias, sem necessidade de autorização prévia do Parlamento. Ainda segundo Mèrlin Clève, fortalecidos os mecanismos de controle político e jurídico, a atividade normativa extraordinária do Poder Executivo não é incompatível com os postulados democráticos. Entretanto, adverte, não se pode admitir o desmesurado fortalecimento do Executivo, especialmente sem a previsão de eficazes instrumentos de censura ou contraste de sua atividade.[10]

Exemplifica a hipótese com a Alemanha e a França. A primeira, ao prever em sua Constituição situações de urgência e com ela a possibilidade de decretação, pelo Presidente da República, do *estado de emergência legislativa* (art. 81). Nele, poderá ser adotado um projeto de lei rejeitado pelo Parlamento Federal, mesmo que o Chanceler Federal o tenha tornado dependente da moção de confiança (art. 68). Nesta última hipótese, depois de declarado o estado de emergência legislativa, se o Parlamento Federal rejeitar novamente o projeto de lei ou aprovar numa versão considerada inaceitável pelo Governo Federal, o projeto torna-se lei, desde que o Conselho Federal o aprove. O mesmo ocorrerá, nos termos da Constituição, se o projeto não for

---

ciário controla soberanamente a aplicação das novas leis, consideradas expressão fugaz de um momento da sociedade britânica (ao contrário do direito francês). O caráter secundário das leis é tão evidente na Inglaterra que os juízes, quando evocarem na sua decisão uma lei, só a citarão imperfeitamente: o título da lei – em geral muito curto – e o ano, sem qualquer outra precisão. Os artigos de lei (*sections*) são quando muito citados pela letra "S" seguida do seu número e do número do artigo. Quanto às alíneas (*sub-sections*), elas são designadas pelas letras "Sub-s". Convém, enfim, ressaltar que o direito inglês não tem uma fonte de publicação oficial, como um "Diário Oficial" amplamente difundido, como ocorre nos países que adotam os direitos da família romano-germânica. As leis são agrupadas nos *Statutes of Law Reports* (cf. Sèroussi, 2001:35).

10. Clève, 1999:28.

votado pelo Parlamento Federal dentro de quatro semanas depois de ter sido novamente proposto.

Na França, ainda segundo Clève, a Constituição de 1958 estabelece uma partilha entre os domínios normativos da lei e do regulamento. O art. 34 enumera as matérias que só podem ser disciplinadas por lei (portanto, ato aprovado pelo Parlamento). Por isso, conforme dispõe o art. 37, todas as demais matérias (âmbito residual) possuem um caráter regulamentar. Os regulamentos autônomos, aqueles editados com fundamento no citado art. 37 da Constituição francesa, são, por natureza, embora não na forma, verdadeiras leis, por constituírem comandos normativos capazes, por si sós, de inovar a ordem jurídica válida e originariamente.

Por fim alude a Portugal e a Espanha. Em Portugal, o decreto-lei presta-se a disciplinar matérias de competência legislativa autorizada ou delegada, de competência originária concorrente e, ainda, de competência reservada. Apenas no segundo e último casos está-se diante de atribuição normativa sem delegação. Na última situação, ou seja, diante das matérias reservadas à Assembléia da República, o Executivo pode, mediante decretos-lei, concorrentemente com o Parlamento, editar atos normativos primários. Cumprirá ao Governo adotar decretos-lei de desenvolvimento dentro dos quadros traçados pelo Legislativo (art. 198). No último caso, há uma verdadeira reserva de decreto-lei. Cabe ao Executivo dispor, por meio de decreto-lei, sobre a sua própria organização.[11]

Antes de dissecarmos esses três modelos a que alude Mèrlin Clève e compará-los com a realidade brasileira, entendemos importante deixar assentada uma posição doutrinária relevante no tema da "separação de poderes" e sua real dimensão e alcance, a fim de procurar afastar o "mito" ou a errônea compreensão do fenômeno ou da teoria da "separação de poderes", que, ao que parece, tem levado doutrinadores a graves equívocos supondo que em razão do aludido princípio estaria interditado ao Poder Executivo editar norma jurídica *tout court*, em sentido absoluto.

O tema da *separação de poderes* contempla diversas aproximações. Já examinamos algumas delas nos capítulos precedentes. Pare-

11. Clève, 1999:30.

ce interessante recordar, nesse passo, ainda que muito rapidamente, a distinção entre *poderes* e *funções*. Ela é útil até mesmo para a conclusão da inexistência de grande ou marcada distância entre os "poderes" no Estado contemporâneo.

De fato, nesse contexto recorde-se a lição de Alessi. A *função normativa* não se confunde com a *função legislativa*. Com razão, nesse aspecto, Eros Grau declara ao adotá-la:

"O que importa reter, todavia, é a verificação de que – libertando-nos daquela forma tradicional de classificação das funções estatais – poderemos (e deveremos) classificá-las desde a perspectiva *material*.

"Donde a seguinte taxionomia: *função normativa* – a de produção de normas jurídicas (= textos normativos); *função administrativa* – a de execução de normas jurídicas; *função jurisdicional* – a de aplicação das normas jurídicas.

"Mais ainda – cumpre reter também –, entende-se como *função normativa* a de *emanar estatuições primárias, seja em decorrência do exercício do poder **originário** para tanto, seja em decorrência de poder **derivado**, contendo preceitos abstratos e genéricos* (...).

"(...).

"O que importa reter, nesse passo, é o fato de que o *exercício da função regulamentar, pelo Executivo, não decorre de uma delegação de função legislativa*."[12]

Ao examinarmos a doutrina erópia contemporânea, sobretudo a alemã, é comum encontrar-mos a observação segundo a qual o *princípio da legalidade da Administração* deve ser revisto. Qual o significado e alcance dessa observação? Parece que, com ela, está expresso o desejo de não se identificar *Estado de direito* e *legalidade formal*.

Fernando Paulo da Silva Suordem[13] afirma:

"Estamos aqui perante uma *concepção do sentido e limites da Administração Pública*, correspondendo às intenções dum Estado de Direito *formal*, assente na idéia (ainda muito difundida) de que a Administração é exclusivamente execução da lei, o administrativo desenvolvendo uma função 'acessória da lei', idéia esta que põe todas as

---

12. Grau, 2003:242-243.
13. Suordem, 1995:408-425.

complacências na obra do legislador como 'inventor do direito' e que descura que as reivindicações originárias dum Estado de Direito foram animadas por um conceito material de lei (entendida como acto de captação do direito), expressão 'autêntica e irrecusável do direito', mas que tal conceito material de lei foi abandonado pelo *positivismo novecentista*, o qual faz emerger o conceito formal de lei ('produto que vale apenas para exprimir o poder ou a vontade dum legislador') mas manteve (um tal positivismo) a concepção de que dos três poderes clássicos só um é soberano (o legislativo), volvendo-se a Administração e a Jurisdição em dois modos de desenvolver a mesma tarefa de executar as palavras da lei, por tal forma que as diferenças que apresentam entre si exprimem apenas a separação de arranjos técnico-organizatórios".

Ao condenar tal concepção (original) de Estado de Direito, essa corrente advoga a presença de um Estado de Direito *material*, um Estado cujo fim é a criação e manutenção de uma situação jurídica e materialmente *justa*, vindo isto a significar a imposição de uma tarefa *criadora a todos os poderes do Estado* e a recusa da redução do segundo e terceiro poderes a funções mecânicas de aplicação do direito.

Mas, quando vamos mais a fundo, para melhor compreender o que esse autor e essa corrente entendem como Estado de Direito *material*, verificamos que não estamos tão longe de alcançá-lo, se por ele compreendermos a presença da integral subordinação a princípios jurídicos fundamentais, nos países da Europa (*v.g. princípio da justiça, imparcialidade, proporcionalidade*), o que por aqui também não apresenta novidade digna de nota.

Ainda que ousada, a equiparação ou aproximação entre *legislar e administrar* vai tendo cada vez mais densidade na Europa. Como veremos ao longo do trabalho, a concepção da Administração como "poder autônomo", não meramente executivo, mas essencialmente votado à concretização dos fins e metas do Estado, vai ganhando cada vez mais força naquele continente.[14] Todavia, essa concepção, ao menos no Brasil, não pode ser aceita fora do contexto do direito constitucional positivo brasileiro.

A realização de um Estado de Direito material ou de justiça evidentemente não tem relação *apenas com a legalidade da Administra-*

---

14. A esse respeito, ver Rogério Soares (1986(II):442-444).

ção. Ademais, o Estado de Direito é conceito complexo e dinâmico que depende de inúmeras variáveis como a implementação dos direitos humanos, da aplicação dos princípios e regras constitucionais de competência e estruturação.

Não há como incorporar à realidade normativa brasileira essa noção de Administração Pública "autônoma", não só em função das regras constitucionais do país (argumento de direito positivo) como também, e sobretudo, pela grande diferença de evolução e perspectivas entre os dois continentes (argumento sociológico).

Capítulo 11
A PREOCUPAÇÃO COM A LEGITIMIDADE E O CONTROLE DOS ATOS NORMATIVOS NO ESTADO DEMOCRÁTICO DE DIREITO

A produção normativa no Estado Democrático de Direito, sobretudo na América Latina, deve incorporar o tema da "política", da "legitimidade", em qualquer formulação teórica que se pretenda fazer. No caso brasileiro, como de resto em toda a América Latina, preocupa-nos o fenômeno da *legitimidade* da produção normativa e do uso abusivo de instrumentos normativos pelo Poder Executivo, tendência, ao que parece, mundial, o que não infirma ou afasta o problema.[1]

Parece-nos que o Poder Legislativo decide por meio de debate público e de argumentação com capacidade de gerar consenso, via discussão e votação, antes que os atos normativos possam produzir seus efeitos (arts. 44 e 59 da CF). A produção de normas, ordinariamente, está ligada a esse procedimento, anterior, de formação de conteúdo (da norma). O essencial ao procedimento é, justamente, o consentimento prévio, por meio do debate público, realizado pelos representantes do povo.

Esse complexo de atos, dirigido à produção normativa, é adotado, no Brasil, pelo Congresso Nacional. A edição de medidas provisórias, *v.g.*, pelo Poder Executivo, não incorpora esse procedimento, como sabemos.

---

1. "Para ficarmos somente com o nosso continente, a exemplo do Brasil, Colômbia, Argentina, Chile, Peru e Equador, também dispõem de instrumentos normativos que estendem os poderes legislativos emergenciais do Executivo. Já Seabra Fagundes alertava para o vezo autoritário do presidencialismo latino-americano.

Nesse sentido, é elucidativa a advertência de Humberto Bergmann Ávila[2] que afirma:

"O Congresso Nacional, na sua função fiscalizadora, tem, ainda, competência para controlar certos atos do Poder Executivo, por delegação sujeita a aprovação (CF: art. 68, § 3º), via aprovação *a posteriori* das medidas provisórias (art. 62), e por meio de poder de rejeitar o veto presidencial (CF: art. 66, §§ 4º e 5º). Esses poderes evidenciam, uma vez mais, a competência legislativa, incondicional, do Congresso Nacional, outorgada pela CF, e enuncia, em normas específicas, as normas fundantes estabelecidas nos seus princípios fundamentais.

"O papel do Congresso Nacional manifesta-se, também, no poder a ele conferido de promulgar leis que o Presidente do Executivo não promulga (CF: art. 66, § 7º). Ademais, ao delimitar a competência do Congresso Nacional (arts. 48 e 49) e a competência para iniciativa legislativa do Presidente do Executivo (art. 61, § 1º), a CF, nitidamen-

---

Essa tendência, lamentavelmente, parece continuar em nossos dias. A renúncia ou abdicação (parcial) de poderes do Legislativo ao Executivo, sobretudo da função legislativa é regra geral na América Latina, senão em todo o mundo. Aqui, entretanto, o fenômeno assume maior proporção e gravidade porque o poder não é suficientemente balanceado por mecanismos corretivos eficazes, como um Judiciário célere, uma Administração Pública zelosa pelos direitos do cidadão dentre outros aspectos. Os argumentos são batidos e rebatidos, todos conhecemos. A concessão de prerrogativas ao Executivo seria inevitável. A aceitação *cômoda* de que os parlamentos não conseguem responder prontamente aos problemas complexos da atualidade, sobretudo técnicos e emergenciais e outros aspectos, leva à transferência de poderes do Legislativo ao Executivo. Há quem veja nesse fenômeno 'benefício' para ambas as partes (Legislativo e Executivo). (...) [*tanto*] para o Legislativo, que deixa de exercer funções legislativas ou as exerce em menor grau, quanto o Executivo, que assume essas novas funções, ganhariam com esse arranjo institucional. (...) [*Traria benefícios também*] para o parlamento, ou para os parlamentares que teriam interesse em delegar função legislativa ao Executivo na área política pública, uma vez que não apareceriam como *responsáveis diretos* por medidas impopulares perante seus constituintes. Por outro lado, se o plano fracassar [*referem-se os autores aos sucessivos planos econômicos no Brasil editados por Medidas Provisórias*], os parlamentares não poderão ser responsabilizados individualmente. Do ponto de vista institucional, a delegação nessa área de política também poderia interessar: como procrastinar eleva os custos do ajuste, o Legislativo não apareceria como empecilho para tomadas de decisões que poderiam beneficiar a todos. Quanto à influência em políticas públicas, porém, a delegação pode produzir efeitos negativos sobre a capacidade do Congresso para perseguir seus objetivos de fortalecimento institucional ou mesmo em outras áreas de políticas públicas" (Argelina Figueiredo, Fernando Limongi, 1999:126 e 155).

2. Ávila, 1997.

te, estabelece as prerrogativas do Congresso Nacional, no sentido de que determinadas matérias reclamam sua intervenção, ficando seu exercício afastado do poder normativo, excepcional, do Poder Executivo que é o de editar medidas provisórias.

"A distinção entre o Poder Executivo e o Congresso Nacional, segundo a análise sistemática da CF, dá-se, também, por definição orgânico-institucional: o Congresso Nacional é formado por representantes do povo eleitos para fim específico e produz normas, após procedimento público de discussão e de votação; o Poder Executivo é órgão de direção política e produz normas, sem nenhum procedimento anterior à edição do ato normativo.

"Se é verdade que a Constituição Federal atribui competência ao Poder Executivo, para expedir regulamentos e para editar medidas provisórias, também é certo que os regulamentos destinam-se a dar fiel execução à lei (art. 84, IV) e que as medidas provisórias apenas possuem força de lei (art. 62). Ao estabelecer esses limites, a CF prescreve a participação de um especial órgão, como fonte de decisão jurídico-política primária, e estabelece a lei, como única fonte condizente com uma *intenção-normativa democrática* (Manoel Afonso Vaz, *Lei e Reserva da Lei: a causa da lei na Constituição Portuguesa de 1976*, Porto, APPCDM, 1992).

"A preferência pela lei, em determinadas matérias, só pode ser explicada pela análise daquilo que ela possui de particular: o distinto procedimento elaborativo que lhe dá surgimento. Essa é, pois, a diversidade entre os Poderes, referente ao princípio democrático. E nem se argumente com o papel participativo do Poder Executivo, no procedimento legislativo estabelecido pela CF, porque, em todas essas formas de cooperação harmônica (CF: art. 2º), o Poder Executivo é, decisivamente, controlado pelo Congresso Nacional, em *nítida preferência normativa pela participação democrático-estrutural desse órgão, em detrimento da estrutura de poder daquele*.

"A imposição de lei em sentido estrito e de lei complementar para regular determinadas matérias estabelece, portanto, a necessidade de procedimento democrático para a inovação do ordenamento jurídico. Se a CF atribui importância ao procedimento, a participação do Congresso Nacional, em apenas um ato, não equivale ao procedimento. Nesse sentido, nem a lei de conversão retira a necessidade de discussão e votação no Congresso Nacional, para elaborar, discutir e votar normas antes que produzam efeitos, nem a votação pelo Congresso Nacional de medida provisória, por quorum qualificado. Essa votação, com quorum qualificado é, apenas, o ato final de um procedimento democrático indispensável segundo a CF. Se a obediência ao princípio democrático se dá pelo procedimento de discussão e votação, o ato final não equivale ao procedimento. Isso impede que, sendo votada a medida provisória por meio de quórum qualificado, possa versar sobre matéria reservada à lei complementar. A edição de medidas provisórias, sem atenção a esses limites, ainda que não especificamente disciplinados no art. 62, da CF, não se conforma ao princípio democrático, fundamental na ordem constitucional.

"Forçoso verificar que o Congresso Nacional é o centro de produção normativa, em relação a outros poderes, porque o procedimento por ele adotado está vinculado a princípios fundamentais (*e.g.*: democracia, pluralismo político, segurança), possui um rígido *iter* de formação (CF: arts. 64 e ss.) e consubstancia poder heterônomo, relativamente ao poder administrativo (CF: art. 2º)."

Já em 1991, preocupados com a ausência de controle judicial mais efetivo e ainda com reedições de medidas provisórias afirmávamos:[3]

"Cumpre a Constituição quem com ela não atrita. Defende a Constituição quem observa *os valores, princípios e normas constitucionais*. Promove o bem-estar do povo o Presidente vinculado à Constituição, em todos os seus atos, inclusive o consubstanciado na edição de medidas provisórias.

"Em princípio, deve-se afastar a concepção pretoriana anterior, sob pena de alçar o Presidente da República à condição de *legislador absoluto*, dotado de competência incontrastável, o que é inadmissível em qualquer sistema político."

Assim, a despeito de compreendermos as razões históricas que levaram ao declínio do Parlamento como instância do antigo monopólio da produção normativa, circunstância que também leva consigo o desprestígio *da lei* como fonte primária (única) para regular os

3. Marcelo Figueiredo, 1991a:52.

direitos e obrigações do cidadão, registramos nossa preocupação com a matéria, chamando a atenção para a circunstância de que esse *fato político* não pode ser tomado como axioma ou verdade *positiva, de direito constitucional positivo*.[4]

Mais do que isso, embora possamos constatar a verdade histórica segundo a qual os órgãos do poder legislativo jamais exerceram, no mundo, *com exclusividade*, o dever de elaborar normas jurídicas reguladoras da conduta social, nem por isso devemos deixar de vincar que a essência da questão ainda reside na fonte de legitimidade, no pacto constitucional, que de uma forma ou de outra dá prioridade e preferência ao órgão legislativo, ao legislador na definição última da regulação das condutas sociais.[5]

Assim sendo, sem prejuízo da análise esquemática das relações jurídicas hierárquicas e do estudo das competências constitucionais desse ou daquele Estado Constitucional, forçoso reconhecer que o modelo clássico, tradicional, do Estado de Direito, forjado na preponderância do legislador (Parlamento), ainda remanesce, mesmo que abalado ou à procura de novos caminhos.

Poder-se-ia contraditar a assertiva, trazendo à colação a experiência norte-americana, paradigma de *presidencialismo* e de modelo de federação bem-sucedida, a qual, inclusive inspirou nossa República e nossas instituições políticas, ao menos nesses dois aspectos para, paradoxalmente, constatar que, naquela Nação, proliferaram as *agências reguladoras*, as delegações legislativas diretas ou indire-

---

4. Não obstante tal fato, forçoso reconhecer que é tarefa da comunidade em geral discutir e debater fórmulas que procurem aperfeiçoar a legitimidade das decisões que afetam o cidadão, dando condições para que ele seja ouvido, consultado, participe em síntese de seus destinos. Isto porque, no sistema político moderno, o consenso deve ser estabelecido, acreditamos, não somente sobre a decisão em si, mas, sobretudo, em relação às premissas sobre as quais ela se apóia. Urge, portanto, encontrar mecanismos e procedimentos que tornem legítimas as decisões que afetem a cidadania em seu dia-a-dia.
5. Com isso não estamos desconsiderando as razões já excelentemente trabalhadas pela doutrina constitucional que apontam o inequívoco processo de *descentralização legislativa* pela qual passa o Estado contemporâneo. O fenômeno, segundo Clèmerson Mèrlin Clève (1993:91), manifesta-se no Brasil, como em todo lugar, para alterar ora o perfil do próprio Legislativo, ora do Judiciário, ora de grupos sociais (sindicatos, por exemplo). Todavia, o poder que saiu mais beneficiado com esse processo foi, sem dúvida, o Executivo.

tas, enfim as "produções normativas independentes", a despeito da Constituição.

O exemplo nada tem de contraditório. É que nos Estados Unidos da América, como já anotamos anteriormente, a delegação (*lato sensu*) foi realizada *sem* previsão constitucional específica. O alargamento da atividade normativa do Executivo deu-se de fato ao longo dos anos, mas com controles e fronteiras bem demarcadas à autoridade delegada, de tal maneira que não houvessem riscos desmesurados e indevidas restrições à liberdade.[6]

Ademais, seria ingenuidade imaginar-se que o Congresso norte-americano[7] não esteja atento às suas competências ou que não seja um poderoso e forte organismo constitucional dotado de plenas condições para controlar direta ou indiretamente as políticas públicas, ou ainda, que o sistema norte-americano não tenha criado outros mecanismos institucionais paralelos de controle *recíproco* entre os poderes, agências e órgãos reguladores.[8]

A questão nos Estados Unidos da América do Norte é bem mais intrincada, e não é o momento de dissecá-la.[9] Apenas registramos que os motivos e circunstâncias pelos quais o Poder Legislativo compartilha o exercício de suas funções com os *demais poderes* e órgãos criados para "auxiliá-lo" são de cunho político e *nem sempre encontram fundamento de validade no direito constitucional positivo deste ou daquele Estado.*

No caso norte-americano, não sem forte polêmica e contestação de parcela considerável da doutrina daquele país, a Suprema Corte ao longo dos anos acabou por entender legítima a delegação

---

6. Vide Carlos Roberto Siqueira Castro (1986).
7. É preciso recordar que não é possível analisar o tema com um corte linear apenas focando a questão da delegação em si mesma. O Congresso tem outros poderes como o de convocar autoridades, o de solicitar esclarecimentos acerca de políticas públicas, questões orçamentárias, liberação de verbas, instalação de Comissões de investigação, eventuais ou permanentes; enfim, a delegação é "apenas" um elemento, um dado, neste complexo arranjo de poderes e atribuições.
8. Meirelles Teixeira, já em 1949 (1949:374), citando Willis, jurista norte-americano, afirmava que o dogma da separação de poderes nos Estados-Unidos comporta tantas exceções, que difícil é decidir se os dogmas, ou as exceções, constituem a verdadeira regra.
9. De uma maneira geral, podemos afirmar que as delegações nos Estados Unidos têm sido respaldadas pela Suprema Corte.

de poderes legislativos ao Executivo e às agências reguladoras, desde que limites e *standards* "razoáveis" fossem estabelecidos na delegação.[10]

---

10. Nota-se que a preocupação original dos *founding fathers* era no sentido de que os poderes atribuídos ao Executivo fossem *limitados e controlados*. A demanda por serviços públicos, em particular após a grande depressão, fez com que, especialmente no Governo Roosevelt, houvesse a expansão das agências, perdendo os legisladores a habilidade e o entusiasmo de administrar e controlar políticas públicas de perto, o que era possível no passado, com uma burocracia menor e mais simples. Assim, o Congresso passou a incrementar delegações às agências e a seu pessoal. Entretanto o texto literal da Constituição americana não endossa essa passagem de poderes ou o enfraquecimento do legislativo, ao contrário, o legislador no sistema constitucional americano é sem dúvida o mais forte dos três "poderes", ao menos retoricamente. O art. 1º, Seção 1 estabelece que "all legislative powers herein granted shall be vested in a Congress of the United States, which shall consist of a Senate and House of Representatives". A Seção 8 do mesmo artigo também deixa claro que "The Congress shall have power (...) to make *all laws which shall be necessary and proper for carrying into execution*" (cf. Warren, 1996:87 e ss.).

Capítulo 12
A EXPERIÊNCIA BRASILEIRA

12.1 Introdução. 12.2 A Constituição de 1824. 12.3 A Constituição de 1891. 12.4 A Constituição de 1934. 12.6 A Constituição de 1937. 12.6 A Constituição de 1946. 12.7 A Constituição de 1967 e a Emenda Constitucional n. 1, de 1969. 12.8 A Constituição de 1988.

12.1 Introdução

É pouco elucidativa a constatação de que as Constituições brasileiras, desde a República (1891) até 1946 (exceção ao período de 37), *não conferiam* ao Presidente da República atribuições normativas primárias ou mesmo competências "legislativas", tal como sucedeu desde a Emenda Constitucional 4/1961, introdutora da lei delegada em nosso país.

Logo a seguir tivemos a Constituição de 1967, a EC 1/1969 e finalmente a Constituição de 1988, todos diplomas que de uma forma ou de outra atribuíam força normativa aos atos do Chefe do Poder Executivo. Vejamos a essência de cada um dos períodos da história constitucional brasileira para verificar o que ela nos mostra.

12.2 A Constituição de 1824

A Constituinte de 1823, como sabemos, foi dissolvida autoritariamente pelo Imperador ao argumento da descoberta da "sedição promovida para a ruína da Pátria, para evitar a anarquia e poupar vidas (...) constituinte que perjurava ao solene juramento, que prestara à Nação, de defender a integridade do Império, sua independência, e a dinastia de Bragança, destruída a nossa santa religião e nossas vestes seriam tintas de sangue".[1]

A Constituição Política do Império do Brasil, de 25 de março de 1824, foi outorgada pelo Imperador. Embora tenha a singularidade de ser a mais duradoura das Constituições – 65 anos de vigência –, não pode ser vista como um documento que representasse as forças vivas da Nação brasileira,[2] não só em virtude de sua origem, como também pela existência do Poder Moderador, chave de toda organização política da ocasião.

Do ângulo formal, a Constituição distinguia-se pelo Poder Moderador, na flexibilidade constitucional (semi-rígida) e ainda pela inserção da Declaração de Direitos e Garantias Individuais, pelos direitos civis e políticos dos cidadãos brasileiros, tendo por base a liberdade, a segurança individual e o direito de propriedade.[3] Embora presente o princípio da legalidade (art. 179, I), o sistema constitucional imperial concentrava poderes, competências e atribuições na pessoa do Imperador e no Conselho de Estado (art. 137). O Imperador era irresponsável juridicamente, por força do art. 99, o que, entre outras causas, sem dúvida não permitiu o desenvolvimento de um regime representativo, mas o oposto, concentrado e centralizador. Provavelmente a longevidade do texto tenha explicação na evidente concentração de poderes, marca do período.[4]

1. Homem de Melo, s/d.
2. Muito ao contrário, a Constituinte seria dissolvida à força das armas, por um decreto imperial em 12 de novembro de 1823, porque assim o exigira a tropa portuguesa. À porta da Assembléia, cercada de todos os lados, foram presos os deputados Antônio Carlos, Martim Francisco, Montesuma, Rocha e o Padre Belchior Pinheiro de Oliveira. José Bonifácio havia sido preso em sua casa. No dia 20 foram todos desterrados para a França. O Imperador, em pessoa, no paço da cidade, dirigira a execução dessas ordens.
3. Cf. Raul Machado Horta (1995: 56).
4. O Visconde do Uruguai, Paulino José Soares de Sousa, já condenava a reunião do poder administrativo ao poder político e governamental como um perigo de invasão dos interesses políticos na Administração Pública, marca do período. Afirmava: "Assim, os desvios administrativos, a ofensa a direitos em questões administrativas não têm corretivo eficaz, suficiente e real na responsabilidade dos ministros, principalmente quando a injustiça recai sobre indivíduo que não tem importância política. O único eficaz que pode ter encontra-se na separação prática possível entre o que é político e administrativo. Essa separação não consiste, nem poderia consistir, em tirar a administração do poder Executivo. Fora o mesmo que suprimi-lo. Não pode consis-

12.3 A Constituição de 1891

A Constituição de 1891 instaurou a República rompendo com a forma monárquica de Governo, com o Estado Unitário e com o sistema parlamentar implantando o *federalismo* e o *presidencialismo*.

Sofreu forte influência de Rui Barbosa. Este, admirador do modelo e das instituições norte-americanas, inspirou o Constituinte, notadamente em institutos como a intervenção federal, o Supremo Tribunal Federal,[5] o controle de constitucionalidade das leis, o bicameralismo federal, a repartição de competências através de poderes enumerados à União e dos poderes reservados aos Estados autônomos, o *habeas corpus* e a concepção da autonomia dos municípios em função de seu peculiar interesse.[6]

Segundo Raul Machado Horta, o falseamento das instituições republicanas, especialmente nas formas eleitorais de captação e de apura-

---

tir também em sujeitá-lo a outro poder, ou em fazer depender deste a solução das dúvidas que porventura se suscitem sobre os atos administrativos do Executivo, porque fora isto anulá-lo e abrir larga fonte de desordem e de conflitos. Consiste em uma boa organização administrativa, isto é, em garantias de audiência, exame e conselho; na organização de contenciosos; na boa composição dos tribunais administrativos; na forma do processo; nos recursos para a revisão e reconsideração dos casos em uma justa e razoável descentralização, de modo que, sem que fique peada a ação do Executivo, seja estorvado o abuso e aquele arbítrio que é dispensável" (2002:110).

5. Tarefa árdua e talvez impossível seria a de comparar a história ou a evolução dos dois Tribunais. O brasileiro, inspirado no norte-americano, e este, ambos passariam por crises. Várias crises já atingiram a Corte Suprema norte-americana, umas decorrentes de suas decisões, outras resultantes da situação geral do país. As críticas, repetidas e por vezes graves, são feitas aos juízes, no ato de sua indicação ou no exercício da judicatura. Ao longo do tempo, a Corte tem sido preservada de decisões políticas por motivos circunstanciais ou ideológicos. Resistiu à política progressista do *new deal* e proclamou a inconstitucionalidade de diversas leis, sendo, no entanto, sempre respeitada. No Brasil, a história do Supremo Tribunal Federal também tem passagens de grande colaboração no aperfeiçoamento da ordem jurídica, como, por exemplo, na doutrina brasileira do *habeas corpus*, ao ampliá-lo para além da segurança da liberdade de locomoção. Mas igualmente existem críticas ácidas, relacionadas a posicionamentos conservadores sem compromisso com a Constituição e seus valores, a problemas na indicação e no processo de escolha de seus membros – que muitas vezes não são adequadamente indicados ou avaliados pelo Senado (mecanismo que exigiria aperfeiçoamento) – e tantos outros pontos complexos, como o aumento de sua competência e a fusão de vários modelos de controle de constitucionalidade que talvez estivessem mais bem alocados em um Tribunal Constitucional.

6. Segundo Raul Machado Horta (1995:57).

ção da vontade popular, conduziu ao desmoronamento do belo edifício constitucional, em outubro de 1930, e novos e fortes ventos passaram a soprar nos horizontes políticos da Nova República sonhada pelos tenentes de 1930.

12.4 A Constituição de 1934

A Constituição de 1934 chama a atenção do intérprete para dois pontos principais: o extremo caráter compromissório assumido pelo texto ante as múltiplas divergências que dividiam o conjunto das forças político-ideológicas da ocasião e a curtíssima duração de sua vigência, abolida em 1937 pela implantação do Estado Novo.

Rompeu a Constituição com a tradição até então existente; sepultou a velha democracia liberal, instituindo a democracia social, cujo paradigma era a Constituição de Weimar. Obteve notáveis conquistas e não é o caso de repassá-las todas. Basta para nosso trabalho citar, como referência, a incorporação ao texto de preceitos de direito civil, de direito social e de direito administrativo, o reforço dos vínculos federais, os poderes independentes e coordenados entre si, com papel peculiar do Senado neste último aspecto, e a reformulação do papel do Ministério Público, dos Tribunais de Contas e dos Conselhos Técnicos.

No que tange ao Senado,[7] um dos pontos que mais nos interessa, podemos dizer que seu papel como *órgão de coordenação dos demais Poderes* vinha instituído em seu art. 88 que afirmava: "Art. 88. Ao Senado Federal, nos termos dos arts. 90, 91 e 92, incumbe promover a *coordenação dos poderes federais entre si, manter a continuidade administrativa*, velar pela Constituição, colaborar na feitura das leis e praticar os demais atos de sua competência" (grifos nossos).

Interessante notar a instituição desse papel ao Senado, o que pode ser uma manifestação de retorno ao modelo imperial do Poder Moderador do Império ou mesmo àquele atribuído ao Senado Conservador das Constituições francesas do ano VIII e do ano X.

---

7. A Constituição de 1934, em seu art. 3º, afirmava: "São órgãos da soberania nacional, dentro dos limites constitucionais, os Poderes Legislativo, Executivo e Judiciário, independentes e coordenados entre si".

De qualquer modo, o que mais nos chama a atenção é mesmo a previsão, de resto não eficaz – como a história viria a demonstrar –, dos *Conselhos Técnicos*,[8] a serem criados em todos os Ministérios, e que tinham o *poder de veto* das decisões ministeriais por parecer unânime conforme o art. 103:

"Art. 103. Cada Ministério será assistido por um ou mais Conselhos Técnicos, coordenados, segundo a natureza dos seus trabalhos, em Conselhos Gerais, como órgãos *consultivos da Câmara dos Deputados e do Senado Federal*.

"§ 1º. A lei ordinária regulará a composição, o funcionamento e a competência dos Conselhos Técnicos e dos Conselhos Gerais.

"§ 2º. Metade, pelo menos, de cada Conselho será composto de pessoas especializadas, estranhas aos quadros do funcionamento do respectivo Ministério.

"§ 3º. Os membros dos Conselhos Técnicos não perceberão vencimentos pelo desempenho do cargo, podendo, porém, vencer uma diária pelas sessões, a que comparecerem.

"§ 4º. É vedado a qualquer Ministro tomar deliberação, em matéria de sua competência exclusiva, *contra o parecer unânime* do respectivo Conselho" (grifos nossos).

É sabido que os Conselhos Técnicos, à ocasião, foram criados mediante a inspiração e pressão das forças getulistas, com o objetivo de combater e fazer frente às oligarquias locais. Era a tecnocracia e burocracia dos Conselhos, integrados por tecnocratas, *técnicos* que cumpriam esse papel.

Interessante, entretanto, notar que, conquanto essa tenha sido a motivação *política* de sua criação e implantação, não deixa de ser significativa sua previsão como órgão consultivo dos demais poderes – Câmara dos Deputados e Senado Federal, bem assim dos Ministérios.

Haveria alguma identidade com o fenômeno que hoje conhecemos como *agências reguladoras*, naturalmente adaptando-se à realidade contemporânea? Seriam os Conselhos Técnicos, abstraída a mo-

---

8. Previstos no Capítulo VI da Constituição de 1934, intitulado, "Dos Órgãos de Cooperação nas Atividades Governamentais", que, por sua vez, contemplava também o Ministério Público, os Tribunais de Contas e a Justiça dos Estados, do Distrito Federal e dos Territórios.

tivação política da ocasião, um mecanismo constitucional imaginado para conferir mais um elemento jurídico no sistema de decisão do poder, autônomo, *imparcial*, burocrático, e portanto *técnico*?

A idéia ou a concepção não é desprezível; conquanto possamos identificar diferenças históricas, parece haver alguma identidade, ao menos no que toca a alguns dos elementos que compõem a história e justificativa (política) da instituição de agências reguladoras, como veremos oportunamente.

Esse tema será desenvolvido mais adiante. Entretanto, desde logo podemos identificar como uma primeira tentativa de inserção no texto de uma Constituição brasileira, de um *organismo técnico*, formado por burocratas, por tecnocratas, por agentes *que não compõem o quadro regular da Administração Pública*, portanto, influindo, opinando e até vetando decisões de agentes competentes e vocacionados para administrar, para deliberar acerca de *políticas públicas*, consoante diretrizes fixadas em leis – os Ministros de Estado – auxiliares diretos do Presidente da República.

A idéia de especialização – de *especialistas*, estranhos aos quadros do funcionalismo do respectivo Ministério – foi retomada mais tarde, quase 60 anos depois, retornando ao nosso direito, nos âmbitos constitucional e ordinário, por motivos diversos, com a proliferação contemporânea das agências reguladoras.

12.5 A Constituição de 1937

Da Constituição de 1934 à Constituição de 1946, com o advento do Estado Novo e a implantação de sua ditadura em 1937, ocorre um forte retrocesso na vida política e constitucional do país.

A Carta de 1937, de evidente inspiração fascista, não pode ser considerada como modelo de análise para nossos propósitos a não ser para condená-la e para demonstrar a centralização excessiva e abusiva dos poderes concentrados nas mãos do Presidente da República que, através de decretos-leis (art. 13), podia "legislar" sobre quase todas as matérias relevantes de competência da União.

A previsão do Conselho Federal – órgão composto de representantes dos Estados e dez membros nomeados pelo Presidente da República, com mandato de seis anos – é forte mecanismo de concentração de poderes contemplado também no texto constitucional (art. 50).

Sua larga competência – inclusive para legislar para o Distrito Federal e para os territórios, discutir e votar projetos de lei sobre tratados e convenções internacionais, comércio internacional e interestadual, aprovar as nomeações de Ministros do Supremo Tribunal Federal e do Tribunal de Contas – dá bem a medida de poder e de exceção previstas naquele sistema constitucional.

12.6 A Constituição de 1946

Considerada uma das Constituições brasileiras mais democráticas, a Constituição de 1946 possuía 218 artigos em seu corpo e 36 artigos em sua disposição transitória. Sua estrutura geral assemelhavase à da Constituição de 1891, sem a rigidez presidencialista: o Senado voltou à posição de 1891 no Poder Legislativo e desapareceu a representação classista, os órgãos da cooperação governamental de que falamos acima; o Tribunal de Contas passou a ser regulado no âmbito do Poder Legislativo como órgão de fiscalização orçamentária.

Esta Constituição procedeu a uma nova discriminação de rendas no capítulo tributário e financeiro e fortaleceu as unidades federadas, sobretudo os Municípios.[9] Foi uma Constituição avançada para a época, consagrando preceitos da *democracia social*, reconhecendo idéias de solidariedade e, sobretudo, contemplando a ordem econômica e social. Ela também aperfeiçoou os alicerces da legislação do trabalho e da previdência social.

No aspecto que mais nos importa – do equilíbrio entre os Poderes – ainda receando a hipertrofia do Executivo, a Constituição de 1946 vedou, de modo genérico, a qualquer dos Poderes transmitir suas atribuições, o que significou a proibição à delegação legislativa.

Era compreensível que, em face do passado imediatamente anterior, representado pela edição em série de decretos-leis – o que acabou se repetindo após 1988 com as medidas provisórias –, ao reestruturar as forças constitucionais em 1946, os constituintes procurassem

---

9. Para uma análise detalhada do período e da constituinte de 1946, consulte-se Aliomar Baleeiro (1950).

repudiar qualquer abuso do Poder Executivo. O movimento do pretendido *equilíbrio* é sempre pendular, ora para um lado (Executivo), ora para outro (Legislativo).

A Constituição de 1946, como obra completa e íntegra, entretanto, não teve tão longa duração, se considerarmos que, através da EC 4, instituiu-se o regime parlamentar de governo[10] e, com ele, o início de um período de reformas que passam por várias emendas constitucionais, como a de n. 6, que, por meio de plebiscito, revoga o sistema anterior, retornando o Brasil ao presidencialismo.

12.7 A Constituição de 1967 e a Emenda Constitucional n. 1, de 1969

A partir do golpe militar de 1964, como é sabido, profundas modificações foram introduzidas na ordem constitucional brasileira, que viriam a durar cerca de 20 anos, até o início da abertura democrática que culmina seu processo em 1988. Manchada novamente a democracia brasileira por sucessivas edições de atos institucionais, o período é muito rico em centralização, desmandos de toda ordem, violações a direitos e às prerrogativas do Estado de Direito, mas em nada contribuiu para o aperfeiçoamento das instituições democráticas brasileiras, como, de resto, nenhuma ditadura poderia lograr.

Enfeixando todos os poderes, novamente o Governo Federal altera e atropela a ordem constitucional, tal como ocorrera no passado, impedindo e sufocando a livre manifestação das forças sociais, que somente é libertada anos depois.

O período em tela, como, aliás, sempre ocorre nas ditaduras – tal como ocorreu em 1937 –, é pródigo na edição de atos excepcionais,

---

10. A Emenda Constitucional n. 4/1961, que adotou o parlamentarismo, consagrou a delegação legislativa e a categoria de lei complementar. Posteriormente, o Ato Institucional n. 1/1964 estabeleceu em caráter provisório, até 1966, o direito de iniciativa do Executivo para realizar reforma constitucional, fixando prazo para sua tramitação no Congresso e, ainda, estabelecendo limite de tempo para deliberação dos projetos presidenciais pelo Legislativo, os quais, lamentavelmente, seriam considerados aprovados pelo esgotamento do prazo. Por fim, previa-se, infelizmente, também a inclusão dos projetos de criação ou de aumento de despesas quando da iniciativa privativa do Presidente da República, ficando proibidas emendas que elevassem as despesas propostas.

supressão de *direitos fundamentais*, estrangulamento da representação popular, cassação de partidos e políticos, em nada contribuindo, evidentemente, para o aperfeiçoamento das instituições democráticas ou culturais. Ao contrário, o período histórico de exceção foi exatamente marcado pela centralização do Poder Executivo. Apesar da consagração formal do princípio da separação de poderes e da indelegabilidade, a Constituição de 1967 abrandou essa proibição conforme previsão de seu art. 6º que dispunha "ser vedado a qualquer dos poderes delegar atribuições, menos nos casos excepcionados pela própria Constituição".

Exemplo eloqüente encontramos no art. 83, parágrafo único, da Carta, que permitia ao Presidente da República delegar aos Ministros de Estado, em certos casos, algumas das atribuições de sua competência privativa ou, no art. 55, que cuidou das leis delegadas que poderiam ser elaboradas, nos limites admitidos pelos artigos seguintes, pelo Presidente da República, Comissão do Congresso Nacional ou de qualquer de suas Casas. Admitia-se, portanto, a delegação externa ou *interna corporis*.

Gradativamente o Poder Executivo foi contemplado com mais e mais competências, distorcendo o pretendido equilíbrio entre os poderes ou funções estatais, subtraindo a função legislativa do Parlamento. Sobre a matéria, doutrina Carlos Ayres Britto,[11] em lição sempre atual:

"Efetivamente, não é difícil identificar e classificar um conjunto de normas constitucionais que elevam o Poder Executivo a uma posição de supremacia, em relação aos demais Órgãos estruturais da União, particularmente o Poder Legislativo. Ou seja, há um tratamento jurídico nitidamente discriminatório, quando se cuida de outorgar competências aos dois Poderes eminentemente políticos do Estado – Executivo e Legislativo – que leva à sucumbência de princípios constitucionais anteriormente declarados no lastro formal da Lei Maior, além de sedimentados na mais remansosa doutrina constitucionalista. Aspecto, aliás, que faz dos critérios constitucionais uma mal bordada colcha de retalhos, porque lhe tira aquele mínimo de coerência e unidade que se há de exigir de um estatuto político fundamental.

11 Britto, 1980(55-56):63 e 65.

"(...).

"Com essas assertivas, não se pretende aqui revitalizar caducos esquemas do liberalismo político da passada centúria, enfraquecendo o Executivo e instalando a ditadura do Legislativo. Mas, induvidosamente, não se serve à causa da democracia e do direito, com o absenteísmo do Poder Legislativo e a hipertrofia do Executivo, mormente quando se sabe que este é o único Poder que detém os recursos do erário e da força policial-militar, que são, só por si, poderosos fatores de desequilíbrio competencial".

É também exatamente nesse período – não sem razão – que proliferam delegações tácitas, implícitas, consentidas, ou outro nome que se lhe dê, "responsável pela transformação de órgãos administrativos em poderosos centros de produção legislativa, como o Banco Central, o Ministério da Fazenda e o Conselho Nacional do Petróleo, a *normatizar permanentemente* sobre atos e fatos que alteram, profundamente, a vida do País, e de cada um dos seus habitantes"[12] (grifos nossos).

A partir da eleição de Tancredo Neves à Presidência da República, ainda pela via indireta, iniciava-se com maior vigor o caminho para a redemocratização do País, coroando o movimento com a convocação da Assembléia Constituinte, em 1985.

12.8 A Constituição de 1988

Rompendo o período de autoritarismo, chegamos ao ano de 1988, e com ele à "Constituição cidadã", de grande valor simbólico, ao lado do jurídico. Ela foi, segundo Luís Roberto Barroso,[13] o ponto culminante do processo de restauração do Estado Democrático de Direito e da superação de uma perspectiva autoritária, onisciente e não pluralista de exercício de poder, timbrada pela intolerância e na violência. Ainda suas palavras: "No plano institucional, o exercício autoritário do poder desprestigiou e enfraqueceu os órgãos de representação política e afastou da vida pública as vocações de toda uma geração. O processo de amadurecimento democrático, da consciência política e

---

12. Britto, 1980(55-56):64.
13. Barroso, 2001:10 e ss.

da prática da cidadania ficou truncado. Agravou-se, ainda, pelo fisiologismo e clientelismo – que não podiam ser denunciados nem combatidos à luz do dia – a atávica superposição entre o público e o privado, com as perversões que a acompanhavam: favorecimentos, nepotismo, corrupção e descompromisso com a eficiência".

É ainda o autor que louva a redução do desequilíbrio entre os Poderes da República, que no período militar haviam sofrido o abalo da hipertrofia do Poder Executivo, inclusive com a retirada de garantias e atribuições do Legislativo e do Judiciário, com a restauração das prerrogativas do Poder Judiciário, assim como com a ampliação das competências do Legislativo.

Entretanto, o tempo encarregou-se de demonstrar que as *medidas provisórias*[14] não tiveram o condão de frear o ímpeto do Poder Executivo que usou e abusou da Constituição, desrespeitando-a sistematicamente. De instrumento normativo excepcional passou a expediente ordinário e corriqueiro nas mãos solitárias do Chefe do Executivo, que sistematicamente as editou, divorciadas de seus pressupostos ou requisitos de "relevância e urgência", em toda e qualquer matéria, como um verdadeiro salvo-conduto a regular toda e qualquer província do direito.

Seguiu-se, de 1988 até nossos dias, uma série de reformas constitucionais, as quais não importa considerar no momento, ao menos não para o desenvolvimento dessa parte de nosso trabalho, a não ser fazer expressa referência a uma delas: a denominada *privatização*. Iniciada com a edição da Lei n. 8.031, de 12.4.1990,[15] ela essencialmente se relaciona com o que pretendemos desenvolver, à medida que com o programa de "desestatização", entre outros aspectos, realiza-se a concessão de serviços públicos a empresas privadas. E, nesse movimen-

14. No passado tivemos a oportunidade de dissertar sobre o tema condenando a edição de medidas provisórias divorciada de seus pressupostos: "raciocinar em sentido inverso é converter o 'legislador' excepcional em ordinário; é contrariar a natureza democrática e popular da Constituição; é violar o regular processo legislativo" (Marcelo Figueiredo, 1991a:26).

15. Essa lei deu origem, posteriormente, a diversas emendas à Constituição, como as de n. 5, 6, 7, 8 e 9, assim como às Leis n. 8.884/1994, 8.987/1995, 9.074/1995, 9.427/1996, 9.472/1997, 9.478/1997, todas alterando profundamente os modelos jurídicos até então existentes em diversos setores e domínios da atividade econômica (energia, petróleo, telecomunicações, portos, defesa da concorrência, concessões etc.).

to, criam-se *agências reguladoras* e, com elas, todo um novo aparato ou modelo normativo, que acaba influindo e alterando, decisivamente, a mecânica e dinâmica dos poderes ou funções estatais.

Mais do que saber o que são e examinar a compostura legal dessa ou daquela agência, interessa-nos focá-las sob a *perspectiva constitucional* e trazer à baila os eventuais problemas e questionamentos jurídicos ínsitos à sua concepção, ao seu funcionamento no sistema constitucional brasileiro.

Por essa razão justificamos a breve exposição de toda a história constitucional brasileira e seus principais aspectos, movimentos, concepções, períodos, tendências, para termos em mente como evoluiu a sociedade brasileira e suas normas, quais suas dificuldades, suas peculiaridades, suas influências e sua história, a fim de procurar não repetir os erros do passado e caminharmos, o quanto for possível, mais conscientes na procura da segurança jurídica, respeitando nossa tradição e nossos avanços.

Parece ser significativo observar, durante toda a trajetória do direito constitucional brasileiro, que os períodos marcados pela existência da *primazia do Poder Executivo* nos vários matizes de sua manifestação, inclusive normativa, são aqueles mais condenados pela história, quando as liberdades públicas, os direitos fundamentais, o indivíduo ou a sociedade mais estiveram alijados do processo político de seu tempo.

Capítulo 13
O PRINCÍPIO DA LEGALIDADE
E A ADMINISTRAÇÃO PÚBLICA

A preocupação em razão do uso sistemático e massificado do poder normativo pela Administração, ou do Poder Executivo, no mundo contemporâneo, afeta gravemente a vida social e o desenvolvimento humano. Por isso, a doutrina vem observando o fenômeno com muita cautela, alertando sobre os perigos existentes nessa tendência mundial de modo a encontrar barreiras e controles nessa atuação. A jurisdição[1] tem relevante papel a cumprir nesse contexto.

Como vimos, o *princípio da legalidade*, nos vários ordenamentos, a despeito de suas diferenças, cumpre um papel essencial.[2] Apresenta-se como fundamento hierárquico em face dos atos normativos

---

1. Enterría (1998) chama a atenção para o perigo da atividade normativa descontrolada da Administração Pública, marca de nosso tempo, que afeta o desenvolvimento humano, poder mortífero e, não obstante, já trivial, que não pode ficar ao largo dos poderes fiscalizatórios do poder judicial, peça central em todo sistema jurídico.
2. Segundo Sérvulo Correia há "polissemia do princípio da legalidade, que assume conteúdos diferentes (embora relacionados) consoante os setores do Ordenamento Jurídico a que preside" (1987:17). "Na Administração e na atividade administrativa corresponde à exigência de que os atos da Administração encontrem o seu fundamento justificativo numa norma jurídica precedente ou, ao menos, que não contrariem os comandos emitidos sob tal forma" (1987:17) "Legalidade Administrativa pode significar, em primeiro lugar, que os actos da Administração não devem contrariar as normas legais que se lhes aplicam (princípio da *precedência de lei*, ou da *preferência de lei*, ou da *compatibilidade*, ou, ainda, da *não contradição*. Entende-se também por *legalidade administrativa* a exigência de que a prática de um acto pela Administração corresponda à sua previsão em lei vigente (princípio da *reserva de lei* ou da *conformidade*)" (1987:18).

secundários, como o regulamento, servindo como parâmetro de controle e de confronto dos atos normativos.

Pouco importa no momento a distinção antiga e ainda presente em vários ordenamentos entre o *princípio da primazia* (ou prevalência ou supremacia) da lei e o *princípio da reserva legal*. Pelo primeiro, os atos da Administração não podem contrariar as leis. Pelo segundo os atos têm de se basear ou fundar em leis.

A formulação contida na distinção entre *primazia da lei* e *reserva legal*, embora tenha sido um avanço inegável na busca de parâmetros seguros à ação do administrador, do Executivo, não resolveu inteiramente o problema a que se propôs.

Isto porque, quando há alusão à primazia legal, ainda não há consenso acerca do conteúdo da expressão *lei*; do mesmo modo não se sabe a extensão e o veículo da *reserva legal*. Bastaria para cumprir a regra da reserva legal, nos Estados que adotam a distinção, a previsão genérica contida em lei ordinária autorizando a atuação normativa da Administração? As autorizações legais têm de ser específicas ou abrangentes?

Acresce ainda lembrar que o desprestígio, já anotado anteriormente, do Parlamento e, portanto, também da lei, na passagem do século XIX para o século XX, agravado pela complexidade das demandas sociais, bem assim, do próprio Estado, fez com que florescessem doutrinas e teorias que acabaram por forjar uma nova concepção do *princípio da legalidade*.

Passou-se assim a considerá-lo, juntamente com a lei, como uma formulação genérica, como um conjunto de regras de direito que limitam a ação administrativa. Nota-se que a formulação contida na expressão *regras de direito* de certa forma suprime ou comprime a concepção original da *lei* como ato normativo advindo necessariamente do Parlamento, aquele modelo a que aludimos anteriormente.

A passagem do princípio da legalidade no sentido clássico, por assim dizer, para o sentido contemporâneo, que alude ao "bloco da legalidade", passa a compreender o conjunto das *regras de direito* que limitam a ação e a conduta da Administração. No mesmo movimento, aperfeiçoam-se as Constituições programáticas, a doutrina dos *princípios* enquanto normas jurídicas aptas a balizar a vida dos destinatários, da comunidade e, sobretudo, da própria Administração, do próprio Estado.

A aparente lógica da substituição[3] parece perfeita. Para que necessitaríamos do "velho" princípio da legalidade e da supremacia do Parlamento quando agora desenvolvemos um modelo constitucional compreensivo, que regula quase todos os domínios e setores da vida nacional, com normas de várias densidades, inclusive principiológicas que teriam o condão *de por si* só limitar e controlar a ação administrativa do Estado? Criamos a noção do "bloco de constitucionalidade" ou, de outro modo, a *legalidade* passou a ser incorporada, de alguma forma, na própria Constituição.

O fenômeno não passou despercebido a Lúcia Valle Figueiredo,[4] que ensina:

"Todavia, assinale-se, como reiteradamente já referimos: entenda-se por legalidade a *conformidade com a lei e a estrita compatibilidade com os princípios constitucionais* da função administrativa e com os vetores constitucionais.

"(...).

"Bachoff, em seus *Jueces y Constitución*, afirma: '(...). O controle da legalidade da Administração significa hoje, ao mesmo tempo, controle da constitucionalidade da Administração; significa que também se controla a Administração sobre o cumprimento do sistema de valores da Constituição (...)" (grifos nossos).

Note-se, não estamos a defender qualquer substituição do princípio. Apenas chamamos a atenção para o fenômeno, procurando compreendê-lo. Concordamos, no entanto, com Lúcia Valle Figueiredo quando ela postula a necessidade da conformidade com a lei e com os princípios.[5] Entretanto, somos obrigados a especular nesse sentido –

---

3. Não houve, no direito positivo brasileiro, a rigor, substituição alguma. O problema reside na ineficácia e no desrespeito às normas constitucionais e legais. O princípio da legalidade está presente nos dois planos. No constitucional e no infraconstitucional. O que pretendemos encarecer é exatamente o enfraquecimento do segundo plano ao argumento de que, com a previsão de princípios e garantias constitucionais, a Administração Pública já estaria plenamente controlada pelos princípios, inclusive o da legalidade, de natureza constitucional.
4. Lúcia Valle Figueiredo, 2004:170.
5. Nunca é demais deixar de recordar. O domínio da lei, no Brasil, continua a existir. Somente a lei pode atribuir competência à Administração para que esta possa atuar no mundo jurídico. Está reservada à lei a atribuição dos poderes necessários para que a Administração possa agir. A atuação, o agir da Administração, implica, necessariamente, atribuição legal de poderes e competências expressas e demarcadas.

da substituição do legislador –, ocorrência consciente ou inconsciente da civilização contemporânea.

Significativo ainda lembrar que na Europa, em várias Constituições, passou-se a aludir ao *princípio da juridicidade*, ou princípio da submissão da Administração ao direito, e não mais, exclusivamente, à *lei*. Com isso, corre-se o risco, creio, de desprestigiar, paulatinamente, as conquistas obtidas ao longo do tempo, todas creditadas à história do Parlamento e do constitucionalismo, movimento rico que se confunde com a própria história do direito constitucional moderno, desequilibrando ou redirecionando, em tese, a harmonia e o concerto entre os poderes e funções estatais.

Podemos ainda afirmar, em uma diversa tentativa de explicação do fenômeno, dizer que não foi propriamente a lei ou o princípio da legalidade que sofreu desgaste ao longo do tempo, mas, ao contrário, que seu sentido foi ampliado ou desmistificado ao ponto de compreendê-la no contexto das regras jurídicas. Afinal, a lei é *apenas uma espécie* de ato normativo, legislativo e não compreende todo o direito.

Sem dúvida essa constatação, óbvia aliás, não resolve ou diminui o problema da insegurança jurídica dos administrados, dos jurisdicionados. Ao levar às últimas conseqüências essa tendência, como parece ser a realidade contemporânea, todo e qualquer ato jurídico *autorizado por uma lei*, ainda que vagamente, poderia, em tese, criar direitos, obrigações, deveres jurídicos. Daí a entender-se possível a criação de direitos, obrigações com base em atos normativos da Administração, *diretamente*, sem maiores cautelas ou sustentáculos jurídicos em norma apta a validar esses comportamentos, foi um passo relativamente simples.

Parece que essa tendência generalizada passou a ser a realidade no Brasil contemporâneo com o fenômeno das agências reguladoras e seu poder normativo. Muito embora não se diga claramente, ou pior, negue-se que estas estariam a "legislar", a inovar originariamente a ordem jurídica, na prática, parece ser esta a realidade, embora encoberta de teorizações nem sempre confiáveis e justificáveis perante a ciência do direito ou o direito positivo, fenômeno que estamos a investigar.

Aliás, seria rematado absurdo pretender comprimir ou desprestigiar o papel da lei e do legislador no cenário constitucional brasileiro, quando a própria Constituição Federal, entre outros importantes aspectos, prevê, em seu art. 60, no que acabou por ficar conhecido como cláusulas pétreas (núcleo duro), cláusulas de *máxima rigidez*,[6] que protege, entre outros valores, *os direitos e garantias individuais* e *a separação dos Poderes*.

É dizer, se o indivíduo, o cidadão brasileiro, encontra-se protegido e imune do próprio legislador constituinte derivado, eis que o constituinte originário resolveu alçar à proteção jurídica máxima os *direitos e garantias individuais* e a *separação dos Poderes*. Isso se fez com uma finalidade – não diminuir o plexo de garantias do constitucionalismo, do Estado Democrático de Direito. Assim, qualquer medida do Estado que implique *restrição, diminuição* ou *alteração negativa das garantias do indivíduo* estará vedada expressamente pelo texto e contexto constitucional.

Desse modo, em linha de princípio, já assentamos posição no sentido de que direitos e garantias que atinjam o indivíduo no Estado Democrático de Direito não podem passar ao largo do debate democrático, *da decisão política fundamental*, que ainda encontra no legislador seu representante máximo. É dizer, o cidadão brasileiro, o indivíduo, dispõe de *direito subjetivo público* a ter suas condutas e ações previamente debatidas e previstas *em abstrato* pelos poderes instituídos nos limites e nas disposições constitucionais.[7]

Forçoso concluir com o constitucionalista Luís Roberto Barroso:[8] "A Constituição de 1988, reduziu o desequilíbrio entre os Poderes da

---

6. Também chamadas "cerne fixo" da Constituição por alguns doutrinadores.
7. Forçoso concordar nesse passo com o diagnóstico de Rawls, para quem os governos constitucionais não têm cumprido seu papel primordial de assegurar o eqüitativo valor da liberdade política: "Os necessários passos coercitivos não foram dados, na verdade, nunca parecem ter sido considerados seriamente. As disparidades na distribuição de propriedade e renda (...). Os recursos públicos não foram devotados à manutenção das instituições requeridas (...). O sufrágio universal é um insuficiente contrapeso, pois, quando os partidos e as eleições forem financiados, não por fundos públicos e sim por contribuição privada, o *forum* político será coagido pelos desejos dos interesses dominantes, de modo que as medidas básicas, necessárias para estabelecer a regra constitucional justa, raramente se apresentam condignamente. Este desvirtuamento das intenções de implementar-se as condições materiais da justiça social neutraliza o papel do cidadão e provoca a 'despolitização da legitimidade'" (*apud* Maria Elizabeth Guimarães Teixeira, Rocha, 2002:410).
8. Barroso, 2001:293-294.

República, que no período militar haviam sofrido o abalo da hipertrofia do Poder Executivo, inclusive com a retirada das garantias e atribuições do Legislativo e do Judiciário. A nova ordem, restaura e, em verdade, fortalece a autonomia e a independência do Judiciário, assim como amplia as competências do Legislativo. Nada obstante, a Carta de 1988 manteve a capacidade legislativa do Executivo, não mais através do estigmatizado decreto-lei, mas por meio de medidas provisórias, importadas do regime italiano, onde o sistema parlamentar de governo dá maior lastro de legitimidade ao instituto. Embora se tenha operado em todo o mundo, em maior ou menor intensidade, *o esvaziamento da capacidade legislativa originária do Congresso ou do Parlamento*, o fato é que a redação do texto constitucional e a timidez do Legislativo e do Judiciário deram ensejo ao *abuso* da utilização de instrumento que, nascido para acudir a situações excepcionais – de 'relevância e urgência', como prevê o artigo 62 –, passou a integrar a rotina do processo de edição de normas jurídicas" (grifos nossos).

Por outro lado, não nos impressionamos ou deixamos seduzir até o momento com o frágil e, reconheça-se, já antigo argumento metajurídico (porque, entre outros aspectos, não responde ao teste ou padrão de *validade*, critério da experiência jurídica), segundo o qual a complexidade da sociedade contemporânea estaria a exigir novos desenhos ou modelos jurídicos mais ágeis a conferir ao Estado, ao Poder Executivo ou a seus delegados normas em branco, cheques normativos em branco para o atuar, o agir. Não compreendemos a afirmação deslocada do contexto jurídico, da experiência jurídica.

O argumento, além de não resistir ao teste de constitucionalidade, é ademais falacioso, porque não tem sentido no modelo da experiência jurídica, no sistema jurídico, pois compara mundos e realidades incomparáveis. Confunde o mundo do ser com o do dever-ser, tão bem explicados por Hans Kelsen. A complexidade universal ou técnica da sociedade não tem o condão de, por si só, alterar o direito constitucional positivo, automaticamente, como que por inércia ou absorção.

É a sociedade e os homens capazes, autorizados pelo sistema, que devem alterar a realidade através das normas jurídicas. É através do direito, e somente por ele, que encontramos os mecanismos capazes de alterar a realidade jurídica. São as normas jurídicas que criam *formalmente* a "nova" realidade jurídica, e não o contrário.

Não podemos nem devemos justificar violações ao ordenamento jurídico, condutas antijurídicas e contrárias ao direito ao argumento de alteração ou de complexidade social.[9] O direito é, nesse sentido, *conservador*, porque busca a segurança de regras *preestabelecidas*.[10]

O atuar, o agir, o exigir, o obrigar administrativo sem controles demarcados em norma jurídica democrática, constitucional, não se afina aos padrões do Estado Democrático de Direito.[11]

Desse modo, cumpre verificar quais são as possibilidades jurídicas conferidas no atual ordenamento constitucional para a ação da Administração, para o seu *poder normativo ou "regulador"* – se é que a figura de fato pode ser existente, válida, perante a ordem constitucional brasileira – e o que devemos entender por *poder normativo, poder regulador* no contexto constitucional *e quais os seus limites jurídicos*.

---

9. Advertimos o leitor que não estamos afirmando que o direito não deva refletir a realidade e não deva ser importante instrumento de transformação social. Apenas desejamos chamar a atenção para a noção corrente e *totalmente descompromissada* de que o direito constitucional deva simplesmente vergar-se à vontade da tecnologia, da tecnocracia, da burocracia e do mercado, verdadeiros deuses contemporâneos.

10. Nesse contexto revela-se a importância da *interpretação jurídica* como um mecanismo aberto de constante transformação e adaptação do direito à realidade, embora marcada por limites e barreiras que se encontram no próprio ordenamento jurídico, com suas normas e princípios.

11. Não negamos que o direito deva acompanhar a evolução social, mas não acreditamos que qualquer movimento social, ainda que denso possa, por si só, ter o condão de violar a ordem jurídica, ou pretender alterá-la ou, o que é ainda pior, sacrificá-la. Com isso não negamos o caráter dinâmico da interpretação constitucional ou da mutação constitucional; entretanto, ambas são limitadas e não têm o condão de caminhar em direção oposta aos princípios constitucionais e seus valores.

Capítulo 14
O PODER EXECUTIVO
E SUAS MANIFESTAÇÕES JURÍDICAS

As atribuições e o papel do Poder Executivo variam de acordo com o modelo constitucional adotado. Anota, com acerto, a doutrina constitucional comparada,[1] em sua acepção mais restrita, o termo "governo" indica o conjunto de altos funcionários (também chamados Ministros) colocados no vértice do Poder Executivo e normalmente à frente de diversos departamentos ministeriais ou Ministérios.

De outra parte, as várias *formas de governo democráticas* apresentam-se diferenciadas. Aparece o sistema presidencialista, que na sua origem já foi chamado de "monarquia eletiva", diante da figura central do Presidente da República que traça a *orientação política geral* do Estado; e o sistema parlamentarista, ou formas parlamentaristas de governo, onde o Governo é constituído também por Ministros oriundos da maioria parlamentar. Não é o caso de dissertar sobre as diversas variedades desse ou daquele sistema.

No Brasil, desde a adoção da República, firmou-se o sistema presidencial[2] que, pode-se dizer, faz parte da tradição constitucional bra-

---

1. Nesse sentido, Paolo Biscaretti Di Ruffia (1982:454 e ss.).
2. Raul Pila na sessão da Câmara dos Deputados, celebrada a 7 de maio de 1959, proferiu as seguintes palavras: "O que temos realmente no País é a ditadura do Presidente da República. Ditadura constitucional, sem embargo das freqüentes violações da Constituição. É a pior das ditaduras, justamente porque se escuda na lei. Em face da onipotência presidencial, os demais Poderes da República amesquinham-se, anulam-se. Perdem até o conceito de si mesmos. Em suma, Sr. Presidente, caracteriza-se este sistema pela hipertrofia do Poder Executivo; tal hipertrofia conduz à ditadura mais ou menos acentuada; a ditadura, não admitindo, por si mesma, soluções normais e democráticas, gera fatalmente revoluções".

sileira. A designação *presidencialismo*, anota Geraldo Ataliba,[3] surgiu na doutrina, a partir da observação do regime republicano norte-americano, oposto ao adotada na generalidade dos sistemas europeus, onde o constitucionalismo veio aparecendo sob a forma de monarquias constitucionais, razão histórica suficiente para explicar a adoção do regime parlamentar.

A organização e o funcionamento do Poder Executivo naturalmente varia de país para país. O certo, entretanto, é que o direito constitucional ocupa-se, por meio de suas normas, em traçar o esquema geral de competências e atribuições do Poder Executivo e do Governo de cada Estado porque geralmente se considera necessário dotar seus nacionais de garantias relativas a seu funcionamento, limites e atribuições.

De fato, a muito pouco estaria reduzido o Estado Democrático de Direito e as Constituições se ao menos o *esquema geral dos poderes e das funções elementares do Estado, visando ao almejado equilíbrio de forças* a que aludimos anteriormente, não estivesse *essencialmente* delineado no texto constitucional, deixando à lei a tarefa de distribuir poderes, competências e atribuições.

Não sem razão. Aliás, o constituinte de 1988, ao lado do tradicional capítulo alusivo ao Poder Executivo, dedica todo um capítulo à Administração Pública e suas regras fundamentais.

Dissertar analiticamente sobre o funções do Poder Executivo nesse ou naquele País seria desnecessário para os nossos objetivos. Ademais, o Poder Executivo deve ser dimensionado no sistema analisado. Pouca utilidade haveria em confrontar outros sistemas de direito positivo a não ser para sacarmos tendências ou características gerais, jamais particulares.

Registramos que nossa preocupação central está em destacar as *funções legislativas do Poder Executivo* e seus temas correlatos. Antes, porém, cumpre entender que a figura central de produção normativa no mundo contemporâneo continua a ser o *Estado*. É ele o centro e a origem de competência normativa. Não isolado, nem desacompanhado de outros entes públicos ou auxiliares que, mediante poderes atribuídos por norma jurídica hábil, recebam de um sujeito determinado

3. Ataliba, 1985:26

(distinto do próprio Estado, mas sua criatura) competências de emanar normas jurídicas no ordenamento estatal.[4]

Mas efetivamente, desses poderes ou competências atribuídas a terceiros, auxiliares do Estado, integrantes ou não da máquina estatal, somente podem emanar o que se convencionou denominar de *normas secundárias*, jamais *primárias*. A razão é evidente, o Estado continua a deter o monopólio da produção legislativa que confere fundamento de validade a toda produção normativa secundária.[5]

Deveras, a liberdade dos indivíduos correria sérios riscos se o ordenamento jurídico não *limitasse* claramente o campo de atuação das normas jurídicas *secundárias* emanadas por autoridades do Poder Executivo ou quem lhe faça as vezes. A história constitucional demonstra a utilização abusiva de poderes excepcionais tanto do próprio Executivo – *v.g.*, através de regulamentos –, como de entidades colaboradoras daquele órgão do Estado. Fosse possível ao Executivo ou ao governo, ordinariamente, modificar ou derrogar normas constitucionais ou primárias, estaria ruído todo o edifício constitucional e suas garantias.[6]

A exceção confirma a regra. O exercício de "função legislativa" nas Constituições contemporâneas pode ser delegado ao governo, ao Executivo, mas unicamente mediante definição precisa, com critérios diretivos objetivos, por tempo limitado e com objetos bem definidos.

---

4. V. Guido Zanobini (1951).
5. É também verdadeira a constatação de que o fenômeno das "administrações autônomas" e de certo modo, das "administrações independentes" abala a assertiva. Mas a elas retornaremos em outra oportunidade. Apenas queremos desde logo afirmar que esse movimento não pode servir de pretexto para abandonarmos a experiência histórica do homem ao controlar o poder, venha ele do Estado ou de organizações públicas, paraestatais ou "independentes", pouco importa.
6. Sobre o tema consultar Vital Moreira, que distingue os regulamentos dos organismos autônomos, em Portugal, dos regulamentos do Governo e dos demais órgãos da Administração direta ou indireta do Estado. Enquanto os regulamentos governamentais são meros instrumentos secundários de desenvolvimento e aplicação das leis, os regulamentos autônomos são expressão de "autodeterminação" na realização de interesses próprios, uma espécie de "autolegislação" democraticamente legitimada, mas necessariamente limitada quanto ao objeto (que há de caber dentro das funções do ente público emitente) e quanto aos seus destinatários (que, em princípio, se hão de limitar ao círculo dos interessados que são titulares da administração autônoma) (cf. Moreira, 1997:182). Trataremos dos conceitos de Administração "autônoma" e "independente" mais adiante, quando compararmos o fenômeno com as agências reguladoras, trazendo à colação novamente esse renomado autor português.

Assim, procurando uma classificação ainda que rudimentar, diríamos que em termos hierárquicos temos: a) normas superprimárias; b) normas primárias; c) normas secundárias.

Pouco importa o modelo desse ou daquele Estado ou seu sistema de governo. Sendo o Estado dotado de uma Constituição rígida e de um esquema elementar de separação de poderes, na tradição constitucional clássica, haverá de respeitar essa classificação hierárquica que organiza e dá fundamento de *validade* e *unidade* ao sistema jurídico.

Convencionou-se, outrossim, distinguir a produção dessas normas jurídicas acima classificadas em:

a) normas superprimárias – são as normas constitucionais;

b) normas primárias – leis editadas pelo Poder Legislativo, leis delegadas e atos normativos do Parlamento;

c) normas secundárias – regulamentos, categoria genérica, ou decretos.

Observe-se que tanto a terminologia como as categorias dessas normas e seu centro de produção poderão variar de acordo com o sistema e a estrutura governativa desse ou daquele Estado.

Assim, por exemplo, podemos aludir à França, onde encontramos a tradicional distinção de domínios normativos. O art. 34 da Constituição francesa enumera as matérias reservadas à lei, deixando um campo residual para o *regulamento autônomo*. Na Itália, paralelamente aos atos governamentais com força de lei, por delegação legislativa existem os *decretos-leis*, previstos no art. 77 de sua Constituição, que podem ser editados diante de circunstâncias extraordinárias de necessidade e urgência.

Na Argentina, para darmos um exemplo latino-americano, quando circunstâncias excepcionais tornarem impossível seguir os trâmites ordinários, previstos para a sanção das leis, foi outorgado ao Presidente da Nação a faculdade de ditar *decretos* por motivos de necessidade e de urgência (art. 99, III, da Constituição argentina). Faz-se exceção a algumas matérias (eleitoral, tributária, penal e sobre o regime dos partidos políticos), bem como é previsto um procedimento posterior que prescreve que o Chefe de Gabinete submeterá tais decretos à consideração da Comissão Bicameral Permanente, mediante um trâmite que estabelecerá o alcance da intervenção do Congresso por meio de uma lei especial.

Também neste país vizinho o Congresso pode delegar competências legislativas ao Presidente (art. 76, da Constituição) sobre determinadas matérias de administração ou de emergência pública, com prazo fixado e dentro das bases da delegação que estabeleça.

O Brasil, ao adotar o regime presidencialista, atribuiu ao Presidente da República a chefia do Estado, a chefia de governo e a chefia da Administração Federal. Como é de amplo conhecimento, a chefia de Estado tem por objetivo a função de representação do País perante a comunidade internacional e a unidade do Estado em âmbito interno. De outra parte, a chefia do governo tem por atribuição *direcionar* o exercício da *Administração Pública* em todas as suas manifestações.[7]

"Executar é administrar. Administrar, dar, conferir o preceituado na lei. A competência do Poder Executivo", segundo lição de Michel Temer,[8] "é disciplinada pela Constituição. Mas o desenvolvimento de sua atividade é infralegal. O art. 84, IV, preceitua competir ao Presidente da República sancionar, promulgar e fazer publicar as leis, expedir decretos e regulamentos (das leis) para sua fiel execução".

A respeito das funções do Presidente da República no Brasil, doutrina Michel Temer:

"O art. 84, IV, segunda parte, prescreve que o Presidente da República expede decretos e regulamentos para fiel execução das leis. Isto significa que há *decretos e regulamentos*. Estes, porém, são veiculados por decretos. Portanto, ao lado dos *decretos regulamentares*, temos os decretos *inominados*, dado que a Constituição somente nominou os regulamentares. O Presidente, nomeando, removendo, demitindo, expede decretos de nomeação, de remoção, de demissão, os quais vão sendo nominados de acordo com seu conteúdo.

"Tema controvertido é o que atina ao *poder regulamentar* que a Constituição confere ao Presidente da República para que estabeleça fórmulas que viabilizem a aplicação da lei. Sua atividade, nesse passo, consiste em tornar operativa a lei, facilitando a sua execução e dispondo normas destinadas à Administração para a boa observância da preceituação legal.

---

7. José Afonso da Silva (2002:144-145) identifica nas atribuições do Presidente da República a Chefia do Estado, a Chefia do Governo e a Chefia da Administração Federal.
8. Temer, 2004:157.

"É faculdade do Chefe do Poder Executivo haurida do Texto Constitucional. Não pode o legislador restringir o exercício desse poder. O conteúdo do regulamento, entretanto, é predeterminado pela lei. Não pode, assim, desbordar dos limites legais, sob pena de imediata ilegalidade e mediata inconstitucionalidade.

"O Executivo, ao regulamentar a lei, não a interpreta. Busca dar-lhe aplicação, simplesmente. Como o regulamento é subordinado à lei, esta não pode delegar competência legislativa ao Executivo para criar direitos e deveres."

Recorde-se ainda que, além dos decretos ordinários a que alude Michel Temer, existem outros; o de estado de defesa (art. 136) e de sítio (arts. 137 a 139) e, ainda, naturalmente, as medidas provisórias, já vistas, atos normativos, "com força de lei", editadas pelo Presidente da República, em caso de relevância e urgência, usadas e abusadas constantemente.

Assim, procurando ser didático, podemos encontrar as seguintes funções do Poder Executivo no Brasil:

a) função administrativa (sentido amplo), consistente em aprimorar mediante atos infralegais, os comandos normativos;

b) função normativa, consistente na edição de medidas provisórias, atos normativos excepcionais, que somente devem ser editados diante de seus pressupostos constitucionais;

c) função regulamentar, consistente na edição de decretos e regulamentos, atos normativos secundários, dependentes da lei.

A respeito da matéria, doutrina Celso Antônio Bandeira de Mello:[9]

"Em face do quanto foi dito, já se pode assinalar e enfatizar que:

"a) Onde não houver espaço para uma atuação administrativa, não haverá cabida para um regulamento. Foi o que Geraldo Ataliba esclareceu luminosamente: 'Só cabe regulamento em matéria que vai ser objeto de ação administrativa ou desta depende. O sistema só requer ou admite regulamento, como instrumento de adaptação ou ordenação do aparelho administrativo, tendo em vista, exatamente, a criação de condições para a fiel execução das leis'.

---

9. Bandeira de Mello, 2004:319-320.

"b) Onde não houver liberdade administrativa alguma a ser exercitada (discricionariedade) – por estar prefigurado na lei o único modo e o único possível comportamento da Administração ante hipóteses igualmente estabelecidas em termos de objetividade absoluta –, não haverá lugar para regulamento que não seja mera repetição da lei ou desdobramento do que nela se disse sinteticamente.

"É esta segunda conclusão que abre passo para uma terceira, a saber: o regulamento executivo, único existente no sistema brasileiro, é um meio de disciplinar a *discrição administrativa*, vale dizer, de regular a liberdade relativa que viceje no interior das balizas legais, quando a Administração esteja posta na contingência de executar a lei que demande ulteriores precisões."

Do quanto se expôs a respeito das atribuições do Poder Executivo no Brasil, poderíamos nos tranqüilizar. Afinal, se *apenas a lei* inova a ordem jurídica, criando direitos e obrigações, enquanto o regulamento não apresenta esse poder jurídico inovador, limitando-se a determinar a forma e o exercício dos direitos ou a realização das obrigações, tudo estaria sob o mais absoluto controle do legislador, cumprido estaria, ao menos formalmente, o esquema teórico do controle recíproco entre os "poderes" entre as funções estatais. Em caso de excepcionalidade, não é privado o Executivo de editar atos normativos sob condição, medidas provisórias, que forçosamente passam ao crivo do Legislativo, poder "revisor", evitando arbítrio ou concentração de poderes no Estado Democrático de Direito.

De outra parte, as exceções da edição de ato normativo com força de lei e a possibilidade de delegação legislativa acabam por confirmar a regra de que a inovação, a criação de direitos e obrigações continuam em última instância a exigir lei. É dizer, a existência de controles recíprocos de balanceamento entre as funções estatais, com evidente prevalência da vontade do Legislativo, no contexto constitucional representariam segurança jurídica e evitariam, ao menos em tese, abusos de qualquer órgão estatal ou ente administrativo.

Sucede, entretanto, que os homens são engenhosos e acabam por meios tortuosos construindo teses para burlar o sistema constitucional e seus comandos. Parecem jamais ficar contidos nas competências outorgadas por norma jurídica desejando poderes e atribuições de que não dispõem. Ou noutro dizer, nem sempre respeitam a ordem estabelecida e desafiam-na pretendendo alterá-la, seja em razão de circunstâncias históricas ou ideológicas, o que explicaria, por exemplo, a ruptura de uma ordem estabelecida por outra, através de processo revolucionário, jamais previsto ou tolerado pelo próprio Direito, seja diante de circunstâncias políticas ou de poder. Em ambas as hipóteses, o processo poderá evidentemente ser regular ou irregular, legitimado por uma *nova ordem jurídica*, ou, ao contrário, *ser julgado inconstitucional*.

É exatamente nesse terreno que vislumbramos os maiores abusos que o direito constitucional brasileiro tem sofrido ao longo dos anos, quer diante da concentração excessiva de poderes no Poder Executivo, quer diante da delegação aberta e irresponsável conferida pelo Legislativo ao Poder Executivo; ou, também, diante de atentados à reserva legal ou por intermédio de uma delegação "travestida", que acaba conferindo poderes ao Executivo, sem limites preestabelecidos; ou, finalmente, mediante o "simples" abuso da delegação pelo Executivo que, a pretexto de implementá-la, confere a si mesmo poderes e competências que a lei jamais lhe atribuiu.

A questão é tormentosa e não é privilégio brasileiro, como passaremos a examinar oportunamente. O que nos preocupa, desde logo, é exatamente essa tendência de ver, por exemplo, no poder normativo do Executivo, um novo desenho, uma nova competência, que estaria a conferir poderes hauridos diretamente do texto da Constituição ao Poder Executivo e seus agentes para criar *ex novo*, originariamente, direitos e obrigações, mesmo que ausente lei infraconstitucional a disciplinar a hipótese. Haveria sustentação jurídica nessa construção? Ou, ainda, seria legítima e constitucional a passagem de poderes e competência a outras entidades "autônomas", não integrantes da estrutura da Administração Pública? Com que fundamento e em que limites?

A primeira hipótese, *v.g.*, já ocorreu, tendo inclusive sido apreciada pelo Supremo Tribunal Federal ao analisar o alcance do art. 237 da Constituição Federal.[10] Ao julgar o RE 203.954-CE, relator o Sr. Ministro Ilmar Galvão, transparece a tendência do STF no sentido de

---

10. "Art. 237. A fiscalização e o controle sobre o comércio exterior, essenciais à defesa dos interesses fazendários nacionais, serão exercidos pelo Ministério da Fazenda."

entender autorizado, sem legislação intercalar, às autoridades fazendárias estabelecer proibição ou obrigação de não fazer. Na ocasião, questionou-se a legitimidade constitucional da Portaria DECEX n. 8/91, que ordenou a suspensão das importações de bens de consumo usados.

O tema aparece mais nitidamente no voto do Ministro Celso de Mello: "sustenta-se que a natureza *meramente administrativa* da Portaria Decex n. 8/91 (art. 27) tornaria juridicamente insubsistente a norma vedatória da importação de bens de consumo usados, pois a atividade do Poder Público está *rigidamente* sujeita ao postulado constitucional da legalidade estrita. Não questiono, em seus aspectos essenciais, a procedência dessa afirmação, pois, como sabemos, a atividade administrativa traduz ação necessariamente subordinada aos modelos legais instituídos pelo ordenamento positivo. Na realidade, os entes e órgãos da Administração *só* podem agir *ex lege*, não *ex voluntate*. Isto significa que o Estado *somente* pode agir mediante prévia autorização legislativa" (grifos nossos). Entretanto, mais adiante conclui que a portaria em foco teria extraído sua autoridade e sua eficácia diretamente *da própria Constituição* (art. 237) e que a norma em foco teria *atenuado o rigor do postulado da reserva de lei*, ensejando ao Poder Executivo da União, em caráter meramente extraordinário, o exercício imediato de prerrogativas jurídicas inerentes à fiscalização e ao controle sobre o comércio exterior.

Não compartilhamos do entendimento do Supremo Tribunal Federal nesta hipótese concreta. Acreditamos que a tese do Tribunal homologa a possibilidade de *poder normativo autônomo do Poder Executivo*, ausente, inclusive, qualquer abertura constitucional nesse sentido. *Data venia*, nada autoriza, em face do art. 237 da Constituição Federal, essa leitura do dispositivo constitucional.

O reconhecimento desse poder – ainda que fundado em autorização constitucional que não vislumbramos – levaria também a reconhecer poderes normativos autônomos a órgãos isolados, departamentos ou Ministérios, concepção que violenta o princípio da reserva legal (legalidade), garantia dos administrados. Como não aceitamos a existência de regulamentos autônomos no direito constitucional brasileiro, a hipótese seria incompreensível, ilógica, e, portanto, inválida.

Não reconhecendo, finalmente, a existência sequer de autorização legal ou delegação legislativa (sentido amplo) é impossível sufragar esse entendimento. É dizer, em tese, somente poderíamos admitir a legitimidade de ato administrativo (portaria) estabelecendo as restrições em foco, diante de autorização legal ou delegação autorizada ao ente ou autoridade administrativa determinada, mediante critérios claros e bem definidos.

O tema nos leva, fatalmente, às agências reguladoras e seus principais aspectos relacionados à produção normativa e seus limites. Nele, acreditamos poder desenvolver as principais dificuldades existentes na temática em confronto com a teoria constitucional.

Capítulo 15
A NECESSÁRIA CORRELAÇÃO ENTRE O DIREITO CONSTITUCIONAL E O DIREITO ADMINISTRATIVO E SEUS ÓRGÃOS

Antes de enfrentar o tema das agências e de seus principais aspectos, acreditamos ser oportuna uma palavra a propósito da noção da Administração Pública no Estado Democrático de Direito. É dizer, poucos estudos existem que considerem a evidência de que o direito administrativo e suas normas devam estar de algum modo vinculados ao direito constitucional, à Constituição.

Embora a afirmação possa soar evidente, não entendemos possa ser considerada supérflua. Muito ao contrário, a ausência desse forte compromisso entre direito constitucional e administrativo tem levado a teorizações carentes de base científica ou de fundamentação no direito constitucional positivo. É o que pretendemos demonstrar.

Ao tratarmos anteriormente do princípio da legalidade vimos que no início ele foi entendido de modo rígido, pois correspondia à concepção do "poder" administrador do Executivo; por isso mesmo, a Administração Pública como "executora", de modo que a ação administrativa deveria estar, ampla e efetivamente, vinculada pela lei.

Esta concepção, segundo o pensamento de alguns autores, implicava que a Administração Pública não detivesse maior espaço de ação para superar o inconveniente de agir "discricionariamente" ou com "discricionariedade", como, também, que somente o faria em circunstâncias excepcionais ou extraordinárias, o que acabou verdadeiramente ocorrendo no exercício de atividade legislativa anômala.

Para outros, entretanto, a atuação do Poder Executivo, como mero gestor ou executor dos mandatos e comandos legais emanados do Parlamento (Legislativo), afigura-se insuficiente na dinâmica do Estado moderno. Além disso, ao longo do tempo, jamais o Poder Executivo ter-se-ia limitado *apenas* a ser o mero executor da vontade legislativa. Entendemos que não há incompatibilidade entre uma posição e outra. A lei há de representar sim um *limite* para a atividade administrativa em todas as suas manifestações. O princípio da legalidade, a nosso juízo, ainda que evoluído ou revisto, deve continuar a ser *regra de conteúdo e de limite* à ação administrativa.

Ademais, o princípio da legalidade, como já vimos anteriormente, e aqui cabe apenas recordar, não só significa que a Administração não deve infringir a lei (sentido negativo), mas que, também e sobretudo, tem o dever de executá-la – mais do que simplesmente atuar, cumprir ações positivas contidas em princípios e normas jurídicas. Desse modo a atividade administrativa é dirigida à consecução de interesses públicos. Estes, por sua vez, somente podem estar marcados, gizados, delineados na lei, fonte constitutiva da ação administrativa.

A Administração Pública não cria, não inova, não tem a possibilidade de estabelecer atos jurídicos que já não estejam previstos de algum modo em uma norma jurídica anterior; cada interesse público a se realizar deve corresponder a um ato perfeitamente definido, explícita ou implicitamente, em lei anterior.

Por outro lado, forçoso reconhecer a existência de uma relação jurídica direta entre Administração Pública (sentido amplo), constitucionalidade e legalidade, nem sempre respeitada no atuar daquela. Evidentemente, a Administração Pública, seus órgãos e entes *forçosamente* devem dar preferência à Constituição sobre as leis. Daí não se conclua, apressadamente, que a Administração Pública possa, sem cautelas, deixar de aplicar lei que reputa inconstitucional.

No Brasil, como se sabe, não há competência explícita para a Administração Pública questionar ou deixar de aplicar lei que repute inconstitucional – não só porque ausente essa autorização constitucional, como, também, em virtude da competência expressa do Poder Judiciário, único titulado a suspender a eficácia de norma inconstitucional,[1] desde que provocado.

---

1. Sobretudo após 1988, quando o art.103 da Constituição ampliou, e significativamente, o rol dos legitimados para a propositura de ação direta de inconstitucionalidade e de outros mecanismos jurídicos com o mesmo objetivo.

À exaustão enunciamos: a Administração Pública somente pode agir em conformidade com a lei, seguindo rigorosamente as pautas de conduta traçadas pelo legislador ordinário. Não vislumbramos direito da Administração Pública a negar aplicação à lei, sob alegação de inconstitucionalidade *sem amparo em decisão de cunho jurisdicional*.

Também nos parece significativo o argumento segundo o qual se a Constituição, no tema dos direitos e garantias fundamentais, erigiu cláusulas de proteção máxima em face do Estado, proibindo inclusive ao poder constituinte derivado reduzir ou alterá-los, por força do art. 60, § 4º, IV, *não poderá* a Administração Pública, a pretexto de dar-lhe execução ou de interpretar aludidas cláusulas, extrair-lhes significado que reduza a proteção oferecida pela Constituição e pela lei.

É dizer, configura-se *direito subjetivo do indivíduo* o de ter o desenho normativo de seus direitos traçado pelo *legislador ordinário* nos moldes da Constituição Federal. Não pode a Administração Pública editar *qualquer ato administrativo ou normativo*, a pretexto de interpretar ou conferir concreção à norma constitucional, ausente a interposição do legislador intercalar.

Toda e qualquer medida ou norma editada pela Administração Pública ou quem lhe faça as vezes, tendentes a afetar a esfera de direitos e garantias individuais da pessoa humana, depende forçosamente *de uma lei anterior* que delineie o âmbito e extensão dos direitos já afirmados pela Constituição Federal.

O argumento do desgaste da lei ou do Parlamento no mundo contemporâneo não pode servir para acachapar a democracia ou o aperfeiçoamento dos mecanismos de representação política e popular.[2]

Importante ainda recordar que nossa Constituição Federal instituiu o Estado Democrático de Direito, fundado na cidadania e na dignidade da pessoa humana. Ademais, a legitimidade político-democrá-

---

2. Nesse sentido, consulte-se a interessante obra de Maria Elizabeth Guimarães Teixeira Rocha (2002). Com razão, o que afirma Sérvulo Correia: "O exame comparativo dos sistemas constitucionais da Europa ocidental e, designadamente, daqueles que correspondem a Estados com regime administrativo, permite responder sem sombra de dúvida que parlamentos conservam a sua função histórica de supremos guardiões do quadro das liberdades e garantias. É a eles que, em representação do povo, cabe definir, quase sempre em exclusivo e, nos restantes casos, quanto ao fundamental, aquela parte de tal quadro que o legislador constituinte deixa incompleta" (1987:36).

tica da Administração Pública somente pode ser deduzida do próprio povo (soberania popular), que, como se sabe, não está *diretamente* nela representado.

Assim, forçoso concluir que, em nome da democracia política e representativa, a *lei* ainda ocupa papel de destaque no sistema constitucional brasileiro, não por mera opinião desse ou daquele autor, ou por tendência ou modismo, mas porque é a única conclusão possível no sistema constitucional brasileiro. Prevalece sempre a vontade do legislador sobre a vontade do Executivo no atual quadro de forças democráticas constitucionais.[3] Se essa é a conclusão do sistema, não há como caminhar em sentido contrário e pretender conferir à Administração Pública e seus agentes poderes independentes ou faculdades autônomas, figuras que não encontram assento ou validade no sistema constitucional.

O que é possível sustentar, sem embargo da afirmação anterior, é exatamente a possibilidade de abrir novos e importantes canais democráticos que conduzam a Administração Pública a uma maior aproximação da sociedade organizada, prevendo critérios e meios aptos a canalizar a vontade popular a seus quadros, a seus órgãos, às suas decisões administrativas. Quanto mais descentralizada a Administração e mais próxima à vontade popular, teoricamente, maior eficácia ope-

3. Concepção, aliás, que acompanha a história do direito. Na antiga civilização ateniense já havia a distinção entre o *nómos* – isto é, a lei em sentido estrito – e o *pséfisma* – ou seja, no sentido moderno, o decreto. Os *nómoi*, ou seja, as leis tinham um caráter que, sob certos aspectos, poderia se aproximar das modernas leis constitucionais, e isso não somente porque diziam respeito à organização do Estado, mas, ainda, porque modificações das leis (*nómoi*) vigentes não podiam ser feitas a não ser através de um procedimento especial, com características que, sem dúvida, trariam à mente do jurista contemporâneo o procedimento de revisão constitucional. Do mesmo modo, a idéia de hierarquia entre lei e decreto também acompanha a história do direito. Tanto é assim que os juízes atenienses, não obstante fossem obrigados por solene juramento a julgar "segundo a lei e segundo os decretos", não podiam, porém, ser obrigados a julgar segundo os *psefísmata*, a menos que estes não fossem contrários aos *nómoi*. O estudo filosófico da supremacia dos *nómoi* pode ser encontrado nos sofistas: em Platão, com a distinção entre *nómos e physis* e a proposição de que a obrigação de a lei reproduzir uma ordem imutável e divina, nunca os interesses mundanos; e, em Aristóteles, com a sua exigência de lei justa, produto da razão e não das paixões humanas, em que contrapõe a ordem natural transcendente à ordem legal, cambiante, bem assim com a sua concepção de *politéia*, leis fundamentais de organização do Estado, superiores às leis ordinárias. A esse respeito, vide Mauro, Cappelletti (1992:49 e ss.). Vide, também, Gustavo Zagrebelsky (1988:50 e ss.).

rativa será conferida ao princípio da soberania popular, fundamento último da *ratio* constitucional.

É dizer, quanto mais fundamentação democrática às decisões administrativas, maior o grau de legitimidade e adesão às suas decisões. Mas esta passagem somente pode ser feita mediante *regras de direito* – algumas de cunho constitucional, outras de ordem legal –, jamais por deliberação ou interpretação solitária da própria Administração Pública ou de quem lhe faça as vezes.

Não sem razão, o *princípio da reserva da lei* foi erigido como garantia nos países civilizados, como meio de assegurar maior legitimidade democrática à ação administrativa; quanto mais matérias forem reguladas pela lei e quanto maior for sua área de abrangência, maior será o grau de legitimidade democrática de seus fundamentos, de seus critérios e das decisões da Administração.[4]

Entendemos, em síntese, que no Estado Democrático de Direito a Administração Pública encontra-se fortemente subordinada aos princípios e regras constitucionais bem assim ao bloco da legalidade. Somente a Constituição e a lei são fontes normativas aptas a conferir legitimidade de ação à Administração Pública no Brasil, que só pode atuar mediante critérios e limites previamente traçados pela lei, inclusive constitucional.

O problema ganha corpo e dificuldade diante do pluralismo de organização da própria Administração Pública no Estado contemporâneo. Fala-se não mais *na* Administração Pública, mas em *várias* Administrações, vários *centros decisórios*, não mais circunscritos a uma única esfera ou centro de atuação. Teoricamente não haveria grande dificuldade, pois, a exemplo do Estado federal, já temos grande familiaridade na convivência com várias ordens jurídicas parciais, organizadas na própria Constituição.

A questão, entretanto, não é tão simples, sobretudo quando a própria Constituição opta por criar entidades públicas ou similares, definindo-as como "autônomas, independentes", sem maiores cautelas, passando uma imagem de poderes implícitos ou, o que é bem pior, recorrendo à lei para delimitar genericamente as competências de suas respectivas funções.

---

4. Nesse sentido, confira-se Afonso Rodrigues Queiró (1944:233 e ss.).

Será legítima e constitucional, no Estado Democrático de Direito, tal como plasmado em nosso sistema constitucional, a criação de órgãos "independentes" – isto é, órgãos sem sujeição alguma ao poder de direção, de subordinação governamental às autoridades constituídas do Estado? É possível e suficiente que a Constituição crie determinado órgão ou entidade e confira a ele "independência e autonomia" para regular determinados setores e atividades sociais, sem qualquer vínculo de direção, ou de subordinação à Administração Pública?

Teoricamente não teríamos dúvida em responder afirmativamente a todas as questões, desde que a criação dos aludidos órgãos não só tivesse previsão constitucional, como também que sua composição, estrutura e atribuições também derivassem de claras regras de competência.

Afinal, não é diferente em outros setores e domínios do direito. O Ministério Público, *v.g.*, é órgão "independente e autônomo", se pelos termos compreendermos a existência de competências e atribuições claramente delineadas na Constituição Federal e em sua Lei Orgânica. Cumpre o Ministério Público uma função determinada. Contudo, está *delimitado, subordinado* à Constituição e às leis nacionais. Não é "autônomo" e "independente" no sentido de gozar de liberdade jurídica *incondicionada*, idéia, aliás, radicalmente oposta à noção de direito. Encontra limites claros e objetivos em normas jurídicas *previamente estabelecidas*. O órgão Ministério Público é harmônico no contexto constitucional. Peça ou elemento jurídico que forçosamente há de integrar-se no conjunto das normas constitucionais, sem agredi-lo, direta ou indiretamente. É controlado pelas partes, pelo Poder Judiciário, por seus agentes, enfim, pelo próprio sistema jurídico.

"Autonomia",[5] "independência"? *Ma no troppo!*

---

5. "A idéia de 'autonomia' de determinados entes de *caráter público* em face do Estado ou do legislador na verdade não é nova. Temos, por exemplo, a velha distinção encontrada no direito administrativo entre Administração do Estado e Administração *autônoma*. Esta última sempre foi considerada como a composta por pessoas coletivas de direito público ou equiparadas, cujos órgãos representam todo um conjunto de indivíduos definidos em função da residência em certo território ou da pertença a determinado sector sócio-profissional. A qualificação deste tipo de Administração como autônoma significa que as pessoas colectivas que a compõem não recebem orientação política-administrativa do Estado, extraindo-a antes da vontade

No fundo a questão é bem mais complexa quando imaginamos órgãos ou agências "administrativas", portanto, em princípio, subordinadas a uma direção governamental geral ou específica, a uma *diretriz política fundamental* inserida no sistema jurídico, derivadas dele mesmo, e a essa idéia, a essa concepção, aditamos o conceito de "autonomia" – autonomia em relação a quem? Ao direito? À Administração Pública? Às autoridades constituídas? Ao Estado? À Constituição e aos seus valores?

Para nós a aceitação radical da apregoada "autonomia" e "independência" de órgãos, entidades, agências ou departamentos, ou qualquer outro nome que se queira dar é – poderia evidentemente significar –, *em linha de princípio*, a aceitação de uma nova categoria jurídica que estaria apta a editar norma jurídica, criar direitos e obrigações originárias, *ex novo*, na ordem jurídica. Será esse o intuito da novidade? Se for, há de ter apoio no *sistema jurídico positivo*, do contrário, trata-se de uma tese, uma doutrina, nada mais do que isso.

Esse, acreditamos, seja o pano de fundo do tema das "agências" e o cenário propício para iniciar alguns comentários a respeito delas. Novamente advertimos o leitor que não estamos preocupados com o mecanismo ou funcionamento desta ou daquela agência, mas, sobretudo, em como as encartar no edifício constitucional. Desse modo, não nos ocuparemos em dissecar esse ou aquele modelo de agência, essa ou aquela lei. Não é esse nosso objetivo central. Desejamos, sim, compreendê-las, até o ponto de saber *o que são* perante o Direito e o que podem validamente determinar perante a cidadania, perante os indivíduos no Estado Democrático de Direito.

Aliás, não sem razão, a doutrina constitucional começa a preocupar-se com o fenômeno que naturalmente recebeu mais atenção na esfera da doutrina do direito administrativo, num primeiro momento,[6] o que parece insuficiente, já que as causas anunciadas do fenômeno seriam debitadas à ciência política, à revisão dos princípios legitima-

---

democraticamente manifestada pelos seus membros (...). A autonomia das pessoas colectivas descentralizadas não se verifica apenas em face do Estado, mas também perante a lei formal: ela manifesta-se sob a forma de *autonomia normativa*, isto é, da emissão de normas jurídicas que regem determinados sectores da vida social sem necessidade da prévia definição legislativa, ainda que mínima, do conteúdo dos comandos" (Sérvulo Correia, 1987:43).

6. *Inter plures*, v. Arquer (1984) e A. Martorell (1988).

dores do poder, à quebra do esquema clássico de articulação entre os poderes do Estado, à transformação do papel do Parlamento (do Legislativo) e do Executivo e suas relações recíprocas, ao avanço da tecnocracia em aparente confronto com a razão política e ideológica. Enfim, temas que mais se aproximam do universo da teoria geral do direito constitucional ou, ao menos teoricamente, mais afetos à sua análise, à sua disciplina.

Parece, portanto, útil para nossas investigações, em primeiro lugar, repassar as experiências estrangeiras relativas ao tema, para, na medida do possível, compará-las à nossa realidade.

Capítulo 16
A EXPERIÊNCIA NORTE-AMERICANA – VISÃO GERAL

Cumpre desde logo registrar a especificidade da cultura jurídica anglo-saxônica. Conquanto o Brasil ao longo de sua histórica constitucional tenha absorvido alguns institutos, regras e modelos jurídicos, oriundos daquela realidade, como também da européia – que de resto teve notável influência desde o período imperial brasileiro –, daí a ver identidade entre ambos os sistemas e culturas vai longa distância. A origem jurisprudencial das construções doutrinárias, a ausência de um corpo normativo organicamente estruturado e a falta da preocupação com a sistematização do direito[1] são algumas notas que explicam a diferença entre o sistema romano-germânico e a família anglo-saxônica.[2]

Quem examinar a Constituição norte-americana não encontrará em seu sintético texto indicações precisas do que efetivamente ocorre naquele País.

A Constituição distribui os poderes e funções de forma horizontal e vertical. A dispersão da autoridade é um produto não só da separação entre o governo nacional e os governos estaduais, como, também, entre os poderes e funções legislativa, executiva e judiciária.

---

1. Para Stephen M. Griffin (1998), a evolução constitucional americana não advém somente da Suprema Corte, mas, também, do Executivo e do Legislativo. O autor afirma que as principais fontes de mudança constitucional no século XX foram iniciadas e implementadas pelo Presidente e pelo Congresso. Chama a atenção para as teorias interpretativas americanas e a forte influência do *due process* e da *equal protection* e a procura do pluralismo interpretativo.

2. Para uma introdução ao direito nos EUA, vide em língua portuguesa a didática obra de Guido Fernando Silva Soares (1999).

Não há na Constituição americana uma *rígida* separação de poderes entre Legislativo, Executivo e Judiciário.[3] A preocupação original estava, sobretudo, no controle e monitoramento que um poder deveria realizar sobre o outro (*one branch can monitor and check the others*), o que inclusive autoriza o Presidente a participar do processo legislativo através do veto; o Senado, ao analisar as indicações do Presidente e do Congresso, pode, igualmente, impor políticas e limites à ação do Presidente.

A análise da história americana da distribuição de poderes demonstra, inicialmente, a busca de dois propósitos. O primeiro seria o da *eficiência* governamental. Neste sentido, a divisão de tarefas, de atribuições de trabalho entre os vários poderes, supunha-se, daria maior eficiência ao governo, especialmente por intermédio da figura do Presidente da República, coordenador de todas as políticas públicas nacionais.[4] O segundo propósito original consistia em que o desenho constitucional possibilitasse a prevenção da tirania. A distribuição difusa do poder governamental diminuiria a possibilidade de que quem tivesse poderes pudesse usá-los contra o cidadão norte-americano.[5]

Entretanto, o gigantismo do Estado e o forte pragmatismo da cultura americana levaram a uma leitura dinâmica da *separação de poderes* que pouco tem a ver com a nossa concepção e recepção do aludido princípio.

---

3. A distribuição constitucional de poderes não é tema pacífico também na doutrina norte-americana contemporânea: "It is sometimes urged that constitutional doctrine should be altered to recognize a greater role for the President. A different attack is that power is now concentrated in the executive branch and it is sometimes suggested that the growth of an enormous national bureaucracy, operating for the most part within the executive branch, has fundamentally altered the original constitutional framework, and requires some sort of response if the original constitutional concerns are to be satisfied" (Cutler e Johnson, 1975(84):1.395).

4. Como anota Dalmo Dallari, "por ocasião da eleição presidencial o povo de cada Estado-membro elege certo número de representantes, para o fim especial de comporem um colégio eleitoral que irá eleger o Presidente da República. Assim, o povo elege os eleitores e não o Presidente. O número de votos de cada Estado-membro é igual ao número de representantes no Senado e na Câmara de Representantes, dando-se a esses votos o nome de votos eleitorais (...). Segundo a Constituição, o Poder Executivo é exercido pelo Presidente da República. Embora o processo de escolha afaste, em princípio, a hipótese de um governo antidemocrático, tem-se nesse ramo do Poder a concretização do 'governo de um só', segundo a classificação aristotélica" (1986:33-34).

5. Nesse sentido, confira-se Geoffrey R. Stone *et al.* (1999:363 e ss.).

Por diversas vezes a Suprema Corte americana reconheceu que os fundadores nunca tiveram a intenção de criar um governo baseado numa rígida separação de poderes, e sim um governo com base em instituições separadas em um verdadeiro *condomínio de poderes*.

Até onde a separação dos poderes tem sido modificada, isso se tem dado mais como o resultado dos *acontecimentos políticos* e de *interpretações* da Suprema Corte do que de concepções teóricas de juristas ou de formulações de cunho científico.

Para compreender o fenômeno das agências reguladoras nos Estados Unidos, devemos antes, ainda que brevemente, procurar sumular a doutrina da delegação e seus fundamentos naquele país.

O artigo I, S 1, da Constituição americana afirma que "All legislative Powers herein granted shall be vested in a Congress of the United States (...)", o que significa que o Poder Legislativo detém poderes, competências para legislar e naturalmente para traçar as principais diretrizes políticas do Estado através da legislação.

Entretanto, essa competência, esse poder do Congresso norte-americano jamais foi concebido ou exercitado como uma atividade única, *exclusiva*, mas, ao contrário, como uma competência que poderia ser *delegada*, ao menos em parte.[6]

De outro lado, em relação às atribuições do Presidente da República, também não encontramos uma enumeração exaustiva ou um guia constitucional seguro que nos leve à compreensão de seus *poderes efetivos*. O artigo II da Constituição americana está dedicado a assinalar a duração do mandato, forma de eleição, requisitos, remoção, remuneração e juramento; quanto ao mais, descreve o poder do Presidente[7] em termos gerais, genéricos.

---

6. De acordo com John Marshall, o Congresso pode delegar poderes e atribuições, mesmo aqueles que bem poderiam ser exercidos por ele mesmo, e afirma que a extensão dos poderes de delegação jamais foi precisamente delineada, sugerindo inclusive uma discrição política na escolha das matérias sujeitas à atividade delegada.

7. A indefinição constitucional ou, dito de outro modo, a abertura constitucional relativa às competências presidenciais exaustivamente enumeradas, como é de nossa tradição, deu ensejo inclusive à teoria dos poderes implícitos e ainda pode explicar sua forte atuação regulamentar. Entre as faculdades não expressamente previstas ou conferidas, é sabido que ao Presidente da República nos Estados Unidos da América é reconhecido o poder normativo, ou a atividade normativa, que acaba desenvolvendo através das *executive orders*, que tem por objetivo regular a atividade dos órgãos e agências do governo federal em temas relativos a contratações do Es-

Essa aparente lacuna (ao menos vista com os olhos da nossa tradição – não da americana) não significa necessariamente que o desenho do Poder Executivo seja fraco ou carente de competências e atribuições. Muito ao contrário: é exatamente a ausência de definições precisas de competências e atribuições concretas, fenômeno oposto do que encontramos nas competências brasileiras, que propiciou o desenvolvimento de uma teoria própria, flexível, forjada pelos intérpretes do sistema, sobretudo da Corte Suprema norte-americana.

Os limites da delegação nos Estados Unidos da América são determinados por circunstâncias *pragmáticas* da própria cultura americana, absorvidas pelos Tribunais, intérpretes últimos da Constituição, e assenta-se, basicamente, em fundamentos da ciência política, da filosofia daquele povo. Os argumentos da doutrina, seja para afirmar proibições de delegação, seja para defendê-la e estendê-la, são também pragmáticos.[8]

Thomas Jefferson justificava a necessidade da delegação em "matérias de menor relevância" (*small objects*), para evitar a dispersão da "nobre" atividade legislativa.

A interpretação jurisprudencial, inclusive da Suprema Corte americana, para superar a dogmática (e aparente) antinomia entre o princípio da separação de poderes e a delegação legislativa é a de que o Congresso *não pode delegar a função de legislar, mas pode transferir certos poderes para completar os detalhes* (*fill up the details*), para o qual deve estabelecer uma "padrão inteligível" (*inteligible standard*, também chamado *discernible standard*), de modo a guiar, adequadamente, a atividade do órgão delegado em sua tarefa legislativa.[9]

---

tado, política de empregos públicos, reorganização administrativa, promoção de uma ampla gama de ações, autorizadas direta ou indiretamente pelo Congresso, como veremos mais adiante.

8. O que não significa ausência de controvérsia sobre o poder de delegação na doutrina norte-americana baseada na circunstância de que se os legisladores recebem poderes diretamente do povo, qualquer transferência genérica desses poderes poderá significar, naturalmente, uma irresponsabilidade política que afronta os princípios democráticos e a teoria do mandato e da representação.

9. Na jurisprudência norte-americana, confira-se: "United States *vs.* Sheveport Grain & El.Co" (287 US 77, 85; 1932), posteriormente, "United States *vs.* Curtiss-Wright Export Corp" (299 US 304; 1936); "Eastlake *vs.* Forest City Center" (426 US 668, 675; 1976); "Industrial Department *vs.* American Petroleum Institute" (448 US 607, 674; 1980).

A doutrina da delegação também passou por momentos pendulares – ora consolidando-a, ora enfraquecendo-a. Assim, por exemplo, deu-se, a partir de 1928 com o caso "Hampton Jr. & Co. vs. United States", no qual se discutia a validade da instituição de *tarifas flexíveis* autorizadas pela lei conferindo às autoridades administrativas (United States Tariff Commission) poderes para aumentar ou diminuir em 50% (cinqüenta por cento) as tarifas aduaneiras a fim de equilibrar os custos da produção das mercadorias importadas em face das nacionais.

Neste caso o Chief Justice Taft em seu voto declarou: "A conhecida máxima *delegata potestas non potest delegari* aplicável à lei do organismo e no direito em geral está bem compreendida e teve ampla recepção em nossa Constituições federal e nas Constituições estaduais (...) [*elas*] dividem o poder governamental em três ramos (...) e a aplicação indevida dessa divisão constitucional é uma infração à lei fundamental da Nação (...) é uma violação da lei fundamental da Nação que o Congresso renuncie ao seu poder legislativo e o transfira ao Presidente ou ao Judiciário, ou mesmo através da lei, pretenda assumir poderes atribuídos ao Executivo ou ao Judiciário.

"Contudo, isso não implica afirmar que os três ramos não são partes coordenadas de um governo e que cada uma delas, nas esferas de suas 'obrigações', não possa invocar a ação de outras, à medida que a ação invocada não seja a assunção da área constitucional reservada. Na determinação do que pode fazer quando busca a colaboração de outro ramo, a amplitude e o caráter dessa colaboração devem ser fixados de acordo com o sentido comum e as necessidades inerentes à coordenação governamental."[10]

Já na era do *New Deal*, com Roosevelt,[11] que, como se sabe, procurou reconstruir o país devastado pela crise ocorrida nos finais da

---

10. *Apud* Evans, 1938:751.
11. A era Roosevelt foi rica no tema objeto de nossa análise. Entre os casos mais rumorosos, podemos citar "Shechlter Poultry Corp. *vs*. United States" e "United States *vs*. Curtiss Wright Export Corporation" como os mais expressivos, ocasião em que Suprema Corte discutiu amplamente a extensão constitucional da delegação e seus limites, para, àquela ocasião, ao menos no primeiro, considerá-la excessiva e inconstitucional. No segundo caso (Curtiss Wright), originado de uma resolução conjunta aprovada pelo Congresso em 1934, que permitia ao Presidente proibir a venda de armas e munições nos EUA a países envolvidos na Guerra do Chaco, Curtiss Wright vendeu armamentos a esses países, violando a proibição, sendo penalizado por

década de 1920, a Suprema Corte declarou *inconstitucional* uma delegação legislativa. No caso "Panama Refining Co. *vs.* Ryan", trouxe a Corte Suprema a tese da inconstitucionalidade da chamada "Lei Nacional de Recuperação da Indústria", que, em sua Seção 1, autorizava o Presidente da República a proibir a circulação no âmbito do comércio interestadual e exterior do petróleo produzido em excesso, acima das cotas fixadas por leis locais.

Àquela ocasião, a doutrina da constitucionalidade da delegação de poderes ao Presidente ou às autoridades administrativas estava consolidada, e a expectativa era no sentido de que continuaria confirmada pelos Tribunais.

Ao julgar o caso, o Chief Justice Hughes, falando pela Corte, sustentou que a delegação que atribuía poderes ao Presidente havia sido muito ampla e que não havia declarado os *objetivos do exercício desse poderes delegados* nem sequer fixado previamente um padrão, um *standard* para a ação presidencial, o que comprometia a política de cotas e a proibição de circulação do petróleo produzido em excesso.

A maioria do Tribunal concordou com a tese de que a lei deveria de fato conter um *standard* para a delegação. Entretanto, a dissidência deu-se em relação à sua extensão, até que ponto deveria a lei elencar os níveis de detalhamento objeto da delegação.

Não seria possível, ou sequer conveniente, no âmbito deste singelo capítulo listar todos os casos ou arestos norte-americanos onde o fenômeno é enfrentado. A matéria é vastíssima e complexa.[12] Basta, entretanto, assinalar que a questão não é pacífica ou resolvida no direito norte-americano. A "delegation doctrine", remanesce sendo um grande desafio teórico. Ao que parece, ao menos algumas conclusões podem ser sacadas, mesmo diante daquele sistema jurídico com suas peculiaridades:

---

intermédio de norma cuja instituição fora delegada ao Presidente da República por meio de uma Resolução. Alegou-se que a resolução era excessiva e a Suprema Corte, pelo voto do Juiz Sutherland, acabou por construir uma distinção entre as atribuições presidenciais na esfera interna e na internacional, segundo a qual, neste último caso, haveria maior espaço de liberdade para a ação presidencial, cuja validade já seria constitucional.

12. Para um estudo mais abrangente da matéria, dentre outras obras recomenda-se a obra de Strauss *et al* (1995), com vasta bibliografia sobre o direito administrativo norte-americano.

a) o princípio da separação de poderes, como vimos, assume conotação e aplicação específica no direito norte-americano e não pode, de forma alguma, ser identificado com nossa realidade jurídica ou política;

b) a função legislativa *essencial* não pode ser transferida a autoridades administrativas;[13] a definição do exato limite ou conteúdo desses poderes congressuais acaba sendo definida pela Suprema Corte norte-americana em cada caso concreto;

c) é direito do Congresso, segundo a doutrina e a jurisprudência americana, em princípio, delegar poderes às autoridades administrativas ou agências independentes, desde que essa passagem ou outorga esteja previamente estabelecida através de critérios ou *standards*[14] razoavelmente bem definidos e justificados;

d) o poder judicial norte-americano parece esforçar-se para firmar a tese de que as "mais importantes escolhas ou decisões acerca do destino do povo norte-americano sejam traçadas por assembléias democráticas e não por agências";[15]

e) a definição da exata medida e extensão dos *standards* e os objetivos da delegação são matérias de competência do Congresso norte-americano. É ele quem realiza as opções políticas e sociais, por meio de leis ou atos normativos hábeis, que poderão, naturalmente, ser contrastadas pelo poder judicial;

f) o tema da delegação de poderes não se exaure na discussão dos poderes e limites das atribuições conferidas do Congresso (Legislativo – Parlamento) às autoridades administrativas ou agências reguladoras, mas, sobretudo, dificulta-se sobremaneira quando nos perguntamos *de que modo aludidas autoridades utilizam esses poderes*;

g) as agências reguladoras e as autoridades administrativas no direito norte-americano recebem definitivamente poderes jurídicos (*legisla-*

---

13. "National Cable Television Association Inc *vs*. United States" (415 US 336, 342, 94). Do mesmo modo, "Federal Power Com'n *vs*. New England Power Co." (415 US 345, 94).
14. Alfred C. Aman Jr. e William T. Mayton, em interessante imagem metafórica, indagam ao leitor: afinal o que é um *standard?* E respondem: "Certainly we can understand that a standard is a quality, like a blind man can understand that the color blue is a quality and not a thing such as a duck. But that is as far as it goes for the blind man discerning blueness (do not ask him to pick among shades), and maybe its close to the end for courts and standards" (1993:30).
15. "Industrial Union Dept, AFL-CIO *vs*. American Petroleum Institute" (448, US 607, 685, 100).

tive power) em maior ou menor escala, quer do Congresso, quer da Presidência da República; aludidos poderes são delineados e controlados, em maior ou menor grau, por regras jurídicas e procedimentos legais.

No que toca ao fenômeno das agências, nossa maior preocupação[16] é seu forte crescimento na América. Podemos dizer que há quem as denomine "quarto poder", e as considere entidades autônomas, no geral, com decisivo *poder de regulação* de um determinado setor da economia nacional, fenômeno não destituído de problemas, nas palavras de Lee Leovinger,[17] Juiz e Ex-Superintendente de Divisão Anti-Trust do Departamento de Justiça nos anos 1970:

"Por desgraça, a verdade de toda agência governamental é que acaba representando a indústria ou o grupo que supõe deva controlar. *Todas essas agências estavam muito bem quando se estabeleceram, mas não tardaram muito a infiltrar-se nelas os elementos as controlam*, e que agora as dirigem, em maior ou menor escala. Não se trata tampouco de uma questão de venalidade. Ademais, o pessoal das agências acaba se associando com algum representante de algum grupo de interesse especial e todos acabam pensando da mesma forma. Toda companhia afetada por um controle governamental, e que é bastante forte para fazê-lo, contrata um indivíduo – ou talvez quatro ou cinco – por 30 a 70 mil dólares ao ano, para averiguar o que está ocorrendo. E é claro que cumprem sua missão. Obtêm favores para os funcionários das agências, desenvolvendo grande *amizade*. Como ocorre ordinariamente com gente de pouco poder aquisitivo, alguns funcionários se impressionam com a convivência com grandes homens de negócios, empresários poderosos e com a facilidade de viver em um novo mundo de luxo que não conheciam até então. Cedo ou tarde, todas essas agências acabam por cair a serviço dos mandantes que as representam com inteira satisfação (grifos nossos).

Anota também Pedro Carlos Bacelar de Vasconcelos,[18] em magnífico estudo sobre a matéria:

---

16. Não importa considerar aqui a terminologia e suas peculiaridades, "agências" ou "autoridades administrativas independentes". O foco de nossa preocupação é exatamente esse – a produção normativa no Estado Democrático e seus controles. Não nos deteremos nas especificidades desse ou daquele sistema jurídico.
17. Cf. Richard Harris, 1974:145.
18. Vasconcelos, 1994:15-16.

"Enquanto o doloroso processo de formação do Estado de Direito moderno decapitou alguns monarcas da velha Europa, no Novo Mundo, o Estado Administrativo pariu um monstro sem cabeça: o *headless fourth branch*'. Representações típicas da compreensão liberal da separação dos poderes, evocando suspeitas ancestrais 'adormecidas' no texto da Constituição formal, irão fundar, nos anos trinta, a configuração original da Administração americana. A especificidade da estrutura constitucional, o seu intrínseco 'contratualismo' e as circunstâncias dos novos tempos, explicam o fenómeno.

"Em primeiro lugar, a arrumação constitucional dos poderes exigiu a plena participação do Congresso na conformação da organização administrativa e na definição dos seus conteúdos funcionais. Neste sentido, a Administração é orgânica e substancialmente uma criação do Legislativo e não um desenvolvimento autónomo, intersticial e proteiforme do Executivo.

"Em segundo lugar, o núcleo original de atribuições constitucionais do Congresso (excluímos as Emendas) não foi entendido, pelo menos até o acórdão 'Chadha', em 1983, como postulando o recurso necessário à forma legislativa. Pelo contrário, enquanto mandatário directo dos Estados e do Povo da União (divisão vertical de poderes), o Congresso julga-se responsável pela utilização última que dessa autoridade possa ser feita. Releva aqui a confiança – 'trustship' – suposta no paradigma da relação contratual – delegante, delegado – cuja força sugestiva procede, como que 'naturalmente', do 'pacto federador' formalizado na Constituição.

"Por último, o modelo dominante na década de trinta de uma Administração que respondesse sobretudo a exigências de *competência técnica, politicamente neutra, assente numa compreensão unitária de interesse público, oferecia uma justificação moderna à idéia de limitação do Executivo.*

"O crescimento da intervenção do Estado vai proporcionar a multiplicação de entes administrativos – 'agencies' – encarregados de importantes funções tradicionalmente exercidas pelo Congresso, pelo Executivo e pelos Tribunais, com um grau de autonomia variável, de que as 'independent agencies' ou 'comission' são a expressão máxima. Em contraste, as 'executive agencies' mais dependentes da presidência, constituem apenas uma parte da Administração Federal, embora também aqui a ausência de poderes do Executivo em matéria de organização, propicie uma razoável capacidade de influência do Legislador – um dos pontos mais críticos da liça constitucional. A Administração Federal veio assim a construir-se de acordo com a suposição de que a sua actividade era estritamente reconduzível à tripartição orgânico-funcional dos poderes, devendo a sua estrutura diferenciar-se segundo a natureza da respectiva entidade de controlo. Por outro lado, nunca se definiu com clareza a distinção entre Administração ('executive agencies') e Executivo.

"A criação da Administração moderna é o fenómeno mais visível e incómodo neste diálogo entre 'norma' e 'realidade', porque instituiu *um quarto poder sem nome e sem rosto*. O mais grave, porém, é que por detrás da prodigiosa plástica da cirurgia judicial, *os próprios titulares designados na Constituição foram impiedosamente desfigurados pela vida*. O Legislativo, o Executivo e o Judicial já não aderem ao figurino setecentista da teoria da separação dos poderes, mas foi sobretudo o rígido dualismo inter-orgânico, Legislativo, Executivo, que se ressentiu. A acomodação do Congresso e do Presidente ao desempenho de um acervo funcional mais vasto e heterogéneo requeria novas soluções e novos compromissos" (grifos nossos).

Seria, de outro lado, ingenuidade supor que o direito norte-americano não dá prevalência à sua Constituição e que não conta com poderosos instrumentos de *garantia do cidadão* em face do Estado e da Administração Pública (nos moldes que a conhecemos no Brasil), inclusive perante as agências. Peter Strauss,[19] renomado administrativista norte-americano, ensina a respeito do tema:

"Uma agência *não pode agir* e tampouco pode o Legislativo conferir-lhe poderes para agir de maneira *contrária às provisões da Constituição*. Por esse motivo, os argumentos constitucionais têm prioridade especial na jurisprudência americana do direito administrativo de forma não menos importante do que em outras áreas. Uma atuação, mesmo exitosa de uma agência, seja de forma direta, seja através de poderes que tenha recebido, de forma contrária às provisões da Constituição derrotará inexoravelmente sua atuação" (grifos e tradução nossos).

A questão, portanto, nos leva, ainda que em rápida visita, ao papel da Suprema Corte americana nos Estados Unidos da América.

---

19. Strauss, 1989:7 e ss.

É ela, sem dúvida, que funciona como verdadeiro intérprete vivo da Constituição americana e de seus valores, atualizando-os e adaptando-os ao longo do tempo. Desde 1803, com a *judicial review*, entendida como *controle judicial sobre a constitucionalidade das leis*, houve notável desenvolvimento da Suprema Corte[20] como uma peça central do sistema norte-americano e de sua sociedade[21] e naturalmente, também, como órgão de decisão final de conflito institucional entre os poderes.

Do ângulo estritamente constitucional, parece-nos finalmente importante ressaltar a especificidade do direito ou de sua interpretação, naquele Estado e de suas Instituições, sobretudo no que toca à doutrina da *delegação dos poderes*, poderoso mecanismo que possibilitou, como vimos, o surgimento e fortalecimento dessas "instituições intermediárias", agências com maior ou menor poder jurídico e normativo.

O crescimento das agências pode ser creditado a vários fatores, a saber: 1) a idéia de que o Parlamento não detém o monopólio da atividade legislativa; 2) a forte industrialização e com ela o fortalecimento do Poder Executivo inclusive e especialmente na adoção de medidas legislativas (normativas) de cunho geral (*lawmaking power*); 3) a outorga de poderes às agências (*regulatory authority*), com limites ou *standards* estabelecidos.

---

20. Apesar da advertência de Enterría relativa ao mito da Suprema Corte (vide nota seguinte), é preciso recordar que sua história também teve dias negros, como no caso dos índios da Geórgia, em que o Estado da Geórgia, escorado pelo Presidente Jackson, tomou suas terras. A Corte de Marshall mandou restituir, mas o governo da Geórgia não cumpriu a decisão. Recorde-se ainda que sob a Presidência de Taney, no caso Dred Scott, em 1857, a Suprema Corte julgou que a escravatura era uma "questão política" e não jurídica. Do mesmo modo, recorde-se o chamado caso Merryman. Detido e preso em Baltimore, pela polícia militar, interpôs *habeas corpus* na Suprema Corte, e foi concedida a ordem, mas o comandante do forte recusou-se a recebê-la, dizendo que cumpria ordem do Presidente da República (Lincoln Magalhães da Rocha, 1990:8 e ss).

21. Enterría (1993:127 e ss.) nos relata que a mitologia e o fascínio que exerce a Suprema Corte norte-americana são notáveis, sendo reverenciada e acatada como o representante mais alto da *ideologia americana e da própria identidade nacional*. Há inclusive toda uma mitologia religiosa: a Constituição é vista como um texto inspirado por Deus, os fundadores como santos e os juízes do Tribunal Supremo como sumos sacerdotes que cuidam do culto ao texto sagrado no "Palácio de Mármore", sua sede e que de lá extraem desse texto pouco menos que a infalibilidade.

A justificativa da delegação de poderes do Congresso às agências está também fundamentada em razões de *ordem política*, a saber: a) o Congresso conhece o problema objeto da delegação, mas pode não saber como resolvê-lo. Os administradores ou dirigentes das agências são pessoas com conhecimento técnico especializado (*expertise*) para solvê-los; b) a área objeto da delegação pode ser daquelas a exigir mudanças rápidas de orientação administrativa. O Congresso entende que regulá-la inteiramente por intermédio de uma lei seria inconveniente, senão insuficiente para enfrentar a questão objeto da delegação. A lei é por natureza genérica e não poderia prever com razoável segurança todas as hipóteses e peculiaridades para enfrentar o tema objeto da delegação; c) a passagem de poderes diminui o *custo político* do Congresso que sempre poderá repreender ou cassar os poderes atribuídos, em caso de falência ou insucesso da política ou gestão da agência delegada.

Seria de fato impossível, senão ilógico, pretender realizar uma comparação linear entre o direito constitucional norte-americano e o brasileiro, não somente pelas razões de ordem cultural, já expostas no início deste capítulo, como, sobretudo, em função da profunda diferença no *arranjo e na estruturação dos poderes e competências entre ambos os Estados*.

Não obstante a Constituição norte-americana estabeleça e caracterize os "poderes", ela não define o que nós entendemos por "Administração Pública". Não há nesta Constituição uma definição nesse sentido ou a menção de quem realizará ou concretizará as competências ou realizará esse ou aquele serviço ou atividade. Os seus três primeiros artigos contemplam os Poderes "Legislativo", "Executivo" e "Judiciário" conferindo competências *genéricas* sem detalhar assuntos ou matérias, como nós latinos de tradição romano-germânica estamos acostumados a contemplar. Como bem anota Peter Strauss:[22]

"Os organizadores concordaram num *único chefe do executivo*, chegando à conclusão de que a responsabilidade política unificada era essencial. Entretanto, *não concordaram numa forma de governo abaixo dele. Deixaram isto para uma definição congressual*.

"Rejeitando um plano que teria especificado os departamentos do gabinete no texto constitucional, os organizadores da Constituição, em

---

22. Strauss, 1989:12 e ss.

vez disso, deram ao Congresso a autoridade para definir os elementos do governo ao autorizarem qualquer lei *'necessária e adequada'* para a realização de suas responsabilidades gerais quanto à legislação. Assim, a Constituição está quase *isenta de especificações detalhadas* quanto ao relacionamento que esses elementos têm com o Presidente ou com o Judiciário. As principais restrições com relação ao julgamento do Congresso sobre quais tipos de instituição são adequadas para criar o trabalho variado do governo poderão ser aquelas sugeridas pela idéia da separação de poderes em si. Cada uma dessas instituições generalistas – Congresso, Presidente e Judiciário – goza de um relacionamento desconfortável com as outras duas e de um relacionamento com a burocracia operacional identificável pela sua própria função. Colocando-se de maneira grosseira, o Congresso aprova os estatutos que estabelecem os elementos individuais da burocracia e *dá-lhes poder para agir*; o Presidente *supervisiona* e orienta seu desempenho em função dessas leis, como política ou assunto político, e os *tribunais* asseguram sua adesão à *legalidade*.

"*Nem* as provisões constitucionais para a separação de poderes *nem* os requisitos constitucionais de procedimento justo *proíbem* o Congresso de *delegar poderes* a uma determinada agência.

"(...).

"É difícil dizer como matéria teórica por que esses arranjos satisfazem os requisitos estruturais da *'separação de poderes'*, embora esteja claro, sem qualquer sombra de dúvida, que aos olhos dos Tribunais isto de fato acontece. Em anos recentes, a Suprema Corte tem usado a análise da *'separação de poderes'* num número surpreendente de casos para impedir que a legislação congressional estabeleça providências do governo sob a alegação geral de que uma das ramificações invadiu as funções reservadas à outra. Tem sido uniformemente insistido, entretanto, que as comissões regimentais independentes não sejam desafiadas por esta análise.

"(...).

"O Presidente retém (assim como os Tribunais) um relacionamento substancial com essas agências, mesmo que não um relacionamento extenso como o que normalmente mantém com os departamentos executivos.

"(...).

"O Congresso e o Presidente, cada qual emprega uma variedade de *armas políticas* na tentativa de supervisionar a tomada de decisões por parte das agências – especialmente a formulação de regras (legislação subordinada) – e isto com aparente aprovação judicial" (grifos e tradução nossos).

Finalmente cumpre recordar, ao contrário do que se supõe, que existem controles legislativos efetivos nas atividades desenvolvidas pelas agências. O Congresso norte-americano dispõe de vários mecanismos que permitem a supervisão e o controle das agências. Desde a nomeação pelo Executivo, o Congresso está presente apreciando a indicação, aprovando-a ou rejeitando-a. Na aprovação de seu orçamento, na concessão de créditos, subsídios ou ajudas financeiras e orçamentárias, outro poderoso mecanismo de controle.[23]

Seus gastos, receitas e despesas devem ser submetidos ao Congresso. Ademais, o Congresso usualmente determina ou solicita às agências relatórios minuciosos acerca de sua atuação, podendo inclusive convocar todo e qualquer de seus servidores para depor perante uma de suas Comissões.

O Congresso norte-americano igualmente tem a possibilidade jurídica de exercitar o controle sobre as agências por intermédio da edição de normas jurídicas, leis, regras jurídicas, estabelecendo, através de delegação, critérios preestabelecidos, procedimentos padronizados de atuação, de modo a facilitar o almejado controle.

A outorga de poderes legislativos ou regulatórios a autoridades ou agências não é, ressalte-se, uma vez mais, tema isento de forte polêmica doutrinária ou mesmo política nos Estados Unidos da América. A partir da década de 1930, as agências receberam significativos poderes (*policy-making powers*), incluindo autoridade para implementar políticas públicas.[24-25]

---

23. "Perhaps the most visible and most effective means through which Congress can exert influence over administrative agencies is through the appropriations process. Budgetary hearings in both houses of Congress are opportunities for members of the appropriations committees to review agency performance, and affect future agency policy by changing the levels of funds appropriates for certain purposes" (Aman e Mayton, 1993:607).
24. A matéria, como já vimos, foi levada a julgamento na Suprema Corte (Curtiss Wright, 299 US 304 (1936), que acabou por sufragar a constitucionalidade da delegação Congresso-agências, desde que no ato de delegação houvesse *standards*

Vê-se que, mesmo na América, berço das agências, com toda a experiência na sua adoção e desenvolvimento, a matéria ainda envolve grandes desafios jurídicos e políticos.[26]

Acreditamos que, após essa visão geral da realidade norte-americana, seja possível dissertar sobre a realidade brasileira e seus desafios constitucionais.

---

claros de atuação. Entretanto, nas últimas décadas, os Tribunais (sobretudo os federais) têm, em alguns casos, permitido a utilização da delegação do Congresso às agências ou autoridades administrativas, mesmo ausentes *standards* ou limites precisos de atuação, fenômeno que tem preocupado os juristas e a sociedade

25. O que estaria a levar à erosão dos princípios democráticos arduamente conquistados, como também das liberdades civis e políticas, muito caras ao povo americano? Vide, sobre o assunto Kenneth F. Warren (1996:140).

26. A evolução do tema, inclusive jurisprudencial, é encontrada em obra clássica de Laurence Tribe (1988:369).

Capítulo 17
O DESAFIO DE COMPREENDER AS ANUNCIADAS MUDANÇAS NO DIREITO BRASILEIRO

Como vimos, nos Estados Unidos da América, o tema das *delegações legislativas* do Congresso ao Executivo ou às autoridades administrativas, nas suas mais variadas formas, acompanha a sua própria história – é fruto mesmo de sua tradição. Não obstante o fenômeno se tenha acentuado na era Roosevelt, com o *New Deal*, o tema já freqüentava os debates das convenções constitucionais que antecederam à Constituição norte-americana.[1]

A ausência de um modelo normativo mais analítico (como o nosso), aliada à ausência de competências expressas, parece explicar, ao menos em parte, a maior flexibilidade das instituições norte-americanas no que toca à estruturação dos poderes e funções entre o legislativo-executivo e judiciário e de toda sua "Administração Pública".

Conquanto possa existir a aproximação ou mesmo a inspiração ou transplante puro e simples de *alguns institutos* de *diferentes sistemas jurídicos*, não há como negar a profunda diferença de concepção e de espírito entre a família romano-germânica e o direito anglo-saxão. Como uma derivação deste último o direito norte-americano apresenta, como vimos, notas peculiares que o fazem extremamente complexo[2] e, nessa medida, único.

1. Vide Ralph Ketcham (1986).
2. Em primeiro lugar está, sem dúvida, sua Constituição positiva, fundamento lógico-normativo da totalidade das instituições jurídicas e cuja forma e significado não resultam diversos da nossa concepção, tendo inclusive influenciado todas as demais Constituição rígidas do mundo contemporâneo. Entretanto, ao lado da estrutura constitucional (sintética), encontramos uma série de corpos jurídicos intermediários que

Como bem o afirma Sèroussi:[3] "O direito norte-americano é antes de tudo, à imagem do direito inglês, um direito *jurisprudencial* que repousa num *corpus* de inúmeros precedentes judiciários, tirados dos princípios da *common law* e da *equity* solidamente ancorados no direito anglo-saxão. Apesar de tudo, e dessa vez muito mais do que na Inglaterra, o domínio ocupado pela lei não pára de crescer. Há primeiro a Constituição escrita dos Estados Unidos da América, referência jurídica suprema, à qual é preciso acrescentar a Declaração dos Direitos (*Bill of Rights*), firmemente indiscutível das liberdades públicas (*civil rights*). Em terceiro lugar, a presença dos códigos – em muitos Estados e em nível federal – reforça o caráter esparso e *pouco hierárquico das fontes do direito norte-americano*" (grifos nossos).

Bem, vincada a diferença substancial entre os dois sistemas jurídicos ou famílias jurídicas, cumpre verificar como e porque, no Brasil, o fenômeno vem se acentuando. Proliferam agências reguladoras a exemplo do que já ocorreu no passado, em outros países, portanto em realidades diversas da nossa.

Haveria alguma *similaridade* ou *identidade* de situações que justificasse, de algum modo, esse fenômeno? Do ângulo estritamente formal, no âmbito do direito constitucional positivo, evidentemente que a resposta só pode ser negativa.

É dizer, não haveria como *importar* ou *recepcionar* modelos estrangeiros, a não ser mediante um processo de colonização,[4] de con-

---

apresentam variadas formas de organização e articulação jurídica. Convive o direito legislado (*statute law*) com o *common law* ou o direito não-escrito. O direito legislado (*written law*), em sua estrutura, não se diferencia do que normalmente denominamos "legislação". Trata-se de um conjunto organizado de normas gerais sancionadas por autoridades legislativas. Mas há grandes diferenças de técnica de redação das leis e, sobretudo, em sua interpretação e aplicação pelos Tribunais. Ademais, a *common law* revela grandes diferenças de estrutura jurídica, se comparada com a *civil law* ou com o nosso "direito". A *common law* – direito escrito ou costumeiro – é um direito de origem judicial, fonte normativa com que aparecem revestidas as decisões ou precedentes – *stare decisis* – através dos quais os juízes devem resolver os casos de acordo com o decidido por juízes da mesma jurisdição, de maior ou igual hierarquia judicial, em casos prévios de natureza similar. V., a respeito, Julio César Cueto Rua (1997).
    3. Sèroussi, 1999:93 e ss.
    4. Tema tão caro e tão bem versado por Paulo Bonavides. É o eminente professor quem afirma: "Democracia participativa e Estado social constituem, por conseguinte, axiomas que hão de permanecer invioláveis e invulneráveis, se os povos con-

quista, ou em última análise mediante procedimentos hábeis à alteração da própria Constituição. Somente neste último caso, *em princípio*, poderíamos *em tese* admitir a possibilidade de alteração constitucional radical, de maneira a modificar a *estrutura fundamental* do Estado Democrático de Direito.

É dizer, sendo a Constituição norma jurídica e política fundamental de um Estado, evidentemente que qualquer alteração que implique, *v.g.*, a revisão de direitos fundamentais, na organização jurídico-política da sociedade, há de ser feita mediante o atendimento de suas próprias normas e princípios, manifestação do poder constituinte originário ou derivado, conforme a hipótese.

No direito constitucional brasileiro, ao contrário do norte-americano, pelo que vimos, não haveria como criar "entidades intermediárias" com poderes legislativos ausentes espaço, assento ou previsão constitucional. Seria necessária a convocação do poder constituinte originário para implantar um modelo como esse.

Não haveria espaço normativo para pretender justificar ou validar, perante a ordem constitucional brasileira atual, a criação de entidade(s) com poderes legislativos que não o Congresso Nacional e o Poder Executivo, este último, limitado pela ação do primeiro. Não se trata apenas de separar famílias jurídicas distintas (*common law* e *romano-germânica*), mas de verificar a incompatibilidade jurídica visceral do modelo em face do regime constitucional (ao menos de sua *estrutura*) brasileiro, na intensidade que certa corrente advoga.

No atual modelo constitucional brasileiro os conflitos políticos ou jurídicos são resolvidos pela interpretação dos direitos e deveres dos indivíduos, tornando possível concretizar os enunciados constitucionais, harmonizando a vontade constitucional a fim de que haja a pretendida segurança jurídica.

tinentais da América Latina estiverem no decidido propósito de batalhar por um futuro que reside tão-somente na democracia, na liberdade, no desenvolvimento (...). A queda da legitimidade dos órgãos legislativos e executivos se faz patente, profunda, irreparável nos moldes vigentes. Urge introduzir pois o mais cedo possível a nova legitimidade, cuja base recomposta é, novamente, a cidadania, mas a cidadania redimida, sem os percalços que lhe inibem a ação soberana, sem a perversão representativa, sem o falseamento da vontade, sem as imperfeições conducentes às infidelidades do mandato e aos abusos da representação" (2003:9 e 18, respectivamente).

Evidentemente que a criação de "entes intermediários" com poderes legislativos ou normativos, *no sentido empregado pela doutrina norte-americana* afetaria, e gravemente, a cidadania, o cerne da Constituição, no aspecto da produção normativa estatal.

É ilusório e inconsistente, acreditamos, supor que em nome da *"técnica"* a sociedade estaria habilitada para regular suas próprias condutas, ausente a intermediação legislativa e constitucional.

Concordamos com Humberto Bergmann Ávila[5] quando afirma: *"No Estado Constitucional Democrático são fundamentalmente as normas constitucionais que regulam quais interesses devem, nos seus pormenores, ser seguidos como interesses do Estado e como isso deve suceder, e isso será necessariamente determinado pelo legislador nos limites por elas estabelecidos.* Sem essa juridicização (*Verrechtlichung*) por meio da Constituição e das leis é, também na democracia, juridicamente irrelevante a invocação a interesses públicos e talvez adequados para a fundamentação de exigências político-jurídicas, cujos conteúdos orientam-se por objetos de interesse e por isso podem ser tão multiformes quanto estes (...). A possibilidade de uma definição abstrata mínima sem o recurso à concretização das normas constitucionais apresenta-se da mesma forma questionável. A mesma dificuldade apresenta-se na aplicação das normas".

Entre as várias finalidades de uma Constituição está, evidentemente, a de estruturar e defender a cidadania e a liberdade. A participação do cidadão no poder, como sabemos, caracteriza a democracia e somente pode ser exercida *nos moldes constitucionais, direta ou indiretamente.* Na lição de José Alfredo de Oliveira Baracho: "As técnicas da democracia representativa completam o princípio da participação do povo no poder, através de mecanismos como: a designação dos governantes ou eleição (hereditariedade, cooptação, sorteio, escolha); o direito de sufrágio (sufrágio restrito e sufrágio universal); limites do sufrágio (voto feminino, maioridade eleitoral); origem racial e nacionalidade; condenações judiciais (só a decisão judicial pode privar do direito de votar); os alienados; os militares; o sufrágio desigual e o sufrágio igual; desigualdades jurídicas (voto múltiplo e voto

---

5. Ávila, 1999:125.

plural); desigualdade de fato (desigualdades de circunscrições e adaptações periódicas)".[6]

Ou ainda como ensina Norberto Bobbio:[7] "A filosofia da Sociedade observa uma dupla convergência: a do Estado com o Direito, na medida em que o Estado submete-se onimodamente à lei que dita (*patere legem quam fecisti*), e a do Direito como o Estado, na medida em que o Direito é um produto exclusivo do Estado, *com a exclusão* de quaisquer outras fontes heterônomas" (grifos nossos).

Com isso não estamos, evidentemente, a defender ausência ou compressão de uma saudável e necessária *participação política*, questão inteiramente diversa e, inclusive, presente na Constituição de 1988, como meio de exercício da democracia pluralista.[8]

Entretanto, o que pretendemos deixar muito claro é a noção de que pelo atual regime constitucional não é admissível a existência de um "terceiro poder", concentrado ou difuso, que estaria apto a emitir leis ou a exercer atividade legislativa primária.

Se inclusive o povo, titular do poder constituinte, está limitado ou condicionado pelo Direito por vários meios e procedimentos para exercitar poderes jurídicos, seria rematado absurdo supor que autoridades administrativas, *escravas da lei*, ou terceiros sem vínculos ou mandatos jurídicos teriam mais poderes do que os próprios titulares da soberania nacional – o povo.[9]

Também nos parece ilógica a possibilidade de esses organismos serem considerados dotados de "independência"[10] no contexto constitucional brasileiro quando, por exemplo, é causa de intervenção federal, nos Estados, a inobservância de princípios revelantíssimos na estrutura brasileira, como a independência e harmonia dos poderes (o

---

6. Baracho, 1995:4.
7. Verbete: "Direito". In *Dicionário de Política*, 1983:349 e ss.
8. A participação política na Constituição de 1988 é ampla conforme anota Diogo de Figueiredo Moreira Neto, 1992:76 e ss.
9. A participação política na atividade *legiferante* do Estado, no mundo contemporâneo, como sabemos, pode dar-se mediante plebiscito, referendo, iniciativa popular, veto popular, opção popular ou sufrágio universal, *recall* e, em alguns países, o *lobby*, ou "grupos de pressão".
10. Sobre as perplexidades do tema, veremos mais adiante o direito estrangeiro e os problemas causados pelo conceito nos vários ordenamentos jurídicos alienígenas.

livre exercício de qualquer dos Poderes nas unidades da Federação – art. 34, IV, da CF), a forma republicana, o sistema representativo e o regime democrático[11] (art. 34, VII, "a", da CF).

Questão diversa, insistimos, são as variadas formas de *participação* contempladas na Constituição – informativa, de execução, de consulta, de decisão, na função jurisdicional, na distribuição do poder e em seu controle.[12] Assim, no Brasil, a participação administrativa visa principalmente à legitimidade dos atos da Administração, embora incidentalmente, possa servir a seu controle de legalidade.

Diogo de Figueiredo afirma: "Essa participação pode dar-se em qualquer dos campos da atividade administrativa do Estado: se *externa*, no exercício do *Poder de Polícia*, na prestação de *Serviços Públicos*, no *Ordenamento Econômico*, no *Ordenamento Social* e no *Fomento Público*, ou se *interna*, na *gestão* de seu pessoal, de seus bens e de seus serviços (...). É assim, a *legitimidade*, e a sua busca incessante, não só na escolha dos mandatários e não só da opção legislativa, como, casuisticamente, na tomada de *decisão administrativa*, o grande desafio do Direito Público neste final de século" (ob. e loc. cits.).

A mais abalizada teoria constitucional ensina[13] que, sendo a legislação uma das funções primordiais do Estado,[14] podemos distinguir os tipos de processo legislativo de acordo com a forma de organização política de um Estado. Dele decorrem quatro tipos de processo legislativo: a) autocrático; b) direto; c) indireto ou representativo; d) semidireto.

11. Veremos mais adiante que as explicações doutrinárias a propósito do tema – do enquadramento generalizado desses entes –, sem maiores cautelas, não são convincentes e até em alguns casos totalmente insubsistentes.
12. Conforme Diogo de Figueiredo Moreira Neto (1992:88 e ss.).
13. Conforme Nelson de Souza Sampaio (1996:36 e ss.).
14. Também nos parece absolutamente necessário o estudo sociológico do processo legislativo de modo a aperfeiçoá-lo, a torná-lo mais democrático, mais aberto às consultas e à participação popular organizada, questão que transcende o tema objeto desse trabalho. Como observa Hilda de Souza, "a abordagem sociológica do processo legislativo considera basicamente os fatores que influenciam o legislador na proposição de leis, *lato sensu*. Vale repetir, é o estudo relativo aos efeitos dos meios de comunicação de massa, sua influência na opinião pública, colhida através de pesquisas metodologicamente científicas, dos *lobbies* de grupos organizados em torno de interesses econômicos, das demandas de corporações públicas ou privadas na defesa de interesses parciais – no mais das vezes apresentados como coletivos – aos

O primeiro caracteriza-se toda vez que o governante fundamenta em si próprio – ainda que não o confesse – a competência para dar leis. É o modelo autoritário conhecido do direito constitucional utilizado na Roma antiga que pretendia justificar a competência de legislar do Imperador como uma *delegação do poder legislativo* dos *comitia,* por meio da *lex regia,* que lhe transferia a soberania popular.

O segundo, originário nos Estados-cidades da antiguidade greco-romana, é encontrado em alguns cantões suíços e em nenhuma outra parte, devido a dificuldades e complexidades crescentes da vida moderna.

O terceiro, ainda de acordo com Nelson de Souza Sampaio, o mais conhecido e aplicado modelo, passou por várias fases, do prestígio do Parlamento ao seu declínio com o crescente avanço tecnológico, o aumento do volume da legislação, ao mesmo tempo que a tornaram mais complexa, mais técnica e de elaboração mais rápida, para atender a necessidades prementes e cambiantes. E finalmente conclui o notável constitucionalista baiano: "Paralelamente, alarga-se a iniciativa exclusiva do Poder Executivo na apresentação dos projetos de lei, cerceia-se a faculdade de emenda das câmaras, avoluma-se a legislação de urgência, oriunda do governo, e se expande a legislação delegada. Em casos mais raros, as câmaras devem apreciar as propostas do Executivo dentro de determinado tempo, findo o qual a falta de deliberação parlamentar importa aprovação do projeto em sua redação originária. Em face de tudo isso, as funções de controle do Poder Executivo e de foro de opinião pública vai sobressaindo nas câmaras sobre as funções propriamente legiferantes (...). Não se deve, contudo, exagerar no caso inglês, a respeito do qual já se observou que 'um breve exame da legislação dita delegada mostra constituir-se, em sua maior parte, de textos de caráter regulamentar que, em outros países, teriam podido ser baixados pelo Executivo, sem necessidade de delegação'. Por outro lado, o mesmo estudo salienta que o cuidadoso exame da legislação delegada pelo *Select Committee on Statutory Instruments,* instituído em 1944, resultou num sistema original: 'destinado a frear a delegação do poder legislativo, redundou, de fato, na instituição de um controle do Parlamento sobre o poder regulamentar'.

programas e aos acordos partidários, etc., com vistas a determinar o grau de ascendência no surgimento de projetos de lei, bem como em sua aprovação ou rejeição" (1998:42).

A doutrina democrática precavida continua a ver na delegação legislativa um mal, embora reconhecendo que é um mal necessário, comparável a um remédio perigoso, que não se deve usar sem prescrição médica e as devidas cautelas"[15] (grifos nossos).

O quarto modelo – processo legislativo semidireto – caracteriza-se pela legislação resultante de um ato complexo, fruto da concordância da vontade do órgão representativo com a vontade do eleitorado, tendo no *referendum popular* sua expressão mais eloqüente.

Feita essa breve introdução, acreditamos que já seja possível desenvolver o tema das agências no Brasil, sempre o relacionando a essa perspectiva mais ampla do *direito constitucional e de suas garantias*, de sua abrangência. Nossa preocupação, insistimos, é com o *sistema constitucional brasileiro* como um todo e não com essa ou aquela agência.

No Brasil, acreditamos, a proliferação de agências reguladoras ocorreu por opções políticas, ideológicas, e, sobretudo, como uma opção por um determinado modelo econômico de nítida inspiração internacional de restauração da força e presença da iniciativa privada na Administração Pública, nas atividades que tradicionalmente eram atribuídas ao Estado.[16]

15. Sampaio, 1996:52-53.
16. A matéria diz com a filosofia política tendo recebido os seguintes comentários do emérito Professor Milton Santos, de saudosa memória: "O mundo se torna fluido, graças à informação, mas também ao dinheiro. Todos os contextos se intrometem e superpõem, corporificando um contexto global, no qual as fronteiras se tornam porosas para o dinheiro e para a informação. Além disso, o território deixa de ter fronteiras rígidas, o que leva ao enfraquecimento e à mudança de natureza dos Estados nacionais. O discurso que ouvimos todos os dias, para nos fazer crer que deve haver menos Estado, vale-se dessa mencionada porosidade, mas sua base essencial é o fato de que os condutores da globalização necessitam de um Estado flexível a seus interesses. As privatizações são a mostra de que o capital se tornou devorante, guloso ao extremo, exigindo sempre mais, querendo tudo. Além disso, a instalação desses capitais globalizantes supõe que o território se adapte às suas necessidades de fluidez, investindo pesadamente para alterar a geografia das regiões escolhidas. De tal forma, o Estado acaba por ter menos recursos para tudo o que é social, sobretudo no caso das privatizações caricatas, como no modelo brasileiro, que financia empresas estrangeiras candidatas à compra do capital social nacional. Não é que o Estado se ausente ou se torne menor. Ele apenas se omite quanto ao interesse das populações e se torna mais forte, mais ágil, mais presente, ao serviço da economia dominante" (2001:66).

A discussão *política e ideológica* da matéria seria interminável e não serviria a nossos propósitos.

Basta assinalar que sobre o tema, essencialmente sensível, as opiniões se dividem.

De um lado, há os que, como Caio Tácito,[17] vêem as alterações trazidas pelas agências como um momento *saudável* de aparente *descentralização administrativa*,[18] fundadas em razões de origem *econômica*. O Estado teria perdido sua capacidade de prosseguir como principal financiador do desenvolvimento econômico, sendo imperiosa a atração de capitais privados para os setores de interesse público. Afirma o renomado jurista: "(...) o direito brasileiro oferece, assim, a oportunidade para que se possa, um pouco importando a experiência estrangeira, *mas sem recolher dela senão aquilo que é útil ao nosso sistema*, a viabilidade de se constituir ao mesmo tempo e pelo processo de transferência a uma execução privada de certas atividades, se faculta a dinâmica e a viabilidade, até econômico-financeira destas atividades e em muitos casos se defrontam a insuficiência de recursos públicos, a continuidade da presença nesta atividade no sentido do interesse coletivo". Eu creio que este é o ponto dominante da operação que essas agências reguladoras devem adquirir, no sentido de serem intérpretes da conformidade com esse sistema de delegação à iniciativa privada de algumas atividades de dominantemente teor econômico com a continuidade de aferir se a produtividade a ser alcançada corresponde à finalidade maior de interesse público que está prevista nessa natureza virtual que conserva o serviço público delegado" (grifos nossos).

17. Tácito, 1998.
18. Entendimento que é compartilhado por Diogo de Figueiredo Moreira Neto, ao afirmar que "o êxito alcançado pelas *entidades reguladoras* em todo o mundo e que justifica sua adoção no ordenamento jurídico brasileiro não se deve apenas à opção pela *descentralização* mas, e principalmente, pela outorga de *competência normativa* sobre o setor que administram. Com efeito, esta *competência normativa* atribuída às agências reguladoras é a chave de uma desejada atuação célere e flexível para a solução, em abstrato e em concreto, de questões em que predomina a *escolha técnica*, distanciada e isolada das disputas partidarizadas e dos complexos debates congressuais em que preponderam as *escolhas abstratas político-administrativas*, que são a arena de ação dos Parlamentos, e que depois se prolongam nas *escolhas administrativas discricionárias, concretas e abstratas*, que prevalecem na ação dos órgãos burocráticos da Administração direta" (1999(215):74 e ss.).

Luís Roberto Barroso[19] também vê o fenômeno de forma pragmática ao ensinar:

"A constatação de que o Estado não tem os recursos para os investimentos necessários e que além disso é geralmente um mau administrador, conduziu ao processo de transferência para o setor privado da execução de serviços públicos. Foi antes um imperativo das circunstâncias do que uma opção ideológica. Mas o fato de determinados serviços públicos serem prestados por empresas privadas concessionárias não modifica a sua natureza pública: *o Estado conserva responsabilidades e deveres em relação à sua prestação adequada.* Daí a privatização haver trazido drástica transformação no papel do Estado: em lugar de protagonista na execução dos serviços, suas funções passam a ser as de planejamento, regulamentação e fiscalização das empresas concessionárias.É neste contexto que surgem, como personagens indispensáveis, as *agências reguladoras.*

"Na verdade, as funções transferidas para as agências reguladoras *não são novas*: O Estado sempre teve o encargo de zelar pela boa prestação dos serviços. Ocorre, todavia, que quando eram eles prestados diretamente pelo próprio Estado ou indiretamente por pessoas jurídicas por ele controladas (como as sociedades de economia mista e as empresas públicas), estas funções não tinham visibilidade e, a rigor, não eram eficientemente desempenhadas. Agora, todavia, a separação mais nítida entre o setor público e o setor privado revigora este papel fiscalizador.

"A prestação de serviços públicos mediante concessão é disciplinada pela Constituição e pelas leis em geral, e mais especialmente, pela lei própria do setor, pelo contrato celebrado entre a empresa concessionária e o poder concedente e pelas normas e decisões emanadas das agências reguladoras. Tais agências acumulam tarefas múltiplas, dentre as quais se incluem:

"a) controle de tarifas, de modo a assegurar o equilíbrio econômico e financeiro do contrato;

"b) universalização do serviço, estendendo-os às parcelas da população que deles não se beneficiavam por força da escassez de recursos;

---

19. Barroso, 1999 (25):76-77.

"c) fomento da competitividade, nas áreas nas quais não haja monopólio natural;

"d) fiscalização do cumprimento do contrato de concessão;

"e) arbitramento dos conflitos entre as diversas partes envolvidas: consumidores do serviço, poder concedente, concessionários, a comunidade como um todo, os investidores potenciais, etc." (grifos nossos).

De outro lado, há autores que vêem as agências e todo esse movimento de forma mais crítica, quer no que tange ao desenho, ao modelo que pretendem instituir, quer em relação aos poderes de que pretendem dispor, que poderá ser causa de abusos à ordem jurídica. Celso Antônio Bandeira de Mello,[20] Maria Sylvia Zanella Di Pietro[21] e Lúcia Valle Figueiredo,[22] com algumas insignificantes diferenças de entendimento, podem ser assim agrupados.

Esperamos que esteja evidente, diante do desenvolvimento de nossas idéias que estamos decididamente com o segundo grupo de entendimento acerca da matéria, sobretudo diante das *angústias constitucionais* que o tema encerra, nossa maior preocupação.

Também acreditamos, pela história constitucional brasileira, que a pretendida *delegação da execução indireta da prestação de serviços públicos* através do modelo das agências parece conduzir a uma *fuga, a uma subtração* para um *regime de direito "privado" inconstitucional*. A renúncia de deveres públicos, constitucionais, não pode jamais ser tolerada como um expediente que nos levará a uma *discricionariedade libertina*, marca do regime privado e de seu direito.

20. Afirma o eminente professor: "Desgraçadamente, pode-se prever que ditas 'agências' certamente exorbitarão de seus poderes. Fundadas na titulação que lhes foi atribuída, irão supor-se – e assim o farão, naturalmente, todos os desavisados – investidas dos mesmos poderes que as 'agências' norte-americanas possuem, o que seria descabido em face do Direito brasileiro, cuja estrutura e índole são radicalmente diversas do Direito norte-americano" (Bandeira de Mello, 2004:159-160).
21. Di Pietro, 2002:156 e ss.
22. Lúcia Valle Figueiredo (2004:144). Afirma a ilustre professora: "Não pode, todavia, a lei lhes dar papel normatizador em sentido estrito, o que, aliás, vem acontecendo com as agências americanas. Note-se que após uma bem maior liberdade outorgada pelo Legislativo às ditas agências (no Direito Americano) houve a percepção de que esse fato poder-se-ia constituir em invasão das competências do Poder Legislativo".

Não conseguimos vislumbrar as agências como entes destacados do sistema constitucional brasileiro e, assim, da própria Administração Pública em sentido amplo. E neste último caso, não vemos espaço para uma atividade verdadeiramente *inovadora* no que toca à atividade legislativa, única possível para criar direitos e obrigações no sentido original.

A questão, portanto, nos remete ao conceito de *regulação* ou diz com os limites dessa "função reguladora". Desde logo somos obrigados a enunciar a posição de Maria Sylvia Zanella Di Pietro. Afirma a professora:

"O aspecto mais controvertido das agências reguladoras, no direito brasileiro, é o que diz respeito *aos limites de sua função reguladora*. Nas três agências referidas (ANEEL, ANATEL e ANP), a função reguladora está sendo outorgada de forma muito semelhante à que é delegada às agências reguladoras do direito norte-americano; por outras palavras, a elas está sendo dado o poder de ditar normas com a mesma força de lei e com base em parâmetros, conceitos indeterminados, *standards* nela contidos.

"A primeira indagação diz respeito aos *fundamentos jurídico-constitucionais para a delegação de função normativa às agências.* As duas únicas agências que estão previstas na Constituição são a ANATEL e a ANP, com referência à expressão '*órgão regulador*' contida nos arts. 21, XI e 177, § 2º, III.

"As demais não têm previsão constitucional, o que significa que *a delegação* está sendo feita pela lei instituidora da agência. Por isso mesmo, a função normativa que exercem não pode, *sob pena de inconstitucionalidade*, ser maior do que a exercida por qualquer outro órgão administrativo ou entidade da administração indireta. Elas nem podem *regular* qualquer matéria, no sentido previsto para as agências norte-americanas, nem podem *regulamentar* leis, porque essa competência é privativa do Chefe do Poder Executivo e, se pudesse ser delegada, essa delegação teria que ser feita pela autoridade que detém o poder regulamentar e não pelo legislador" (grifos nossos).

De fato, não haveria como sustentar o exercício de *competência legislativa* ou delegada das agências, expressamente prevista no art. 59, IV, da Constituição Federal, combinado com o seu art. 68. Não há no direito constitucional brasileiro outra forma de *delegação legislativa*, senão aquela expressamente contida nos aludidos dispositivos.[23]

Não podemos confundir o exercício de *competência regulamentar* atribuído diretamente ao Presidente da República (art. 84, IV, da CF), ato normativo secundário e dependente da lei, com aquela competência delegada.

Não há no direito brasileiro, ao contrário de outros sistemas jurídicos, a figura da delegação normativa aberta ou remissiva, se entendermos essa competência como um verdadeiro cheque em branco a favor da Administração Pública ou de qualquer poder, órgão ou autoridade. Socorre-nos Carlos Roberto Siqueira Castro:[24]

"Por aí se conclui não ser correta a sinonímia estabelecida por alguns autores entre *delegação de poderes e delegação legislativa*, vez que não raro acontecem delegações de poder *que nada têm de outorga de competência materialmente normativa*, a exemplo da transferência de funções judicantes a órgãos do Executivo, como há ainda delegações legislativas na qual não interferem os demais Poderes constituídos, vez que processadas no âmbito exclusivo da instituição parlamentar. Para que ocorra a delegação legislativa é preciso o *ato de delegação* que habilita a autoridade delegada a exercer a competência legiferante que lhe é transferida. Trata-se, pois, de ato *de habilitação* ou de *autorização* sob o ângulo passivo, isto é, para quem exerce o objeto da delegação, o qual a citada Carta Política da Espanha designa de *lei de bases (art. 82, II)*. (...) E dado que *o ato de delegação não se presume, na sua falta há de entender-se que a compe-*

---

23. Leila Cuéllar, em monografia, afirma: "De todo modo, é preciso observar que, na medida em que a delegação é sempre precária e excepcional, caso o poder normativo das agências derivasse de delegação, poderia, em tese, ser cassado, o que acarretaria extinção das agências – ou frustração de sua natureza jurídica essencial. A delegação deve ser controlada *pari passu* pelo delegante – o que é inviável no sistema brasileiro. Assim, parece-nos que o óbice para justificação da atribuição de poder normativo às agências como delegação de poderes não é o 'princípio da separação de poderes', mas a própria natureza do ato de delegar" (2001:116). *Data venia* do entendimento da ilustre autora, parece-nos que a questão é bem mais complexa. A nosso juízo, ambas as questões – seja o princípio da separação de poderes, seja a matéria relativa às delegações – apresentam desafios teóricos para a solução do problema e nenhum deles deve ser descartado na análise das competências jurídicas dessas entidades.

24. Castro, 1986:84-85.

tência de legislar ficou preservada pelo Legislativo, que assim não a transferiu. Por essa razão, toda vez que a função criativa do direito positivo for exercida fora do processo legislativo ordinário ou especial, sem que esteja fulcrada em competente *ato de delegação*, tem-se um caso de *usurpação de poder legiferante (ou de função de Poder)*, sendo *inconstitucional a norma jurídica assim editada, vez que ter-se-á exercido indevidamente competência que o legislador constituinte endereçou de forma personalíssima ao Poder Legislativo.*

"Além disso, a delegação há de ser *condicional e limitada*. Se destituída de condições e limites ditados pelo Poder Legislativo a delegação importará em verdadeira abdicação de função normativa, o que à toda evidência não se compadece com a partilha constitucional de competências orgânicas. Essas condições e limites variam ao sabor das opções do legislador constituinte ou ordinário de cada nação, podendo ser de ordem *temporal, material ou procedimental*" (grifos nossos).

É ainda o mesmo autor em sua magnífica monografia que reitera a necessidade do requisito constitucional da indicação precisa do conteúdo das leis delegadas, "não bastando que seja apenas mencionado na resolução do Congresso Nacional o assunto, o setor ou a atividade a ser normativada pela autoridade delegada, o que corresponderia a uma delegação de plenos poderes, que é inconciliável com o ordenamento constitucional pátrio e com os sistemas presidencialistas em geral. É preciso, enfim, *que os* standards *normativos, isto é, os princípios e diretrizes basilares da legislação delegada fiquem suficientemente esclarecidos no ato de delegação – a resolução do Congresso, isto para que o próprio Poder Legislativo, e também o Judiciário, possam controlar, sob o prisma da legalidade, a conformidade entre o quanto se delegou e o quanto se legislou com base na delegação*".[25]

Desse modo, o que autorizaria "delegação" de *função normativa* às agências reguladoras no Brasil? Evidentemente que sendo o poder de legislar indelegável, essa "função normativa" somente pode ter por conteúdo normas jurídicas secundárias, regras de direito concretas, delineamentos e detalhamentos que configurem aplicação de princípios e normas bem assentadas pelo Poder Legislativo.

25. Castro, 1986:87.

Entretanto, desde logo afirmamos que não compartilhamos do entendimento de parte da doutrina que considera *impossível ou inválido* o exercício de delegação normativa *secundária* do Legislativo ao Executivo. Parece que o legislador no Brasil, dentro do espaço normativo que lhe foi atribuído pela Constituição, poderá exercer sua competência legislativa de forma exaustiva, ou não.[26] É dizer, há de se reconhecer em certas hipóteses, um espaço normativo de delegação.

A esse tema retornaremos em capítulo próprio. Antes, porém, útil verificar o direito estrangeiro.

Talvez a profunda confusão que se estabeleceu acerca dessa matéria derive da inadequada leitura do direito estrangeiro que, neste particular, não guarda correspondência com o brasileiro. Veja-se, por exemplo, a realidade espanhola, onde existem várias espécies de delegação legislativa.

No sistema espanhol permite-se, por exemplo, nos casos de textos *refundidos*, que o Governo receba competências puramente técnicas e não-criadoras para *sistematizar e articular em um texto único* uma pluralidade de leis que incidem sobre um mesmo objeto, sem alterar a regulação material que esta pluralidade de normas resulta.

Essa função implica, certamente, uma alteração entre a antiga e a nova realidade. Não há uma simples reordenação mecânica de preceitos anteriores. É esta a função (*aliquid novi*) que justamente vem possibilitar a delegação legislativa e que é também o que diferencia um texto refundido oficial de uma mera compilação ou sistematização privada e oficiosa, concebida como um simples instrumento de cognição. O texto refundido pressupõe um juízo de fundo sobre a interpretação sistemática das regras refundidas, de onde derivará sua respectiva integração.[27]

---

26. É preciso novamente encarecer a idéia segundo a qual a atividade administrativa em sentido amplo sempre estará vinculada a um fim, ainda que o administrador público esteja a manejar competências vinculadas ou discricionárias. Nem sempre a lei, nas hipóteses *possíveis*, exaure a matéria objeto de sua "regulação" e nem sequer é possível ou desejável que isso ocorra em *todos* os casos e hipóteses. Sendo assim, é preciso, também aqui, reconhecer e valorizar a função dos princípios e das regras constitucionais que incidem, a despeito da existência de uma determinada "regulação" exaustiva e exauriente, como verdadeiros limites à ação do legislador infraconstitucional.

27. Enterría, 1998.

É comum na realidade espanhola este tipo de delegação. A lei de delegação desde logo autoriza que o produto da nova sistematização – por meio de nova lei – substitua efetivamente as leis refundidas, de modo que estas deixem de ser diretamente aplicáveis, mantendo-se, não obstante, a regulação de que trata o direito anterior.

Há ainda outro tipo de delegação, chamada "delegação receptícia", categoria mais elevada de delegação legislativa genérica, no sentido de que emitem verdadeiras *normas formuladas pela Administração, dotadas da mesma hierarquia que a lei*. Mas, mesmo neste caso, a norma emanada da Administração em virtude dessa delegação não é também, como no direito brasileiro, um cheque em branco à Administração, porquanto deve previamente ter recebido as bases e limites da delegação. Também não se admite no direito constitucional espanhol, nesse passo como o nosso, lei de plenos poderes ou a abdicação do poder legislativo abstrato em favor da Administração.

O problema teórico sempre está localizado no mesmo lugar, independentemente do país analisado. Qual deve ser o grau de concreção ou quais devem ser as bases suficientemente claras para indicar os limites da delegação?

O fenômeno é antigo e conhecido – as chamadas "leis de bases", no direito espanhol, ou "lois cadre", no direito francês, ou mesmo "skeleton legislation", do direito inglês, enfrentando o mesmo desafio.

Na maioria dos países europeus, o exercício da *função legislativa* não pode ser delegado ao governo a não ser por meio de leis que determinem os princípios e critérios diretivos e, ainda, por tempo limitado e para objetos bem determinados. Traz o art. 80 da Constituição alemã, que autoriza ao Governo Federal, a um ministro federal ou aos Governos dos *Landers* serem habilitados por uma lei para ditar regulamentos jurídicos, desde que seu conteúdo, seu fim e sua extensão estejam bem demarcados.

A matéria recebeu excelente monografia de Eduardo García de Enterría:[28] "Por su parte, el artículo 38 de la Constitución francesa ofrece una fórmula de bastante menor precisión: 'El Gobierno puede, para la *ejecución de su programa*, pedir al Parlamento autorización para adoptar mediante ordenanzas, durante un plazo limitado, medidas

---

28. Enterría, 1998:184 e ss.

que son normalmente del dominio de la ley'. Ha de tratarse, pues se ha interpretado por el Conseil D'État y por la doctrina, de una autorización referida a un 'programa' determinado, no a un objeto inespecífico y vago. En todo caso, recordemos que estas Ordenanzas del artículo 38 de la Constitución requieren ser ratificadas *ex post* por el Parlamento para que puedan alcanzar el rango propio de las Leyes".

E mais adiante critica delegações "em branco" ao afirmar:

"Es ya curioso y contrario a nuestra práctica constitucional uniforme que una delegación legislativa recepctícia se incluya en el texto de una Ley ordinaria, sin dar lugar a una Ley de bases especiales; esta figura es propia de la técnica de la 'autorización' (deslegalización y remisión), de cuyo ejercicio emanan normas administrativas formalmente tales. Pero es mucho más anómalo y mucho más grave que la delegación sea puramente formal ('un régimen especial orgánico y económico', sin precisar cuál; 'concesión de recursos económicos especiales' sin ninguna otra determinación sobre los mismos). Ello supone, más que una delegación, una verdadera cesión abstracta de competencia legislativa, lo cual no está permitido, como ya nos consta, por el sistema constitucional positivo (Leyes Fundamentales y costumbre constitucional).

"Más sorprendente es aún examinar cuál ha sido el desarrollo de esta insólita 'delegación'. Utilizando esas facultades legislativas en blanco que tan graciosamente se le han concedido, el Gobierno ha aprobado los 'Textos articulados' de dos Leyes Especiales de Municipios de grandes ciudades, los de Barcelona (Decreto de 23 de mayo de 1960) y Madrid (Decreto de 11 de julio de 1963)."

Retornando à nossa realidade, podemos afirmar que mesmo diante da expressa previsão e alusão a "órgãos reguladores" na dicção do nosso texto constitucional (arts. 21, XI, 177, § 2º, II), somente podemos entender e compreender essa *função* como a de traçar os parâmetros, submetidos à lei, inclusive constitucional. Não há como sustentar, a exemplo do direito norte-americano que já vimos, um *espaço normativo indefinido de atuação* para o exercício de suas competências e atribuições. Muito ao contrário, aplica-se aqui a teoria da delegação, tal como exposta no Brasil por Siqueira Castro.[29]

---

29. Sobre a matéria vide também o clássico Castro Nunes (1943 (137):5-10).

O raciocínio deve ser lógico e sistemático. No Estado Democrático de Direito em que se constitui a República Federativa do Brasil, insista-se, predomina o *princípio da legalidade*, conquista da civilização e da humanidade. Ninguém será obrigado a fazer ou deixar de fazer alguma coisa senão em virtude da lei.

Ao Presidente da República, é certo, compete expedir decretos e regulamentos *para fiel execução das leis* (CF, art. 84, IV); e aos Ministros de Estado, expedir instruções para a execução das leis e seus regulamentos (art. 87, parágrafo único, II). Evidentemente que aqui estamos diante de *poder normativo*, mas, note-se, *poder normativo regulamentar de execução*.

É novamente Geraldo Ataliba[30] que merece ser trazido à colação. Afirmava o saudoso mestre: "Efetivamente, sua dicção restritiva tem em mira delimitar e restringir a faculdade, cortando qualquer veleidade no sentido de fazê-la (ou permitir entendê-la) mais extensa ou ampla que o sugerido pela finalidade de assegurar a *fiel execução das leis* (...). Sua presença, pois, só encontra explicação, no contexto sistemático da ordenação constitucional, como uma restrição: como expressão do deliberado propósito do constituinte em limitá-la" (grifos nossos).

O poder normativo do Presidente da República no Brasil, ao contrário do que ocorre nos Estados Unidos da América (como já vimos), *é indelegável*. Trata-se, à evidência, de competência privativa, única, exclusiva, ao contrário da experiência norte-americana.

É certo, também, que com as Emendas Constitucionais n. 23/1999 e 32/2001, houve alteração no art. 84, VI, dispondo que compete privativamente ao Presidente da República "dispor, mediante *decreto*, sobre: a) organização e funcionamento da administração federal, quando não implicar aumento de despesa nem criação ou extinção de órgãos públicos; b) extinção de funções ou cargos públicos, quando vagos".

A alteração não nos parece substancial de modo a modificar a competência tradicional do Presidente da República, que sempre pôde, no sistema constitucional brasileiro, dispor sobre a organização e o funcionamento da administração federal, *na forma da lei*. É dizer, não é porque foram acrescentadas duas alíneas pela Emenda que é possí-

---

30. Ataliba, 1971.

vel sustentar que estaríamos diante de uma *nova* competência originária. Evidentemente que a competência do art. 84, VI, continua sendo aquela referente à execução legal. Trata-se de *poder normativo organizatório, nada mais.*

De outro lado, como também já ressaltamos, não há regulamentos autônomos ou independentes no Brasil. Ao contrário do direito francês, onde ao Executivo se reservam áreas de atuação normativa, o direito constitucional brasileiro não admite a hipótese. Ademais, parece ter ido além o constituinte, quando, claramente dispôs no art. 49, V, da Constituição ser da competência exclusiva do Congresso Nacional "sustar os atos normativos do Poder Executivo que exorbitem *do poder regulamentar ou dos limites de delegação legislativa*".

O dispositivo reforça a teoria de que o *poder regulamentar* no Brasil foi contido. Vide a redação e inteligência dos arts. 84, IV, e 87, parágrafo único, II; e os limites de delegação legislativa, os contidos no art. 68, § 2º, todos da Constituição Federal.

Ademais, o Constituinte, no Ato das Disposições Constitucionais Transitórias, em seu art. 25, dispôs que "ficam revogados, a partir de 180 dias da promulgação da Constituição, sujeito esse prazo a prorrogação por lei, todos os dispositivos legais que atribuam ou *deleguem a órgão do Poder Executivo* competência assinalada pela Constituição ao Congresso Nacional, especialmente no que tange a: I – *ação normativa* (...)".

O espírito constitucional parece querer dizer alguma coisa. Evidentemente, com todas as letras, dá um basta ao Poder Executivo e quem lhe faça as vezes, sobretudo à sua ação normativa, historicamente descontrolada, irresponsável, autoritária, desmedida, desproporcional, arbitrária, atrabiliária, imotivada, desconforme com a Constituição.

O sentido, a exegese, a finalidade constitucional *original*, portanto, parecia apontar claramente para uma *única direção*: coibir as delegações, reforçando o papel do Legislativo, do Parlamento, reforçando a Democracia.

Retornando ao regulamento e à função normativa, temas correlatos, acreditamos que não há como privilegiar essa ou aquela função em detrimento do conjunto. Melhor dizendo, qualquer país que pretenda alargar as atribuições do Poder Executivo, quer diretamente, quer por intermédio de órgãos, departamentos ou agências (como é o caso do exemplo norte-americano), passará pela dificuldade de procurar equilibrar, equacionar e coordenar seus poderes e funções.

Aquele que conferir maior autoridade ao Executivo ou a seus órgãos ou agências (mais ou menos independentes) – pouco importa a terminologia – certamente estará aumentando a função normativa ou regulamentar (sentido amplo) em detrimento da *função legislativa*. É ilusão imaginar que a outorga de maiores poderes às autoridades administrativas (dependentes ou independentes) contribua, em face de nossa realidade histórica ou mesmo abstratamente, com o pretendido equilíbrio ou coordenação horizontal de poderes e funções no âmbito do Estado.

Ao menos a história brasileira sempre abonou nossa tese. A Constituição de 1937, por exemplo, que teve como uma das características ampliar sensivelmente a *função regulamentar*, acabou estrangulando a atividade legislativa e com ela a democracia. Basta verificar os seus arts. 11, 12, 13 e 14, para comprovarmos a expansão desmedida do Executivo no período. Dir-se-á que a Constituição é que era autoritária e não a função regulamentar; mas uma coisa parece vir sempre acompanhada da outra.

O perigo a que, acredito, estamos todos sujeitos, advertência já feita por Celso Antônio Bandeira de Mello, está exatamente nos *poderes normativos* de que ditas agências certamente acreditam dispor. De fato, o risco existe e pode ser identificado na mesma medida do passado. O papel que os regulamentos já tiveram no direito constitucional brasileiro no período de exceção – dispondo sobre as "lacunas" da lei – sufocado o Parlamento – sempre existirá. De várias formas é possível restringir a atividade legislativa.[31-32]

A primeira delas pode ser atribuída à sua própria inoperância, à sua omissão. Naturalmente não estamos nos referindo ao tempo necessário à maturação de qualquer matéria nos Parlamentos, lentos pela

---

31. Por outro lado, não podemos, em razão dos abusos do passado, reduzir o conteúdo e a extensão do *poder regulamentar-normativo da Administração Pública* à competência regulamentar do Presidente da República, ou mesmo confundi-los. Estamos, nesse aspecto, com a doutrina tradicional que reconhece a existência de *poder regulamentar* às várias autoridades da República e à própria Administração Pública e seus órgãos.

32. *Inter plures*, vide Caio Tácito (1997(2):1.079).

própria natureza de suas nobres atribuições. Mas devemos condenar aquela lentidão mórbida, irresponsável, que desafiaria mandados de injunção e ações de inconstitucionalidade por omissão, caso ambos não tivessem sido sepultados pelo Supremo Tribunal Federal.

A segunda delas, e a mais comum, é exatamente atribuir ao Poder Executivo, em um regime presidencialista, com uma constituição rígida e analítica como a nossa, poderes extraordinários ou travestidos. Foi assim no passado, como demonstramos em capítulo anterior.

Pode-se ainda afirmar, que afinal agora a questão é diversa, pois não estaria propriamente o Poder Executivo a apropriar-se de função legislativa; que o tema da competência regulamentar também não se põe, já que estamos a tratar de agências reguladoras, portanto de "regulação", de "poder regulador" de um terceiro, não do Executivo ou do Legislativo, mas de alguém de "fora" do quadro de poderes ou funções estatais.

Naturalmente, a questão não é tão singela. Mas mesmo que essa argumentação pudesse ter alguma procedência, diremos nós que o poder regulamentar das antigas autarquias no direito brasileiro não é muito diferente daquilo que se pretende e o que se faz, a pretexto de agir em nome do pré-falado "poder regulador". Basta uma rápida consulta à doutrina e à história do direito constitucional e administrativo para constatarmos essa evidência. Francisco Campos,[33] nos idos de 1942, já afirmava: "A legislação *é hoje* uma imensa técnica de contrôle da vida nacional em tôdas as suas manifestações. A legislação perdeu o caráter exclusivamente político, de quando se cingia apenas às questões gerais ou de princípios, para assumir um caráter eminentemente técnico".

Oliveira Vianna[34] afirmava: "No nosso direito administrativo não são raras as corporações dotadas de faculdades normativas, faculdades que importam em uma *verdadeira legislação delegada*".

E Santiago Dantas,[35] mais comedido, ensinava:

33. Campos, 1956:305.
34. *Apud* Dantas, 1953:206.
35. Dantas, 1953:204, 205 e 207. É o mesmo autor, na mesma obra, que traz também o magistério de Hauriou: "Le règlement est bridé par la loi en ce sens que toute disposition réglementaire en contradiction, soit avec les termes d'une loi, soit avec l'esprit de la loi, soit avec une *liberté definie* consacrée par une loi, est frappée

"Não há, por certo, exagero em dizer que a legislação delegada e a atividade regulamentar *descentralizada*[36] são características do Estado moderno, refletindo a complexidade maior dos seus problemas e a preocupação da *eficiência* no serviço público, o que obriga a *transferir para órgãos tècnicamente mais aparelhados*, uma parte considerável da atividade normativa da administração central e do parlamento (...).

"Sempre que um órgão administrativo, autárquico ou não, expede um regulamento sôbre a matéria já disciplinada em lei, depara-senos o problema da perfeita adequação do regulamento ao texto da lei. E isso porque, sendo o regulamento uma simples particularização ou desenvolvimento da lei, a cujo espírito deve incondicional obediência, será ilegal, e, portanto, inaplicável, a disposição regulamentar que se puser em oposição ao comando do legislador, seja para contradizê-lo, seja por alargar ou reduzir o âmbito de suas palavras" (grifos nossos).

O texto bem poderia ter sido feito de encomenda para a realidade contemporânea. Os argumentos que sustentaram a expansão dos *poderes regulamentares do Executivo*, das autarquias e das corporações de outrora, *são basicamente os mesmos* que hoje encontramos, reconheça-se, um pouco mais envernizados.

A lentidão do processo legislativo ou as mazelas do processo político brasileiro[37] não devem, com a licença dos que pensam de modo contrário, servir de argumento à atribuição desproporcional de Poderes a ninguém.

Não fosse por outras razões, a Constituição já contempla a medida provisória, instrumento excepcional, para situações de relevância e urgência; e a lei delegada que bem poderia ser mais utilizada como um instrumento de aceleração da prestação legislativa. Ao menos o

---

d'illegalité". Quando o direito é concedido pela lei, sem que esta lhe trace os limites, fixá-los é a atribuição precípua do poder regulamentador. Haveria excesso, sem dúvida alguma, se a liberdade de escolha, conferida pela lei, tivesse a sua amplitude definida nos próprios termos desta.

36. Hoje "autônoma", "técnica".

37. Aperfeiçoemos o processo político; façamos reformas políticas, eleitorais; façamos com que o legislador e a atividade normativa possam se aproximar da sociedade ou dela derivar mais diretamente; sejamos criativos na arquitetura de novas figuras. Esse movimento, no entanto, deve ser gradual e historicamente conquistado e não importado de forma singela e sem maiores cuidados.

direito constitucional positivo nos oferece conforto à argumentação, o que não ocorre com os que pensam de outro modo.

Os argumentos, surrados reconheça-se, mostram que a legislação perdeu seu *caráter político* (Francisco Campos, 1956:305) e que a atividade normativa *descentralizada* é característica do Estado "moderno" (San Tiago Dantas, 1953:206). Ambos os argumentos não podem ser considerados de forma absoluta,[38] fora do contexto, do sistema constitucional analisado. É muito antiga, ademais, a tese de que a legislação econômica – e hoje tudo é econômico –, demanda urgência, rapidez, eficiência.[39]

Desde a Segunda Guerra Mundial ouvimos o discurso de que o problema da urgência relacionado com a intervenção do Estado no domínio econômico levou à necessidade de maior intervenção. Agora, em nome da sociedade tecnológica, informatizada, cria-se a tese da *legislação independente*, da "regulação". O que efetivamente mudou? O Estado Democrático de Direito de hoje, aqui e agora, tem a resposta: não dispensa que qualquer intervenção se faça senão por meio dos procedimentos constitucionais e legais.

Pode-se é claro, e até deve-se admitir que o princípio da "separação de poderes" assuma novos desdobramentos para que haja distinção de acordo com o figurino constitucional dos diversos Estados modernos, que tem o condão de demarcar, mediante *decisão política fundamental*, os princípios da *legalidade* e da *reserva da lei*; para que o Estado contemporâneo lute por encontrar novos caminhos e desenhos que o *democratizem* e o *descentralizem*; para que, para implementar *políticas públicas*, o Estado, seus agentes ou organismos mais descentralizados[40] formulem ou arquitetem novas figuras, novos entes, novas fórmulas; e para que o exercício da *capacidade normativa* seja *desmistificado*, mas com teorias sólidas, não por modismos ou

---

38. Embora possamos compreender o contexto da afirmação, não há rigorosamente legislação que não seja "política", como "política" deve ser toda a ação do Estado e do legislador, pouco importando se a norma provenha do Legislativo, Executivo ou Judiciário, seja a atividade legislativa, delegada ou regulamentar.
39. Como quase tudo na realidade no mundo contemporâneo parece estar ligado ao universo econômico, a tese ademais é extremamente perigosa, além de inexata.
40. Não utilizamos propositadamente o adjetivo "independente" não por preconceito de qualquer espécie, mas porque não chegamos a discutir as figuras e modelos típicos em face de cada realidade constitucional mundial.

por conveniências de conjuntura desta ou daquela escola ou tendência. E, sobretudo, que seja o Direito o responsável pela criação e aperfeiçoamento do Estado e dos atores sociais. É a *experiência jurídica* que deve enfrentar esses desafios respeitando as peculiaridades de cada país, de seu povo, de sua história, de sua tradição, de sua cultura.

Retornando ao tema central de nossa investigação, cumpre saber afinal o que é esse *poder regulador* ou *função reguladora* e qual relacionamento jurídico entretém com a *função legislativa* e a *função regulamentar*. Se, enfim, estamos de fato diante de uma nova *categoria jurídica*.

Desde logo deixamos assentada nossa posição acerca do regime jurídico da competência regulamentar no Brasil. Não há dúvida de que, no essencial, o regulamento constitui *ato normativo*. Nessa medida, ele veicula norma jurídica genérica e abstrata, mas sempre (ao menos em nosso país) de caráter *secundário*.

Capítulo 18
PODER REGULATÓRIO:
FICÇÃO OU REALIDADE JURÍDICA?
A EXPERIÊNCIA ESTRANGEIRA

Quem procura em algum tratado de direito constitucional brasileiro contemporâneo, alguma definição acerca do termo "regulação" – no sentido postulado que vimos anteriormente – nada encontrará.[1] No Brasil, foram os professores de direito administrativo os que primeiro abordaram o tema, certamente desafiados pelo enigma desse "novo conceito".[2]

É certo que, posteriormente, a Constituição brasileira inseriu o conceito de "órgão regulador" (art. 21, XI, *in fine*, art. 177, § 2º, III, da CF), mas especificamente sobre seu alcance, discutiremos a matéria em outra oportunidade.

---

1. No direito estrangeiro, entretanto, há vasta bibliografia. Na língua espanhola e portuguesa, confira-se, *v.g.*, Gaspar Arino Ortiz (1999) e Vital Moreira (1997a e 1997b). Na Argentina, vide Alberto B. Bianchi (1998), Gaspar Arino Ortiz (1996) e Alejandro Pérez Hualde (2000).

2. No direito, aliás, é preciso muita cautela na utilização de expressões e termos, se com eles pretendemos exprimir uma idéia acerca de um conceito ou instituto jurídico. Chama a atenção o fato de o termo "regulação" ser empregado por pessoas ligadas ao direito sem que qualquer significado jurídico seja atribuído a essa expressão. Que economistas, administradores de empresas, jornalistas usem o termo para designar qualquer objeto que lhes vêm à mente, nada podemos fazer para evitar esse abuso, apenas lamentar. Nós, entretanto, da área jurídica temos o dever de, ao lançar mão de um conceito – se pretendemos construir ou elaborar algum fenômeno jurídico –, dissecá-lo, do contrário a comunicação não fluirá e estaremos simplesmente jogando palavras ao vento. É como nos sentimos em relação a esse conceito na área do direito, embora não ignoremos sua existência e os vários temas que pretende significar. Todavia, para alcançar a experiência jurídica, faz-se necessária uma construção dogmática ou científica que parece não ter ocorrido até o momento.

Maria Sylvia Zanella Di Pietro[3] distingue os vocábulos "regulação" e "regulamentação". "Regular" [*diz a autora*] significa *estabelecer regras*, independentemente de quem as dite, seja o Legislativo ou o Executivo, ainda que por meio de órgãos da Administração direta ou entidades da Administração indireta. Trata-se de vocábulo de *sentido amplo*, que abrange, inclusive, a regulamentação, que tem um sentido mais estrito. Em conseqüência, quando se fala em *desregular*, como um dos instrumentos ora utilizados para reforma do Estado, quer-se significar que deve diminuir o regramento da atividade privada, para diminuir a intervenção do Estado nas liberdades do cidadão. Por outras palavras, quer-se diminuir o poder de polícia do Estado, pela diminuição das limitações ao exercício dos direitos individuais. Não interessa o tipo de regramento ou o órgão que o estabeleça. Nos Estados Unidos, por exemplo, em que as agências reguladoras estabelecem normas que afetam a vida do cidadão, com a mesma força de lei, a desregulação significa diminuir a competência regulatória desses entes" (grifos nossos).

Naturalmente que se por *regulação* entendermos simplesmente o estabelecimento de regras jurídicas, novidade alguma haveria a considerar.[4] Trata-se da própria noção mais elementar de direito. Não é esse o sentido que pretende apresentar sabor de novidade.

Os termos "regulação" e "regulamentação" são também bem antigos e dominam não só o discurso e a ciência econômica, como também o direito econômico e administrativo. No direito constitucional, nessa medida, sempre esteve presente, uma vez que o Estado e a Constituição, de algum modo, sempre *regularam a atividade econômica*, de forma mais liberal ou mais agressiva.

Anota Calixto Salomão Filho[5] acerca da matéria, que, apesar de seu emprego estar relacionado à regulação dos serviços públicos e pelos teóricos do direito econômico, presta-se o termo a uma ampla gama de significados englobando "toda a forma de *organização da ati-*

---

3. Di Pietro, 1999:140.
4. Aliás, o art. 174 da CF estabelece: "Como agente normativo e regulador da atividade econômica, o Estado exercerá, na forma da lei, as funções de fiscalização, incentivo e planejamento, sendo este determinante para o setor público e indicativo para o setor privado".
5. Salomão Filho, 2001:14 e ss.

vidade econômica através do Estado, seja a *intervenção* através da concessão de serviço público ou o exercício do *poder de polícia*". E, mais adiante, reconhece a forte "(...) influência que a teoria econômica da *regulação* de origem norte-americana tem tido sobre a formulação do modelo brasileiro de organização dos setores privatizados. A febre das agências por que passa o país e a aparente crença no poder dessas agências de corretamente *organizar as relações econômicas nesses setores* invocam a concepção econômica mais liberal da função da teoria da regulação. (...) No campo econômico, a utilização do conceito de *regulação* é a correspondência necessária de dois fenômenos. Em primeiro lugar, a redução da intervenção direta do Estado na economia, e em segundo o crescimento do movimento de concentração econômica" (grifos nossos).

Mas parece não ser só esse o foco da "novidade". Carlos Ari Sundfeld,[6] ao dissertar sobre as noções de regulação e de serviço público, procura explicá-lo afirmando:

"Para designar sinteticamente tudo o que fazem as entidades mencionadas, passou-se a falar, com um certo sotaque inglês, de *regulação. O conceito exato dessa figura é ainda muito incerto e flutuante, inclusive na legislação*. Contudo, para além dos detalhes, o seu surgimento tem, para os publicistas, um interesse doutrinário não-desprezível: o de oferecer um caminho que supere o impasse causado pela inutilidade, a essa altura, do velho conceito de *serviço público*. (...).

"O espírito realmente forte nas agências é o de que regular seria tratar de questões técnicas e econômicas (...). Alguns reguladores também não se têm mostrado sensíveis à idéia de processo administrativo. (...). Ademais, o exercício de poder normativo tem como contrapartida o dever de só editar normas após a realização de ampla consulta pública (isto é procedimento normativo, o *rulemaking process* da experiência norte-americana). Mas esses reguladores ainda não incorporaram totalmente a cultura processual, ao menos no que ela tem de positivo" (grifos nossos).

Ousamos discordar, ao menos em parte, dos ilustres juristas, para insistir que o termo "regulação" parece não indicar por si só qualquer fenômeno novo – ou, quem sabe, pretenda abarcar *tantas reali-*

---

6. Sundfeld, 2002:32.

dades e objetos tão distintos, que chega a um mesmo resultado: a lugar algum.[7]

Ao consultarmos o direito comparado, sobretudo o europeu,[8] encontramos explicações muito parecidas, o que denota a existência de um fenômeno internacional. Na verdade a questão de fundo é a mesma. Trata-se, isso sim, não só da criação de Administrações "independentes" do governo ou da Administração central (conseqüência-instrumento), mas da implantação de um "novo" modelo de Estado (causa).

A expressão com a conotação que se lhe dá atualmente parece advir mais da ciência econômica do que da ciência do direito. É a conclusão a que chegamos verificando as obras de direito constitucional ou econômico europeus que, no mais das vezes, reportam-se a uma literatura econômica para enfrentar e justificar o modelo ou o fenômeno.[9]

Trata-se à evidência, em essência, da postulação da *redução do peso* do *Estado-empresário* e da *liberalização* de determinados setores de atividades econômica a que se tem assistido ao longo das últimas décadas em diversos países. Esse fenômeno, os autores têm chamado de "(des)regulação" como resultado de processos de *privatização e*

---

7. O que parece ocorrer também com a noção de "ente regulador" em sentido amplo. Como adverte Alberto B. Bianchi: "los entes reguladores poseen una característica *multifacética* que merece ser analizada desde un punto de vista estático-jurídico como dinámico-operativo" (2001 (1):214). *Data venia*, multifacetada, ou não, é preciso isolar alguns objetos e analisá-los, do contrário continuaremos no limbo a dar voltas em torno do mesmo lugar.

8. Gazier e Cannac afirmam, a respeito dessas entidades, denominadas na França de "A.A.I – autorités administratives indépendantes": "quelque chose d'intermédiaire entre le choix des politiques, qui n'appartient qu'aux autorités élues ou directement contrôlées par les élus, et la gestion des services qui est l'affaire des administrations, placées sous le pouvoir hiérarchique ou la tutelle des premières. La régulation est la tâche qui consiste à assurer entre les droits et les obligations de chacun le type d'équilibre voulu par la loi. Elle implique dans une certaine mesure ce qu'on appel aujourd'hui une vision 'systémique' de la société et de ses rapports avec l'État. Autrement dit l'idée que le rôle de celui-ci est moins de commander directement aux acteurs sociaux que d'établir entre eux des 'règles du jeu' et de veiller à ce qu'elles soient respectées. Seule la première de ces tâches est proprement politique et relèverait donc directement du Parlement et du gouvernement. La seconde, sans être en rien juridictionelle, nécessite des vertus de neutralité, d'équité et d'humanité qui s'apparentent just'à un certain point à celles que l'on attend d'un juge".

9. Confira-se, entre outros, G. Majone e A. La Spina (1991), Gaspar Arino (1993), Francisco González Blanch (1997), José Eugenio Soriano García (1995).

de liberalização da economia. A ela seria contraposta a idéia de Estado intervencionista.

O fenômeno deu-se com o recuo do Estado produtor que passou das nacionalizações às privatizações. Nas décadas de 1970 e de 1980, em quase toda Europa ocorreram essas modificações, algumas inclusive constitucionais.

Até aquele primeiro período, o setor empresarial do Estado, ou o setor público produtivo, tinha *importante peso econômico, político e social*, constituído por empresas públicas controladas direta ou indiretamente pelo Estado. Em alguns Estados, inclusive, havia proibições explícitas de acesso ao capital privado nos setores básicos da economia. Seguiu-se um período de privatizações diretas ou indiretas inclusive de gestão de serviços públicos. Com isso, o setor público empresarial viu-se bastante abalado e diminuído.

Como resultado desse processo de privatização e de liberalização da economia (do Estado aos particulares), muito embora ainda se mantenham em alguns países alguns monopólios, passou-se a procurar uma forma de o Estado regular esses setores e as atividades privatizadas. Cunhou-se a expressão "Estado regulador".

Obviamente que o Estado sempre foi "regulador" no sentido de ter o poder de expedir normas jurídicas para "regular", "regulamentar" atividades (inclusive econômicas) na sociedade.

Assim, quando se alude a "Estado regulador", quer-se referir a esse modelo dominante daqueles tempos a esta parte. O modelo que prega em larga medida a regulação, a regulamentação, o estabelecimento de regras jurídicas nesse processo de abertura econômica. Trata-se, ao que parece, de um novo paradigma de *intervenção do Estado* na economia, que retrata uma significativa perda de importância do setor empresarial do Estado na atividade econômica direta ou produtiva.

A ele, referiu-se Marçal Justen Filho,[10] em recente e densa obra sobre a matéria, do seguinte modo:

"No modelo desenvolvido ao longo dos últimos trinta anos, a atuação e a intervenção estatal diretas foram reduzidas sensivelmente. A contrapartida da redução da intervenção estatal consiste no predomí-

---

10. Justen Filho, 2002:21.

nio de funções regulatórias. Postula-se que o Estado deveria não mais atuar como agente econômico, mas sim como árbitro das atividades privadas. Não significa negar a responsabilidade estatal na promoção do bem-estar, mas alterar os instrumentos para realização dessas tarefas. Ou seja, o ideário do Estado de Bem-Estar permanece vigente, integrado irreversivelmente na civilização ocidental. As novas concepções acentuam a impossibilidade de realização desses valores fundamentais através da atuação preponderante (senão isolada) dos organismos políticos. (...).

"A concepção regulatória retrata uma *redução* nas diversas dimensões da intervenção estatal no âmbito econômico. Ainda que seja impossível estabelecer um padrão predeterminado, a regulação incorpora a concepção da *subsidiariedade*. Isso importa reconhecer os princípios gerais da livre iniciativa e da livre empresa, reservando-se ao Estado o instrumento da regulação como meio de orientar a atuação dos particulares à realização de valores fundamentais" (grifos nossos).

É o mesmo autor quem destaca que o *modelo regulatório* postula:

1) A liberalização de atividades até então monopolizadas pelo Estado, para propiciar ampla disputa pelos particulares em regime de mercado.

2) Anteriormente, preconizava-se o exercício direto pelo Estado de funções econômicas. O novo paradigma privilegia a competência regulatória; permanece o Estado presente no domínio econômico, mas não como ator principal. Vale-se do instrumento normativo e de suas competências políticas para influenciar os particulares à realização dos fins necessários ao bem comum.

3) A atuação regulatória propugnada admite a possibilidade de intervenção destinada a propiciar a realização de certos valores políticos e sociais. A relevância dos interesses coletivos envolvidos (serviços públicos, por exemplo) impede a prevalência da pura e simples busca do lucro.

4) Tratar-se-ia da instituição de mecanismos de disciplina permanente e dinâmica na atividade econômica privada.

Por fim, adverte o ilustre jurista que a alusão a "Estado regulador" não pode ser interpretada no sentido de uma configuração *padronizada e unitária*.

Afirma: "Fala-se muito mais de um 'modelo regulador' de Estado para indicar uma *situação variável e heterogênea*, que se concretiza de diversos modos. A propósito do Estado, poderiam ser aplicadas as palavras de Eros Grau, no sentido de que 'A cada sociedade corresponde *um direito*, integrado por determinadas regras e determinados princípios'. Não obstante podemos, no plano abstrato, falar de certos *modelos de direito*".[11]

Importantíssima a advertência de Marçal Justen Filho. De fato, é inclusive discutível a existência ou utilidade desse conceito de "Estado regulador". Afinal, se cada Estado, ao que parece, ainda detém a competência para estabelecer as suas regras jurídicas, é no mínimo temerário pretender padronizar ou configurar a existência de um determinado "Estado regulador".

Parece que o conceito mais atrapalha do que auxilia a investigação do fenômeno. Afinal, cada Estado estabelecerá a *sua regulação*, sem prejuízo da existência de uma tendência política e econômica internacional que postule um *determinado modelo*.

Como todo e qualquer Estado por intermédio de sua Constituição, ao que se saiba, ainda detém o monopólio de dizer o direito e como se devem comportar os agentes econômicos, não parece ter muito sentido falar de um determinado "Estado regulador" a não ser como uma abstração, quem sabe uma postulação, uma tendência e talvez *um modelo*, nada mais do que isso.

É dizer, o exercício das funções da administração econômica implica o poder de o Estado impor as suas decisões e programas a todos os cidadãos, inclusive empresas e particulares. Como isso será feito é matéria que diz respeito a cada Estado e a sua Constituição, a ninguém mais.

O que nos importa considerar – na ótica que estamos desenvolvendo – é exatamente chamar a atenção para o perigo dessa generalização inconseqüente. Não há um determinado padrão de Estado regulador, se é que existe essa criatura.

Não há dúvida de que todo Estado e toda Constituição institui uma determinada *ordem econômica*, um determinado *modelo socioeconômico;* mas jamais ele pode ser confundido com um determina-

---

11. Justen Filho, 2002:24 e 25.

do *Estado mínimo*,[12] um Estado desertor ou ausente que não reúna condições para impedir que a *economia transnacionalizada* despoje o poder político de sua capacidade de reação para supervisionar e controlar a economia e seus cidadãos e conduzi-los ao bem-estar social.

O *econômico*, ainda que "constitucional", é um elemento do todo, do sistema que deve prestigiar e coordenar todos os direitos e deveres constitucionais.

A *eficiência econômica*, ao que parece, apanágio desse modelo, não pode ser um fim em si mesma, porque a finalidade de qualquer sistema econômico – que evidentemente deve ser eficaz – é tornar efetivos os direitos e as instituições constitucionais.

Não há, como se sabe, setor ou província constitucional isolada.[13] O campo da economia ou da *liberdade econômica* é imantado com direitos a ele conexos, como o direito ao desenvolvimento, à livre iniciativa, à autonomia da vontade, o direito de propriedade com função social, os direitos sociais, todos eles não podem ficar totalmente à discrição do mercado ou de uma lógica presidida pela economia *de mercado ou para o mercado*.

12. A expressão "Estado mínimo" é utilizada e defendida por Robert Nozick (1991).

13. Nesse sentido acreditamos que não deixa de existir, evidentemente, a "Administração Pública", ainda que "econômica". É dizer, a atividade do Estado dirigida à satisfação das necessidades coletivas dos cidadãos continua obrigatoriamente, por força da Constituição, a ser um dever do Estado. E se o Estado contemporâneo é mais complexo, a exigir novas técnicas e agilidade em sua gestão, haveria de supor mais intervenção para enfrentar os novos desafios de seu tempo, portanto, em larga medida mais e melhor regulação. De outra parte, não deixamos de reconhecer a validade e legitimidade de que cada sociedade deva discutir e, até mesmo, propor alterações na ordem jurídica – por todos os meios democráticos que estão ao seu alcance – como deva apresentar-se a "Administração econômica" de seu Estado. A participação dos diversos segmentos sociais e econômicos no processo do poder, inclusive com a possibilidade de eleição de seus representantes nas decisões do Estado, é um direito inerente à soberania popular. A forma e a eleição desses modelos e procedimentos específicos, entretanto, não podem ser padronizadas ou simplesmente aderir a uma tendência de época. O exercício das funções da Administração implica necessariamente o poder de impor as suas decisões aos cidadãos. Evidentemente, quanto maior o grau de participação e representação social na Administração Pública, teoricamente, maior legitimidade às suas decisões. Mas essa conquista de poderes e de participação deve ser feita nos quadros do Estado Democrático de Direito tal como desenhado em cada Constituição.

As necessidades da pessoa humana continuam a existir e o Estado não pode simplesmente, como parece, pretender essa "escola de regulação", abandonar ou renunciar o seu papel de principal protagonista na efetivação e concretização dos valores constitucionais, bem mais amplos do que a *ordem econômica*.

Capítulo 19
AS ADMINISTRAÇÕES INDEPENDENTES, AS AGÊNCIAS REGULADORAS E AS PRINCIPAIS QUESTÕES JURÍDICAS ENVOLVIDAS NA TEMÁTICA – A EXPERIÊNCIA ESTRANGEIRA

19.1 Introdução. 19.2 Quebra do princípio democrático: 19.2.1 Enumeração exaustiva ("numerus clausus") de poderes e de autoridades independentes como limites determinados por uma Constituição. 19.3 A desvalorização da função governamental de direção política. 19.4 Nomeação de funcionários ou agentes para elevados cargos administrativos como nota inerente da função diretiva do Governo e de seus poderes. Interdição constitucional das designações. 19.5 Monopólio governamental do poder regulamentar. 19.6 Negação do poder de controle parlamentar (art. 66.2 Constituição espanhola). 19.7 Infração do princípio da reserva constitucional de jurisdição e do princípio da exclusividade de apreciação judicial (art. 117.3 e 4 da Constituição espanhola): 19.7.1 A necessária relativização da problemática constitucional das "Administrações Independentes" em uma democracia aberta e pluralista; 19.7.2 A dificultosa fixação de condições mínimas que garantam a constitucionalidade das Administrações Independentes; 19.7.3 A crise da trilogia clássica de poderes e sobrevivência do princípio da divisão de poderes como equilíbrio entre "contrapoderes"; 19.7.4 Os títulos constitucionais habilitantes das Administrações Independentes; 19.7.5 A única posição constitucional segura: a legitimidade em face do art. 93 da Constituição espanhola; 19.7.6 Os princípios constitucionais que vinculam a toda a Administração, condição específica que estaria a legitimar as Administrações Independentes; 19.7.7 Os princípios de descentralização, eficácia e participação; 19.7.8 O princípio da objetividade e da neutralidade da Administração. A imparcialidade reforçada por um sistema garantista de incompatibilidades; 19.7.9 A modulação do poder diretivo do governo sobre as Administrações Independentes; 19.7.10 A respeito das faculdades diretivas do governo: o monopólio de nomeação governamental de cargos diretivos e a ausência de regras que garantam o pluralismo ideológico; 19.7.11 A presença de cargos governamentais de membros natos nos órgãos diretivos; 19.7.12 As singulares restrições ao poder diretivo do governo: o questionável alcance jurídico da voluntarista afirmação legal da "independência"; 19.7.13 Uma restrita autonomia orçamentária e patrimonial, financiamento próprio e seleção de pessoal; 19.7.14 A intensificação dos controles parlamentares diretos sobre as Administrações Independentes.

19.1 Introdução

Responderiam aludidas "Administrações Independentes"[1] (terminologia européia) ou "Agências" (terminologia norte-americana) a uma suposta necessidade de neutralizar politicamente sua gestão? Todas elas estariam caracterizadas fundamentalmente pelas idéias de uma esfera de (maior ou menor) autonomia, menor direção governamental e todas elas compostas por indivíduos de reconhecida capacidade técnica que estariam, ademais, livres da contenda política ao desenvolver e regular as atividades econômicas ou administrativas a seu encargo.

Trata-se, evidentemente, de um fenômeno internacional que também revela uma inegável desconfiança e descrédito das sociedades ocidentais no funcionamento do sistema democrático e nos governos e regimes políticos da atualidade.[2]

De qualquer modo, o sentido de "regulação" ou de "regulamentação" que buscávamos no início do capítulo, se não está totalmente claro, ao menos começa a esboçar-se.

A questão é a seguinte: de que maneira o direito deve estabelecer as relações jurídicas envolvendo o comportamento, a conduta dessas agências, dessas "autoridades administrativas independentes"? Ou noutro sentido, como o direito deve estabelecer o relacionamento entre aludidas criaturas e os administrados? Ou uma questão prévia – para nós a mais importante: onde elas se assentam no edifício constitucional?

1. Ou "Autoridades Administrativas Independentes" ou simplesmente "Autoridades Administrativas".
2. Nesse sentido R. A. Dahl (1993). Portanto, ao que parece, um fenômeno de origem eminentemente *ideológica*.

Na realidade sob o rótulo "regulação", termo empregado pelos autores referidos na nota 1 *supra*, imbricam-se várias questões e não uma única. Evidentemente é condenável a utilização desse conceito que pretende – ao que parece – explicar uma infinidade de problemas jurídicos submetidos a inúmeros e, sobretudo, diversos regimes jurídicos. Somente por isso, tal como empregado, é imprestável.[3]

Que utilidade teria referir-se a esse conceito quando com ele pretende-se conotar toda uma imensa gama de fenômenos e institutos jurídicos, que passa por assuntos tão díspares como a forma de organização da atividade econômica no Estado, as concessões de serviço público, o poder de polícia, a organização dos setores privatizados, as agências reguladoras? Já se vê que do ângulo científico o conceito nada diz ou se pretende dizer perante o direto; haveria de ser totalmente reformulado e circunscrito à realidade e ao objeto que pretende analisar.

Do ângulo estritamente constitucional, não há ainda como dar uma resposta senão perante a ordem brasileira à questão da "regulação". O que podemos e devemos investigar é se há *espaço normativo* e validade constitucional na criação e desenvolvimento dessas *criaturas* perante a ordem constitucional brasileira, o que procuraremos responder logo a seguir, após repassar a experiência internacional.

O direito comparado serve, no caso, apenas para coletar informações de outras experiências. Assim, por exemplo, verificamos que tanto nos Estados Unidos como na Europa a matéria permanece em acesa controvérsia. Evidentemente que na Europa as questões são ainda mais novas, já que a experiência americana[4] é bem mais antiga.[5]

---

3. Imprestável e, sobretudo, autoritário porque supõe a massificação ou pasteurização de diversas culturas e civilizações uma vez que pretende, por meio de uma palavra mágica, implantar uma realidade virtual única e padronizada em todos os países. Evidentemente que o jurista não pode ficar alheio à realidade, mas, de outro lado, ele tem o dever de compreendê-la e adaptá-la ao seu universo normativo, ao seu direito positivo, à ciência do direito, não podendo de forma irresponsável criar realidades ou tentar implantá-las como que por encanto para satisfazer a opinião pública ou determinado "modismo".

4. A primeira agência reguladora norte-americana, como se sabe, a Interstate Commerce Comission (ICC), foi instituída em1887. Posteriormente o fenômeno ganha corpo a partir do *New Deal*.

5. Anota Vital Moreira que "a contraposição entre administração do Estado – compreendendo a realizada pelos estabelecimentos públicos ou institutos públicos –

Embora os constitucionalistas europeus, na sua grande maioria, estejam ainda perplexos com esses fenômenos, não é possível condená-los simplesmente, sem antes repassar os argumentos centrais dos que defendem ou atacam as "Administrações Independentes". Vejamos alguns entendimentos.

Eva Desdentado Daroca[6] enuncia o temor dessas novas "criaturas", ao ensinar:

"En primer lugar, su aparición como organizaciones independientes parece implicar la génesis de un cuarto poder del Estado hasta entonces inexistente. Un cuarto poder no democrático, sino tecnocrático y cuya existencia supone la sustracción a la voluntad del pueblo de decisiones nada baladíes y la imposibilidad de exigir responsabilidades políticas por las mismas. Es más, las Administraciones independientes implican el peligro, señalado por Dahl, de que el ascenso al poder de elites especializadas y la dependencia del pueblo de ellas socave lentamente la democracia y lleve sutilmente hacia un sistema de 'casi-tutores', en el que las principales decisiones, incluso en sus líneas fundamentales, estarían desligadas del 'demos'. Por otro lado, en la mayor parte de los países, el encaje de las Administraciones independientes en la organización estatal prevista en sus textos constitucionales no resulta nada sencilla. (...).

"El Consejo de Estado francés ha alertado de los peligros de su multiplicación afirmando que, pese a tratarse de un procedimiento que

---

e administração autônoma – compreendendo a administração municipal e a das corporações públicas, especialmente as de caráter econômico e profissional – foi submetida a ataque severo nos anos trinta na Alemanha, num contexto político manifestamente avesso à admissão de formas de administração pública conceitualmente à margem do Estado. Foi sobretudo por acção de Forsthoff – que teve papel significativo na elaboração da teoria administrativa do nacional-socialismo – que foi elaborado o conceito de administração indirecta do Estado, destinado a substituir e a consumir o de administração autônoma. Na definição forsthoffiana, entretanto tornada clássica, a administração indirecta do Estado consiste na 'realização de tarefas estaduais, não pelos serviços administrativos directos do Estado, mas sim por organismos autônomos, isto é, dotados de personalidade jurídica'. Com esse conceito – que passava a congregar a antiga administração autônoma mas também a levada a cabo pelos estabelecimentos públicos – dava-se, por assim dizer, a estatização da administração autônoma, agora colocada na mesma categoria da administração realizada pelos estabelecimentos públicos do Estado, desde o início concebida, esta sim, como uma modalidade indirecta de administração do Estado" (Moreira, 1997a:27).

6. Daroca,1999:140 e ss.

ha tenido éxito en ciertos sectores, su generalización no dejaría de crear serios problemas de control jerárquico, parlamentario y jurisdiccional, sin que las ventajas de gestión y de coste sean evidentes. (...).

"En nuestro país, algunos autores, como Parada y García Llovet, han dado ya la voz de alarma sobre la posible inconstitucionalidad de estas nuevas formas de organización administrativa. Parada considera que la independencia de estas Administraciones, salvo de las que están expresamente previstas en la Constitución (ej. universidades), es por diversas razones contraria a nuestro norma fundamental. En primer lugar, resulta incompatible con el poder de dirección que el art. 97 atribuye al Gobierno y que indudablemente implica la libre designación y remoción de los titulares de los órganos directivos de todas las organizaciones que integran la Administración Pública. En segundo lugar, imposibilita la responsabilidad política que, de acuerdo con nuestro texto constitucional, las Cortes pueden exigir al Gobierno en ejercicio de su potestad de control de la acción del mismo, sólo si el Gobierno ostenta la dirección de la Administración puede hacérsele políticamente responsable de su funcionamiento. Y, en tercer lugar, la limitación de la dirección del Gobierno en favor del poder legislativo mediante la atribución a éste de facultad de nombramiento y remoción tampoco es conforme con el reparto constitucional de competencias."[7]

De outro lado, Artemi Rallo Lombarte,[8] professor catedrático de Castellón e de Paris I, após passar em revista os principais problemas relativos à matéria,[9] sintetiza os principais argumentos e polêmicas envolvendo as "Administrações Independentes" na Europa[10] e em es-

---

7. É a mesma autora, mais adiante, que nos informa que García de Enterría y Tomaz Ramón Fernández consideram que a independência dessas agências ou administrações não é tão ampla como se pode imaginar e que os poderes de direção e de controle governamental, na visão desses renomados autores, remanescem (cf. Daroca, 1999:148).

8. Lombarte, 2002:161-210.

9. Apesar de a Espanha, como sabemos, ser uma monarquia constitucional parlamentarista, não vemos inconveniente de estudá-la e comparar sua realidade à nossa. É dizer, verificar que tipo de problemas vem enfrentando com as agências ou Administrações Independentes. Aliás, a Constituição espanhola, moderna e principiológica como a brasileira, a despeito da diferença na estrutura do Estado, apresenta grande identidade com o tema objeto de nossa preocupação.

10. Vide, também, Marie-José Guédon (1991).

pecial na Espanha.[11] Os argumentos contrários às Administrações Independentes, sobretudo de ordem constitucional, podem ser resumidos em impugnações deduzidas pelo referido autor,[12] as quais passaremos a analisar separadamente.

19.2 Quebra do princípio democrático

Este argumento baseia-se na constatação de que todos poderes do Estado estão consagrados na Constituição e a legitimidade democrática de todos eles deve resultar sempre da soberania popular. Não caberiam no marco constitucional poderes "autônomos", "neutros" ou "independentes" diante da regra básica de remissão de sua legitimidade ao corpo eleitoral.

Não haveria como falar em quarto poder nos sistemas constitucionais continentais. Somente o legislador constituinte, e nunca o ordinário, poderia inovar o sistema de poderes e atribuir ou criar outros mecanismos de legitimação. A verificação democrática da gestão pública somente resulta possível se não há quebra do encadeamento do corpo eleitoral: Parlamento-Governo-Administração.

Lombarte, embora reconheça que a objeção e a perplexidade da doutrina seja plenamente compreensível, afirma que não se chegou a um veredicto genérico de *inconstitucionalidade* sobre a questão, pois haveria de analisar-se cada uma das leis que criam as referidas "Administrações Independentes", para, somente então, verificar sua compatibilidade com a Constituição ou ainda formular uma teoria sólida que pudesse responder ao desafio de déficit democrático dessas figuras.

Mais adiante, afirma que o modelo tradicional de separação de poderes não pode ser compreendido como no século XIX e que hoje o "Governo" adquire uma posição de paridade e de legitimação em relação ao "Parlamento", inclusive com certa preeminência no exer-

---

11. Como o autor apresenta um precioso estudo sobre a matéria, com farta bibliografia européia, valemo-nos de sua obra para desenvolver os tópicos seguintes, ressaltando o que nos parece mais relevante para a realidade brasileira.

12. Passamos a reproduzir o pensamento do autor, realizando não somente sua tradução, mas procurando interpretá-lo. Temos consciência que essa passagem ou (re)leitura de qualquer autor, sobretudo em língua estrangeira, pode significar já uma versão de seu pensamento.

cício da ação política. Afinal reconhece que na Europa o fenômeno das Administrações Independentes vem precisamente atacar essa singular posição constitucional recentemente conquistada pelo Governo como uma disposição ou movimento político, uma "voluntad desgubernamentalizadora" de espaços públicos singularmente sensíveis. Admite, também, que nos tempos atuais o pêndulo pende para a limitação do governo através das "Administrações Independentes".

19.2.1 Enumeração exaustiva ("numerus clausus") de poderes e de autoridades independentes como limites determinados por uma Constituição

Partindo-se do princípio clássico de divisão de poderes e funções no Estado contemporâneo, ainda que revisitado, os principais órgãos do Estado (Parlamento, Governo e Poder Judicial) recebem suas competências diretamente do texto constitucional. São, de certo modo, órgãos também constitucionais imediatos e primários com desenhos, competências e garantias outorgadas diretamente pelo texto constitucional. São "autoridades de primeira geração". Assim, não haveria espaço para poderes "autônomos", insubordinados, à exceção das universidades que, no sistema constitucional espanhol, gozariam de relativa autonomia expressa por força do art. 27.10 Constituição daquele país.

19.3 A desvalorização da função governamental de direção política

O art. 97 da Constituição espanhola[13] outorga ao Governo uma singular *função de direção política* que constitui seu âmbito de competência potencialmente agredido pela criação de Administrações Independentes. Seja qual for o alcance e conteúdo da *função diretiva governamental*, haverá a desvalorização do Governo em favor da pretendida *independência* das ditas "Administrações Independentes".

O certo é que também esta posição não é pacífica, pois se adverte sobre os riscos que podem converter ao "Governo" posicionando-

---

13. O Título IV da Constituição espanhola intitulado "Del Gobierno y la Administración" e seu art. 97 afirma: "El Gobierno dirige la política interior y exterior, la Administración civil y militar y la defensa del Estado. Ejerce la función ejecutiva y la potestad reglamentaria de acuerdo con la Constitución y las leyes".

se como um permanente solista da partitura constitucional, com o conseqüente menoscabo para outras instituições políticas e sociais do sistema.

Em síntese, para a dogmática constitucional resulta dificilmente assimilável a transferência em favor do Governo de uma função diretiva que implique a orientação e o impulso global do conjunto do sistema político, deslocando o Parlamento de sua histórica imbricação no centro do sistema constitucional. Resulta, igualmente, difícil superar categorias que tradicionalmente foram atribuídas ao Parlamento – uma legitimidade democrática direta – e, por outro lado, ao próprio Executivo.

Sendo certo que as "Administrações Independentes" ostentam função de *direção política*, isto é de "indirizzo politico" e, também econômico, não há como negar que sua atuação pode subtrair funções diretivas governamentais de outros órgãos ou poderes do Estado.

A esses argumentos – de usurpação legislativa da função diretiva governamental em face da Administração e do Governo – o autor critica o desenho de Poderes do Estado e aponta sua transformação no século XX.[14] Afirma que a existência de uma *reserva de Administração*, como limite ao legislador, persegue um claro objetivo: manter e conservar determinados espaços de gestão e funções na ordem jurídica e administrativa a fim de garantir a vigência dos direitos, inclusive os fundamentais.

Conclui-se que Lombarte não aceita a tese de que a criação de Agências ou Organismos Independentes possa apropriar indevidamente funções administrativas que estariam a cargo do Legislador, embora concorde que a suposta neutralidade[15] técnica das "Administrações Independentes" possa de fato comprometer o desenvolvimento da política geral do Governo.

14. Sustenta o autor que afinal o Legislativo também "administra" de certo modo o Estado, não só mediante a edição de normas como, também, por intermédio do controle do governo, do debate e da aprovação do orçamento e da direção política geral por meio das próprias normas jurídicas que produz.
15. C. Wright Mills (1962:383 e ss.), festejado cientista político norte-americano, não obstante denunciar a existência de profundas injustiças estruturais em sua sociedade, aponta como uma de suas causas a dominação por um grupo restrito de poder, uma elite burocrática subordinada aos interesses das elites militares, corporativas, empresariais e políticas, que utilizam e manipulam os interesses públicos para

19.4 Nomeação de funcionários ou agentes para elevados cargos administrativos como nota inerente da função diretiva do Governo e de seus poderes. Interdição constitucional das designações

A subtração do Governo da faculdade de nomear e demitir agentes públicos ou servidores de altos cargos diretivos constitui um dos argumentos centrais que vislumbram inconstitucionalidade das Administrações Independentes por infringência ao aludido art. 97 da Constituição espanhola. Haveria assim, de algum modo, uma cláusula a impedir o Governo de assumir suas faculdades de responsabilizar e controlar a produção de atos jurídicos e políticas das aludidas autoridades "independentes".

Como não se negam poderes de direção ao Governo, inclusive no que tange à nomeação e provimento de cargos públicos ou assemelhados, haveria inconstitucionalidade na norma que subtrai essa competência do Governo e do Parlamento (controle). Não seria possível implementar diretrizes políticas sem que houvesse a possibilidade de selecionar pessoas de confiança para ocupar cargos na organização do Estado (*power of appointment*).

Sobre a matéria o citado Lombarte afirma que o direito constitucional espanhol não contempla norma específica que conduza a esse raciocínio. Afirma que, ao contrário do direito norte-americano, onde compete expressamente ao Presidente da República nomear servidores da Administração Federal, não há norma paralela no direito constitucional espanhol. Recorda que mesmo na realidade norte-americana houve precedentes de sua Suprema Corte no sentido de restringir a competência presidencial quando se pretendeu remover discricionariamente membros de Agências Independentes.

Afirma que a tese da nomeação de agentes públicos deve ser considerada procedente em parte, somente para os verdadeiros agentes políticos – aqueles que efetivamente estão à frente de cargos de direção política – e não de forma generalizada, ou para aqueles que a Constituição expressamente regulou.

fazer coincidir os seus interesses com os do Estado. Portanto, propõe uma recuperação da legitimidade democrática através da reorganização de uma burocracia estatal independente e politicamente *neutra*, bem como da revigoração da opinião pública e dos meios de comunicação.

19.5 Monopólio governamental do poder regulamentar

Essa impugnação – a qual, pessoalmente, entendemos de maior relevância e densidade na experiência jurídica – afirma que não cabe imaginar possa o legislador ordinário alterar o sistema de fontes do Direito desenhado pela Constituição atribuindo a Administrações Independentes a faculdade de inovar o ordenamento jurídico mediante atos normativos com força de lei.

Após admitir que a atribuição regulamentar e normativa das Administrações Públicas Independentes na Espanha é um fato generalizado, Lombarte reconhece a complexidade e os riscos que essa faculdade detém, propondo, juntamente com L. Parejo Alfonso,[16] um tratamento "prudente e restritivo dessa faculdade".

Traz ainda à colação a experiência francesa do Conselho Constitucional que, ao interpretar o art. 21 de sua Constituição,[17] entendeu que não existe obstáculo para que o legislador confira a uma autoridade do Estado, distinta do Primeiro Ministro, a faculdade de "fixar em um âmbito determinado e por meio de marcos definidos pelas leis e regulamentos, normas que permitam a execução da lei". Trata-se, entretanto, segundo o Conselho Constitucional, de um poder limitado em seu campo de aplicação e conteúdo, isto é, nem demasiado amplo nem demasiado importante.

16. Alfonso, 1994(I):635 e ss.
17. O art. 21 da Constituição francesa estabelece: "O Primeiro Ministro dirige a ação do Governo. É responsável pela defesa nacional.Garante a execução das leis. Sem prejuízo das disposições do artigo 13, exerce o poder regulamentar e efetua nomeações para os postos civis e militares. Pode delegar alguns dos seus poderes aos ministros. Substitui, caso necessário, o Presidente da República na presidência dos conselhos e comissões a que se refere o artigo 15. Pode, a título excepcional, substituir o Presidente da República na presidência de um conselho de Ministros em virtude de uma delegação expressa e para uma determinada ordem do dia". Por sua vez, o art. 13, da mesma Constituição, dispõe: "O Presidente da República assina as portarias e os decretos deliberados no Conselho de Ministros. Nomeia os funcionários civis e militares do Estado. Os Conselheiros do Estado, o Grande Chanceler da Legião de Honra, os embaixadores e enviados extraordinários, os ministros do Tribunal de Contas, os governadores, os representantes do Governo nos Territórios de Ultramar, os oficiais gerais (generais, almirantes e equiparados), os reitores dos distritos acadêmicos e os diretores das administrações centrais são nomeados pelo Conselho de Ministros. Uma lei orgânica determinará os outros empregos que serão providos pelo Conselho de Ministros, assim como as condições nas quais o Presidente da República poderá delegar seu poder de nomeação para ser exercido em seu nome".

19.6 Negação do poder de controle parlamentar (art. 66.2 da Constituição espanhola)

Neste tópico o autor preocupa-se com a necessária e tradicional vigilância que os Parlamentos devem manter sobre o Governo e toda a atividade administrativa, reconhecendo que nenhum espaço público poderia estar isento da ação de vigilância, informação e discussão, inclusive de valoração política do Parlamento.

Se ao contrário, identifica-se o controle parlamentar também com a exigência e possibilidade de responsabilização, inclusive política dos administradores públicos, constitui um problema exigi-la de Administrações Independentes. Se somente ao Governo cabe a direção política do Estado e este, por sua vez, não controla as Administrações Independentes, como controlá-las?

Ao procurar responder essa questão Lombarte afirma que não obstante o Governo não detenha o poder de direção *global* de atuação desses entes autônomos, detém afinal alguns poderes sobre eles, como, por exemplo, a faculdade de controlar a nomeação de seus dirigentes.[18]

18. No Brasil, endossamos a manifestação de Celso Antônio Bandeira de Mello (2004:161), ao criticar a extensão dos mandatos dos dirigentes das agências reguladoras para além de um mesmo período governamental. Também acreditamos que essa prática viola os princípios mais sensíveis da República. Não há dúvida de que, cada vez que o povo se manifesta elegendo seus principais governantes, estará conservando ou alterando políticas públicas e, com elas, toda uma orientação governamental que deseja ver traduzida em ações concretas, inclusive relativas aos setores objeto da regulação. De outra parte, compreendemos bem a filosofia elementar, de base, de princípio, que parece inspirar os defensores dos mandatos *não-coincidentes* (com os populares) dos dirigentes das agências. Estes parecem acreditar que devem instalar e manter de forma perene *ilhas de excelência técnica*, que devem estar acima e além dos interesses políticos e partidários. Como não acreditamos que possa ou deva existir províncias na Administração Pública isoladas de compromissos políticos sufragados pelo povo, de forma direta ou indireta, pela base, não aceitamos o argumento de que deve existir excelência técnica que devesse comandar os destinos dos "setores regulados", o que, por si só, levaria, ao fim e ao cabo, a uma burocracia intocável e, no limite, essencialmente *irresponsável*. Por fim, a discussão não é sequer nova ou original e sempre pode ser encontrada ao longo da história do Estado. Sempre haverá setores ou domínios aos quais se reclama excelência ou especialização. Recorde-se, *v.g.*, casos como o do serviço diplomático, o da burocracia de elite, seja ela militar, civil ou técnica. Todos sempre deduziram argumentos e mesmo posições para estarem protegidos de interesses políticos ou partidários de ocasião; mas sempre estiveram no topo da hierarquia, de algum modo subordinados ao Governo, seja

Afinal, reconhece a dificuldade de controlá-las e, sobretudo, questiona se apenas o controle das nomeações poderia ser suficiente diante de sua atuação no quadro estatal já que caberia ao Parlamento, ao Governo e ao próprio Judiciário, por exigência constitucional, submeter a controle *todos os poderes públicos*.

19.7 Infração do princípio da reserva constitucional de jurisdição e do princípio da exclusividade de apreciação judicial (art. 117.3 e 4 da Constituição espanhola)

Afirma-se que as atuações das Administrações Independentes constituem potencialmente uma infração da reserva constitucional de jurisdição que o art. 117.3 da Constituição espanhola[19] atribui exclusivamente a juízes e magistrados.

Lombarte defende a atuação das Administrações Independentes a exemplo do modelo norte-americano afirmando que o exercício de poderes *quase jurisdicionais* é um fato contemporâneo e necessário para a regulação, através de outros mecanismos, como, por exemplo, a arbitragem de diversos conflitos econômicos e sociais.

O estudioso diz que a solução estaria em prever rigorosos procedimentos administrativos onde fossem asseguradas as garantias similares às contempladas no processo judicial. Por fim, reconhece que bastaria garantir-se o controle judicial *em último lugar*, para preservá-lo e conformá-lo à Constituição.

---

qual fosse o modelo ou o sistema instalado – presidencialismo ou parlamentarismo, repúblicas ou monarquias constitucionais. Por fim, a necessidade de *excelência técnica* em qualquer setor do Estado é uma evidência e deve ser encarada com naturalidade desde que possa estar subordinada aos rumos e diretrizes políticas populares.

19. O art. 117 intitulado "Del Poder Judicial" afirma: "La justicia emana del pueblo y se administra en nombre del Rey por Jueces y Magistrados integrantes del poder judicial, independientes, inamovibles, responsables y sometidos únicamente al imperio de la ley. (...) 3. El ejercicio de la potestad jurisdiccional en todo tipo de procesos, juzgando y haciendo ejecutar lo juzgado, corresponde exclusivamente a los Juzgados y Tribunales determinados por las leyes, según las normas de competencia y procedimiento que las mismas establezcan". E no item 5. "El principio de unidad jurisdiccional es la base de la organización y funcionamiento de los Tribunales. La ley regulará el ejercicio de la jurisdicción militar en el ámbito estrictamente castrense y en los supuestos de estado de sitio, de acuerdo con los principios de la Constitución".

Reconhece o desafio de que a função "regulatória" procede de uma lógica que não é estritamente jurídica e que apresenta dificuldades de convivência com o controle clássico da legalidade.

Traz ainda à colação a doutrina francesa que nega, em sua maioria, a possibilidade de imunidade jurisdicional às Administrações Independentes por contrariar as bases em que se constitui o Estado de Direito surgido com a Revolução Francesa.

A seguir Artemi Rallo Lombarte propõe parâmetros básicos para o que chama de interpretação constitucionalmente adequada das Administrações Independentes, trazendo argumentos que passaremos a estudar nos títulos subseqüentes.

19.7.1 A necessária relativização da problemática constitucional das "Administrações Independentes" em uma democracia aberta e pluralista

O autor defende a idéia de que as Administrações Independentes na Europa não são um fenômeno episódico e que, embora respondam a uma outra lógica do Direito e do Estado, não podem ser consideradas com desprezo intelectual, o que impediria o desenvolvimento e a reorientação segundo os parâmetros da ordem democrática.

Diz Lombarte que não há como sustentar com segurança a inconstitucionalidade das Administrações Independentes na Espanha já que, ao menos tendo sido criadas pelo legislador democrático, gozam do endosso da soberania popular através do Parlamento.

Afirma, também, que não houve grandes litígios constitucionais na Espanha envolvendo as agências ou Administrações Independentes; ao contrário, o que se deu foi o inverso, tendo ido uma delas ao Tribunal Constitucional para ver preservada sua independência perante o Poder Executivo.

Argumenta que, para bem situar a problemática constitucional das Administrações Independentes, faz-se necessário analisar dois fenômenos ou perspectivas, a jurídica e a política. Na primeira, não há como sustentar com radicalismo sua independência ou desvinculação absoluta dos Poderes Executivo e Legislativo. Na segunda, constata que nenhum estatuto ou norma jurídica terá condições de preservar a suposta independência ou autonomia dessas organizações se não existir vontade política efetiva nesse sentido.

19.7.2 A dificultosa fixação de condições mínimas que garantam a constitucionalidade das Administrações Independentes

Entende Lombarte que nada há na Constituição espanhola que impeça a criação de Administrações Independentes, embora reconheça a forte e majoritária indisposição doutrinária na compreensão do fenômeno.

Vislumbra a existência de quatro condições mínimas para sustentar a sua constitucionalidade, a saber:

a) A neutralidade ou neutralização política das Administrações Independentes seja acompanhada de amplo *consenso social*. Como as Administrações Independentes geram espaços públicos em nome de uma discricionariedade técnica, devem conquistar sua autonomia com amplo consenso social. Sugere, entre outras medidas, o uso de estatísticas para avaliar as políticas públicas e decisões técnicas das Administrações Independentes, além, naturalmente, do respaldo legal e jurídico em sua criação e desenvolvimento. Reconhece que, do ponto de vista constitucional, o consenso social em torno de uma determinada decisão unicamente admite submeter-se a um parâmetro: a legitimidade que obtém das instituições representativas que a adotam.

b) A independência administrativa persiga satisfazer algum *valor constitucional relevante*, de tal maneira que, sem aquela, este resultaria insuficientemente protegido. Embora reconheça a dificuldade na definição do conceito de "valor constitucional relevante", diz que há de ser a Constituição, com seus princípios e normas, segundo depreendemos, a baliza para a construção de uma teoria das Administrações Independentes.

c) A necessidade de estabelecer-se "certos" vínculos entre as Administrações Independentes e as instituições tradicionais como o Parlamento (Legislativo) e Governo (Executivo). O grande desafio é encontrar o ponto de equilíbrio, o grau adequado entre a desvinculação necessária e o controle ou vínculo entre esses atores. Lombarte entende que, presentes esses três requisitos mínimos haveria, em princípio, a constitucionalidade das Administrações Independentes.

d) Por último, a quarta condição mínima para garantir a constitucionalidade das Administrações Independentes é dotada de grande imprecisão: o risco qualitativo de ruptura da unidade da Administração constitucionalmente consagrada, isto é, a acumulação de várias "independências" pode gerar ou colocar em risco o estatuto do poder público e administrativo levando a uma erosão ou lesão da Constituição e de seus valores. Não haveria como, *a priori*, estabelecer esses limites.

19.7.3 A crise da trilogia clássica de poderes e a sobrevivência do princípio da divisão de poderes como equilíbrio entre "contrapoderes"

Neste tópico Lombarte recorda a crise histórica por que passou a clássica tríade da separação de poderes, de Montesquieu a nossos dias, condenando a crítica da inconstitucionalidade fundada apenas nesse tópico. Diz que uma aproximação teleológica da separação de poderes obriga o intérprete a procurar seu significado perene: garantir a dignidade humana e os direitos a ela inerentes, bem como limitar o poder governamental. Nesse sentido as Administrações Independentes cumpririam um papel também limitador do poder do Executivo ("contrapoder", segundo o autor), da burocracia e dos poderes científico, técnico e econômico.

Propõe uma "releitura" atualizada do significado do *princípio de equilíbrio constitucional* de modo a também abarcar o Governo e o mercado, o Governo e os grupos sociais, o Parlamento e mercado.

19.7.4 Os títulos constitucionais habilitantes das Administrações Independentes

Neste tópico, Lombarte indaga qual o fundamento constitucional que justifique globalmente a existência de entes independentes na Constituição espanhola, já que não haveria proibição expressa nem tácita para sua criação.

A seguir, passa em revista alguns artigos da Constituição espanhola que legitimariam[20] a atuação de Administrações Independentes em maior ou menor medida.

Lombarte critica essa postura genérica de se buscar fundamentos implícitos nas competências constitucionais, afirmando que a tese levaria sempre a encontrar um fundamento ou pretexto para a atuação desta ou daquela Administração Independente.

Afirma, textualmente, o referido autor: "De hecho, de la impresión (en absoluto desacertada) de que el ejercicio de justificación constitucional responde a un itinerario hermenéutico inverso al acostumbrado: primero, se crea la Administración independiente; después, se busca su anclaje constitucional sirviendo cualquier mandato constitucional para legitimar, en última instancia, siquiera remotamente, la independización de cualquier ámbito público de gestión: ¿por qué sustraer de la lucha partidarista la responsabilidad de los servicios que se ocupan de los medios de comunicación, la informática, la estabilidad de la moneda, la energía nuclear, y no hacerlo con los que tienen a su cargo la policía, las fuerzas armadas, la sanidad, etc.?; ¿acaso, si el Gobierno democráticamente elegido es sospechoso cuando gestiona estas materias, no es más peligroso dejar en sus manos sin limitación alguna el control de la policía? ¿Por qué, pues, no encomendar también la defensa nacional y la policía a un colegio de hombres prudentes y políticamente neutrales? Parece, ciertamente, que reducir el argumento al absurdo constituye el mejor camino para confirmar la inutilidad del intento de legitimar cada Administración independiente en genéricos o específicos mandatos constitucionales".[21]

Conclui o tópico afirmando que nenhum preceito constitucional justifica expressamente a exigência de "neutralidade política" da gestão de um determinado setor ou atividade. Será o legislador que deve-

---

20. Seria o caso do Banco da Espanha que contribui para garantir uma "política de estabilidade econômica". Note-se que o art. 40 da Constituição espanhola afirma: "Los poderes públicos promoverán las condiciones favorables para el progreso social y económico y para una distribución de la renta regional y personal más equitativa, en el marco de una política orientada al pleno empleo". Não há qualquer referência a agências ou entidades independentes. O que o autor sustenta é que nessa haveria um *fundamento constitucional* (mandato ou finalidade) que autorizaria, em maior ou menor medida, a atuação de uma determinada Administração independente.
21. Lombarte, 2002:228-229.

rá adotar a solução mais adequada para concretizar a vontade constitucional, inclusive para valorar a necessidade e oportunidade de instituir entidades que devam ser "neutras" à vista das demandas sociais.

19.7.5 A única posição constitucional segura: a legitimidade em face do art. 93 da Constituição espanhola [22]

Apesar de haver negado a validade de determinadas competências constitucionais que supostamente dariam amparo à criação de Administrações Independentes, o autor entende que em face do citado art. 97 da Constituição espanhola haveria uma abertura a outorgar legitimidade a determinadas atuações, inclusive de Administrações Independentes, isentas do controle governamental.

Trata-se do art. 93 que possibilitou a integração do Estado espanhol à Europa comunitária. Vislumbra o autor, nesse dispositivo, abertura suficiente para a atribuição do exercício de competências derivadas da Constituição a organizações supranacionais. A partir de um Tratado comunitário, ratificado pela Espanha, mediante lei orgânica, permite-se a cessão do exercício de competências derivadas da Constituição, inclusive o poder de direção governamental sobre determinadas matérias.

É dizer, através dos Tratados comunitários, autorizados pela Constituição, faculta-se às instituições comunitárias a possibilidade de criar Administrações Independentes em seu seio e em seu âmbito material de decisão. Embora reconheça que nessa operação novamente esteja presente o déficit democrático e a cessão de soberania do Estado, o autor não vê como superar o obstáculo diante do art. 93 da Constituição espanhola.

Como este artigo permite expressamente a outorga de poderes mediante tratados a organizações supranacionais, nada garante que a direção política do próprio Estado em algumas matérias não seja per-

---

22. O art. 93 da Constituição espanhola dispõe textualmente: "Mediante ley orgánica se podrá autorizar la celebración de tratados por los que se atribuya a una organización o institución internacional el ejercicio de competencias derivadas de la Constitución. Corresponde a las Cortes Generales o al Gobierno, según los casos, la garantía del cumplimiento de estos tratados y de las resoluciones emanadas de los organismos internacionales o supranacionales titulares de la cesión".

dida para esse novo ente comunitário, o que de fato parece estar já acontecendo em vários países europeus, em maior ou menor escala.

Exemplifica com o Banco Central Europeu que, desde 1992, por força da União Européia, não deixa de ser uma "Administração Independente". Por intermédio da Lei espanhola 13/1994, a autonomia do Banco da Espanha é um produto legislativo diretamente exigido pelo Tratado da União Européia, o qual, por sua vez, criou várias agências independentes que influenciam decisivamente sobre o poder de direção dos bancos nacionais, isto é, com projeção direta na ordem interna dos Estados.

Reconhece que nada obstante as dúvidas que esta operação, já tradicional na Europa, causaram no princípio, foram com o tempo dissipadas, à exceção do déficit democrático que carregam, ainda um desafio a superar. De qualquer modo reconhece que as instituições supranacionais, por força do art. 93 da Constituição espanhola e ao menos diante daquela realidade, encontram-se plenamente confortáveis até o ponto de justificarem sua atuação no território do Estado-membro, no caso a Espanha, evidentemente diminuindo, senão subtraindo o poder de direção política e governamental do Estado Nacional.

Trata-se, evidentemente, de uma ampla privação a que os Governos e instituições nacionais estão submetidos e autorizados por suas próprias Constituições. "É a mais ampla privação do Governo prevista na competência constitucional de *direção da política interior e exterior* e que acaba ocorrendo nos casos em que se dá uma autêntica cessão de soberania como a expressamente prevista e autorizada no art. 93 da Constituição espanhola".[23]

A matéria, aliás, não se circunscreve à realidade da Espanha, pois tem origem no fenômeno comunitário, atingindo, pois de diversas formas os países que integram a União Européia. É o caso da Itália, por exemplo, onde uma série de matérias já disciplinadas por lei passaram posteriormente a ser disciplinadas por diretrizes comunitárias.[24]

---

23. Lombarte, 2002:235. Para sufragar sua posição, traz ainda o autor o magistério de Manetti (1994).

24. Giuseppe de Vergottini (1999:171) doutrina que o problema da aplicação do ordenamento jurídico italiano às regras de origem comunitária concerne à única diretriz, que não são atos imediatamente auto-aplicáveis pelos Estados-membros, mas atos que indicam a finalidade a ser atingida, deixando livres os Estados de adotar os

De fato, a Comunidade Européia exerce, por intermédio de seus órgãos, funções *idênticas* às exercidas pelos órgãos da Administração dos países-membros.

Em Portugal, por exemplo, o fenômeno ocorre, como de resto em quase toda Europa. Há uma sobreposição entre Administração estatal do país nas funções de regulação (*v.g.* concorrência), de vigilância e controle de preços, de auxílio ao crescimento e ao desenvolvimento. Isto porque, a Comunidade recebeu em maior ou menor escala competências transferidas pelos Estados-membros aos órgãos comunitários para adotar e executar normas e medidas aplicáveis direta ou indiretamente nas ordens jurídicas nacionais.[25]

19.7.6 Os princípios constitucionais que vinculam a toda a Administração, condição específica que estaria a legitimar as Administrações Independentes

Neste tópico Lombarte contesta a tese de que a simples existência de princípios constitucionais, tais como o da *eficácia, descentralização, participação e objetividade*, espargidos no texto constitucional espanhol possa, simplesmente, legitimar a criação e o funcionamento de Administrações Independentes. Aceitar essa tese seria sufragar a constitucionalidade desses entes obtida *diretamente* de princípios constitucionais difusos, o que de fato não ocorre.

A tese da constitucionalidade das agências ou Administrações Independentes na Administração Pública (sentido amplo) estaria a requerer uma apreensão mais sistemática do poder diretivo governamental que respeitasse a exigência de responsabilidade política do Governo em face do Parlamento e de toda a atuação administrativa presente no Estado.

procedimentos de execução mais oportunos. *O regulamento e as diretrizes de conteúdo auto-suficiente – denominados diretrizes detalhadas – receberam, ao contrário, imediata aplicação no ordenamento estatal.*
   25. Como sabemos há o primado do direito comunitário. Embora não haja q̶ quer norma nos Tratados que expressamente o consagre, o Tribunal das Co̶ des vêm entendendo a posição de que os juízes nacionais não podem r̶ aplicar uma norma comunitária, dando prevalência a esta última. A d̶ tucional de Portugal não tem aceitado esta posição e vem combaten̶ vê em A. Vitorino (1984).

Quando se põe em debate a constitucionalidade das Administrações Independentes, sobretudo em virtude da *quebra das regras democráticas e da articulação dos poderes do Estado (Parlamento-Governo-Administração)*, de fato, estaríamos presos a uma imagem ideal de Administração Pública que talvez não exista mais. Entretanto, a realidade não é essa, e a referida expressão homogênea e unitária da Administração Pública cedeu passo a uma realidade presidida pela fragmentação e diversidade. O que não significa que não devamos conservar uma compreensão democrática do conjunto da Administração e de mecanismos que garantam a implantação do ideal democrático.

Embora o Governo não dirija *toda* a Administração do Estado, e apesar de não podermos constatar a existência de *outras Administrações* no Estado que escapam do formato clássico do poder diretivo governamental, não há como abandonar simplesmente o princípio democrático em face da nova realidade que se avizinha ou se pretende implantar.

19.7.7 *Os princípios de descentralização, eficácia e participação*

Entende e defende Lombarte que as Administrações Independentes constituem uma manifestação que vai ao encontro do princípio da descentralização funcional e que reforçam a tese da especialização da Administração Pública, característica do Estado Social.

No que tange ao princípio da eficácia,[26] reconhece que não haveria razão para distingui-lo em relação à Administração (centralizada ou descentralizada). Afirma que o princípio deveria projetar-se *por igual, também, tanto nas formas administrativas clássicas como nas modern~~ ~nifestações de descentralização funcional.*

entretanto, o argumento da inconstitucionalidade das "Ad
\dependentes" fundamentado no tortuoso argumento de
poderia supor uma sorte de "passaporte" à *irresponsa-*
\ supostos serviços defeituosos ou inadequados que
ler Executivo.

se segundo a qual poderia o Governo nomear os di-
\inistrações, mas não demiti-los, ainda que em vir-

·`·m traduzido por "eficiência".

tude da prestação de serviços defeituosos, inadequados ou ineficientes. Condena o argumento ao afirmar que se trata de exercício de imaginação supor que o legislador confere independência a essas entidades com a perversa intenção de impedir que o Governo corrija o funcionamento defeituoso de determinados serviços e, em conseqüência, garanta, precisamente, a ineficiência do sistema administrativo.

Em relação ao *princípio de participação*,[27] após reconhecer uma maior identidade com o tema das Administrações Independentes, já que procura reforçar seu caráter *democrático*, não empresta apoio irrestrito à tese quando afirma que "a participação popular na direção das Administrações Independentes, isto é, mediante representantes de grupos sociais organizados, tem um caráter absolutamente marginal, quase inapreciável e uma reduzida funcionalidade pois normalmente restringe-se a uma atividade consultiva".[28]

Por essa razão entende que não devamos fundamentar a existência dessas entidades ou sua *legitimidade* constitucional sobre o *princípio da participação*, nem sequer as destruir ao argumento de que essa *participação* estaria a ameaçar o *sistema democrático*.

19.7.8 O princípio da objetividade e da neutralidade da Administração. A imparcialidade reforçada por um sistema garantista de incompatibilidades

Neste importante tópico, o autor ressalta que uma das maiores dificuldades dos sistemas políticos contemporâneos é exatamente encon-

---

27. O art. 9º da Constituição espanhola dispõe: "1. Los ciudadanos y los poderes públicos están sujetos a la Constitución y al resto del ordenamiento jurídico. 2. Corresponde a los poderes públicos promover las condiciones para que la libertad y la igualdad del individuo y de los grupos en que se integra sean reales y efectivas; remover los obstáculos que impidan o dificulten su plenitud y facilitar la participación de todos los ciudadanos en la vida política, económica, cultural y social." Por sua vez o art. 23 da afirma: "1. Los ciudadanos tienen el derecho a participar en los asuntos públicos, directamente o por medio de representantes, libremente elegidos en elecciones periódicas por sufragio universal. 2. Asimismo, tienen derecho a acceder en condiciones de igualdad a las funciones y cargos públicos, con los requisitos que señalen las leyes". E ainda o art. 48 dispõe: "Los poderes públicos promoverán las condiciones para la participación libre y eficaz de la juventud en el desarrollo político, económico y cultural".
28. Lombarte, 2002:241.

trar e combinar a ação *política* do Governo, inerente à sua função (política) com o *profissionalismo e objetividade da ação administrativa*.

Traz à colação o art. 103[29] da Constituição espanhola que dispõe: "A Administração Pública serve com *objetividade os interesses gerais...*", reconhecendo que o poder governamental sobre a Administração não implica a *disponibilidade absoluta* do Governo sobre esta, sobretudo diante do *princípio da neutralidade da Administração*. Coloca a aparente tensão em que o intérprete se encontraria ao tentar conciliar a direção política do Governo com a objetividade e o profissionalismo da Administração, em especial de Administrações Independentes. Afirma que a direção política do Governo vai ao encontro da legitimidade democrática, porém reconhece que um certo *distanciamento* da atividade administrativa (instrumental) do Governo parece atender à *objetividade da Administração*, entendida como um *poder neutro politicamente*, isto é, a serviço dos aludidos *interesses gerais*.

No fundo, acreditamos, o autor pretende estabelecer o nível, o grau de relacionamento jurídico adequado, desejável, que deva existir (naquele país) entre as Administrações Independentes e o Governo (a Administração, o Executivo, ambos os termos empregados no seu sentido mais amplo), questionando se haveria necessidade de um reforço de neutralidade jurídica naqueles novos entes e seu fundamento.

Responde à pergunta, afirmando que, em princípio, a Constituição já teria densidade suficiente para exigir de toda a Administração, inclusive das chamadas Independentes, como obrigar, a todas elas, a servirem com "objetividade"[30] aos *interesses gerais*.

29. Recorde-se uma vez mais a redação da Constituição espanhola: "Art. 103. (...) 1. La Administración Pública sirve *con objetividad* los intereses generales y actúa de acuerdo con los principios de eficacia, jerarquía, descentralización, desconcentración y coordinación, con sometimiento pleno a la ley y al Derecho. 2. Los órganos de la Administración del Estado son creados, regidos y coordinados de acuerdo con la ley. 3. La ley regulará el estatuto de los funcionarios públicos, el acceso a la función pública de acuerdo con los principios de mérito y capacidad, las peculiaridades del ejercicio de su derecho a sindicación, el sistema de incompatibilidades y las garantías para la imparcialidad en el ejercicio de sus funciones".

30. O termo original na língua espanhola é "objetividade", mas acreditamos que talvez no português seria mais bem traduzido por "imparcialidade". É dizer, o sentido parece mais se aproximar do que conhecemos no direito constitucional brasileiro por "imparcialidade", já que o autor associa esse princípio aos "poderes neutros".

Conclui seu entendimento afirmando que as Administrações Independentes não são uma manifestação reforçada da *objetividade* administrativa constitucionalmente exigida pelo art. 103 da Constituição espanhola, mas a expressão da vontade do legislador de limitar o poder governamental, restringindo seu âmbito de direção administrativa, por meio de "contrapoderes" que contribuam para o reequilíbrio do sistema institucional democrático. Procura explicar esse fenômeno enumerando o regime de *incompatibilidades e proibições* a que estão sujeitos os dirigentes dessas entidades.[31]

19.7.9 A modulação do poder diretivo do governo sobre as Administrações Independentes

O autor reconhece que na *escala de independência* que conforma o extenso conglomerado de entes institucionais e administrativos que expressam a atual fragmentação do Estado – com maior ou menor grau de autonomia em face do Governo –, as Administrações Independentes ocupam a posição máxima. Estão no vértice desse sistema.

Entretanto, não podemos considerá-las como um fenômeno administrativo *homogêneo e compacto*. Muito ao contrário, a diversidade preside não só a sua existência, como muito particularmente os diferentes níveis de sua autonomia governamental. Essa grande heterogeneidade normativa dificulta a sistematização, mas parece apontar também que em cada caso o legislador conferirá através da Constituição e da lei, maior ou menor grau de autonomia a esses entes.

---

31. Para evitar o fenômeno da captura das Administrações Independentes por parte dos setores regulados – perigo concreto diante da experiência norte-americana – recorda o regime de dedicação exclusiva e absoluta dos dirigentes e o sistema de incompatibilidades dos seus dirigentes que se prorroga *pro futuro*, normalmente após dois anos depois da demissão ou extinção do mandato, recebendo para tanto, uma remuneração ou compensação econômica da entidade nesse período. Compara essas incompatibilidades com as decorrentes do exercício de outros cargos políticos no sistema espanhol, como os de Governador, Subgovernador, para destacar as diferenças – mais agravadas nas agências e menos abrangentes nesses últimos, o que em tese, justificaria a existência de uma diferenciação de graus e a necessidade de algumas entidades independentes dotadas de maior autonomia e "neutralidade".

*19.7.10 A respeito das faculdades diretivas do governo:
o monopólio de nomeação governamental
de cargos diretivos e a ausência de regras
que garantam o pluralismo ideológico*

No sistema espanhol, todos os membros dos órgãos de direção das Administrações Independentes são nomeados pelo Governo. Todas as leis de criação dessas entidades seguiram o padrão de atribuir ao Executivo a designação desses cargos e funções, salvo raras exceções. O Parlamento participa, modestamente, na opinião do autor, desse processo.

Não há, no sistema espanhol, ao contrário do norte-americano, mecanismos que garantam a *pluralidade ideológica* no seio das Administrações Independentes.

Na América, há proibição, na maioria dos casos, de que as nomeações de altos dirigentes recaiam em membros do mesmo partido político em número superior a metade mais um de seus integrantes e, em conseqüência, a nomeação presidencial pode recair em membros de outros partidos políticos, necessariamente, quando se supera o número do próprio partido do Presidente.

O autor afirma que o monopólio governamental de nomeação de membros das Administrações Independentes na Espanha encontra, de outro lado, alguns limites objetivos. Condições pessoais do candidato nomeado são analisadas, como a sua qualificação profissional, a impossibilidade de renovação de mandatos[32] (mandatos fixos); a estabilidade ou inamovibilidade de seus dirigentes[33] são algumas garantias interessantes daquele sistema, mas que, segundo o autor, não impedem ao Governo a indicação e nomeação de nomes que gozem de sua *confiança política*.

---

32. As regras a respeito do mandato dos dirigentes das Administrações Independentes na Espanha recebem acerbas críticas da doutrina. Há diversos exemplos de autoridades que gozam de mandatos superiores ao parlamentar; em outros casos há coincidência de mandatos. Há também propostas no sentido de que haja uma combinação de critérios; que nos órgãos colegiados haja renovação por metade dessas autoridades ou dirigentes, tudo de modo a procurar a tão buscada "autonomia" que parece muito mais teórica do que real.

33. Embora a inamovibilidade seja a mais importante garantia nessas entidades, há lacunas graves para garantir a pretendida estabilidade no cargo, mesmo conside-

19.7.11 A presença de cargos governamentais de membros natos nos órgãos diretivos

A presença do Governo no poder diretivo das Administrações Independentes manifesta-se ainda em certos casos quando a lei prevê a hipótese de membros natos do Governo para ocupar determinados cargos. Mas daí a entender a existência de um poder diretivo efetivo vai longa distância. Isto porque habitualmente nega-se *poder de voto* a esses membros.

Propõe o autor que a presença de membros do Governo nas Administrações Independentes seja considerada como um mecanismo de interação constante entre Governo e Administração ("Independente"), de forma a permitir o exercício do poder de direção política *direto ou indireto*. Afinal, a opinião, o entendimento, a influência, ainda que não dotada de poder de voto pode em muitos casos ser decisiva na resolução de conflitos ou no encaminhamento de soluções.

19.7.12 As singulares restrições ao poder diretivo do governo: o questionável alcance jurídico da voluntarista afirmação legal da "independência"

Neste tópico, Lombarte critica e questiona a apregoada "autonomia" e "independência" dessas entidades no modelo espanhol.

Afirma novamente que não haveria sequer como isolar *completamente* essas entidades do Governo, em face da Constituição, diante da ausência de norma expressa nesse sentido. Ademais, as leis de sua criação não contemplam *concretamente* os meios jurídicos de alcançá-las e garanti-las, porque não há como controlar e verificar com objetividade que sejam dirigidas por membros veramente qualificados para os cargos que ocupam.

Desse modo, a declaração solene de "independência" e "autonomia" dessas entidades parece ser mais uma proclamação "voluntarista" do legislador de escasso alcance jurídico, à margem dos di-

---

rando a existência de *numerus clausus* nas enunciadas causas de demissão ou exoneração. Há cláusulas por demais abertas que possibilitariam a exoneração do dirigente como a clássica "ausência de diligência ou negligência grave no cumprimento de seus deveres" e fórmulas similares.

versos mecanismos legais específicos destinados a implementá-las e preservá-las.

19.7.13 Uma restrita autonomia orçamentária e patrimonial, financiamento próprio e seleção de pessoal

A verdadeira "independência" ou "autonomia" de um ente administrativo pode ser determinada por sua liberdade de desfrutar de recursos materiais suficientes para o desempenho de suas atribuições legais. Maior disponibilidade de recursos implicará menor dependência governamental e maior liberdade de decisão, inclusive em relação aos setores que pretende regular.

Na Espanha, muito embora essas entidades possam confeccionar sua proposta orçamentária, esta será analisada pelo Parlamento que conforme suas prioridades políticas deliberará sobre ela. Assim, é ilusória a imagem de que essas agências possam formular suas propostas orçamentárias com absoluta liberdade e impor ao Governo a obrigação de respeitá-las sem qualquer revisão ou discussão política.

Isso porque compete ao Governo, com exclusividade, naquele sistema constitucional o poder de propor e encaminhar a proposta de iniciativa orçamentária e, em geral com ele, um poder de direção política que faculta, quando menos, a imposição de diretrizes básicas a toda a Administração Pública, inclusive às "Independentes".

A legislação espanhola impõe mecanismos de financiamento público às Administrações Independentes – e alguns poucos mecanismos de financiamento autônomo, próprio –, e também o poder de recrutar pessoal especializado com autonomia. Também naquele país, parece haver uma luta dessas Administrações para conseguir sobreviver autonomamente, o que, no mínimo, seria coerente com a proposta ou modelo que defendem.

19.7.14 A intensificação dos controles parlamentares diretos sobre as Administrações Independentes

a) Espanha – Uma das principais impugnações feitas às Administrações Independentes, também na Espanha, diz com o esvaziamento da função de controle tradicionalmente atribuída ao Parlamento.

Afinal, sendo uma parte da "Administração", um elemento da "Administração" não haveria razão lógica ou jurídica para enfraquecer os controles sobre sua atuação.

A doutrina espanhola parece compartilhar esse entendimento, ao compreender que não há margem para isentar essas entidades do controle do Parlamento.

De fato, não há como isentar o "Governo" (sentido amplo) da fiscalização do Parlamento (Congresso Nacional), quer estejamos diante de um regime parlamentarista ou presidencialista, pouco importa. Os arts. 66.2, 108, 109, 110.1 e 111.1 da Constituição Espanhola endossam essa posição.[34]

A questão na Espanha, como de resto em qualquer País onde o fenômeno tenha florescido, portanto, não diz tanto com a *impossibilidade jurídica* do controle parlamentar, mas com sua insuficiente utilização, o que ocorre com a própria criação do ente em última análise, primeiro passo a outorgar maior margem de liberdade a essas entidades, o que é feito pelo próprio Parlamento, pelo Legislador.[35]

---

34. "Art. 66.2. Las Cortes Generales ejercen la potestad legislativa del Estado, aprueban sus Presupuestos, controlan la acción del Gobierno y tienen las demás competencias que les atribuya la Constitución". "Art. 108. El Gobierno responde solidariamente en su gestión política ante el Congreso de los Diputados". "Art. 109. Las Cámaras y sus Comisiones podrán recabar, a través de los Presidentes de aquéllas, la información y ayuda que precisen del Gobierno y de sus Departamentos y de cualesquiera autoridades del Estado y de las Comunidades Autónomas". "Art. 110.1. Las Cámaras y sus Comisiones pueden reclamar la presencia de los miembros del Gobierno". "101.2. Los miembros del Gobierno tienen acceso a las sesiones de las Cámaras y a sus Comisiones que informen ante las mismas funcionarios de sus Departamentos". "Art. 111.1. El Gobierno y cada uno de sus miembros están sometidos a las interpelaciones y preguntas que se le formulen en las Cámaras. Para esta clase de debate los Reglamentos establecerán un tiempo mínimo semanal".

35. A questão nos remete a outra reflexão. É preciso, portanto, desenvolver novos e importantes controles sobre essas agências. Em se tratando de um novo "modelo", não há como optar por manter os figurinos antigos. Urge criar novos instrumentos jurídicos inclusive de natureza constitucional para que as aludidas "autonomia ou independência" não sejam verdadeiros *"bills de indenidade"*, *salvo conduto* absoluto à irresponsabilidade jurídica. Assim, seriam insuficientes os clássicos mecanismos urdidos no modelo tradicional (quer no presidencialismo quer no parlamentarismo) como a convocação de autoridades ao Parlamento para prestar esclarecimentos, o envio de relatórios periódicos acerca da gestão dessas entidades aos órgãos controladores. Em síntese, é preciso remodelar o sistema jurídico de modo a criarmos novos e eficazes mecanismos que permitam redefinir controles recíprocos de poder, a fim de evitar o absolutismo sob novas vestes.

Lombarte traz ainda a experiência britânica à discussão ao afirmar que os ingleses também enfrentaram esse problema e acabaram por atribuir aos Ministros a responsabilidade pelos atos que direta ou indiretamente são emanados por autoridades independentes.

Ainda que essa solução provoque situações injustas – à medida em que, com freqüência, a autonomia jurídica ou material dessas entidades priva de capacidade de decisão a ação ministerial –, há risco de responsabilizar os Ministros por alguma conduta ou ação em que não participou ou interveio. Mas não há como resolver essa questão, sobretudo no regime parlamentarista que tem como nota o exercício global da ação política em face do Parlamento. Desse modo, a responsabilidade ministerial resultará inequívoca e derivará diretamente da designação dos servidores ou dirigentes de certas entidades autônomas – independentemente do grau de autonomia de que gozem.

Finalmente o autor recorda que no sistema britânico os cargos mais elevados da Administração são, majoritariamente, provindos do funcionalismo, do extrato de servidores públicos e, em conseqüência, a responsabilidade ministerial derivada de sua atuação administrativa adquire um perfil e natureza diversos: "a responsabilidade política de terceiros é manifestamente uma responsabilidade *in vigilando*: já que o Ministro não nomeou ou elegeu o pessoal a seus cargos e não pode alterá-lo, somente a negligência ou a passividade (omissão) hábil em evitar ou reparar os atos dos subordinados faz nascer a responsabilidade ministerial".[36]

b) França – Na França, o fenômeno não foi diverso. As autoridades administrativas independentes lá também surgiram como um conjunto de estruturas originais no aparelho do Estado. A imagem que os franceses passam também não é diversa da que expusemos em relação à realidade espanhola. Pretendem ter uma ação subtraída de influências políticas e das diversas pressões dos interesses econômicos e profissionais em setores sensíveis de atividades que estariam a exigir uma proteção especial e imparcial.

O paradoxo das autoridades administrativas independentes também na França é acompanhada de incerteza e controvérsia. As expressões ou adjetivos da doutrina francesa quando se referem a essas

---

36. Artemi Rallo Lombarte, *apud* J. García Morillo (1998(52):283-284).

figuras são: "atypisme, ambivalence, hybridité, Janus, étrangété, symbolique".

A primeira vez que se utilizou a expressão "Administrações Independentes" naquele país[37] foi em 1978[38] por ocasião da criação da "Comission Nationale de l'Informatique et des Libertés", tendo também causado perplexidade em seu sistema político-jurídico. Mais tarde o legislador francês passou a utilizar a expressão "autorité indépendante" (AI), anexando assim um novo objeto de interrogação à já controvertida expressão.

A doutrina continua a desconfiar do que se chama de "governo de sábios" ("gouvernement des sages"), fórmula miraculosa e instigante. Também na França não houve o desenvolvimento de uma estrutura única ou uniforme. As "AAI" ou "AI" são diversas em relação a seus estatutos e seus poderes e não se encontra homogeneidade em suas características.[39]

As razões que presidem a existência das autoridades administrativas independentes na França não são diversas de outros países, a saber:

a) a luta contra a burocracia, contra o segredo, o arbítrio administrativo e as diversas disfunções da Administração Pública, em suma, a busca de uma proteção dos cidadãos ameaçados com os abusos do aparelho administrativo;

b) a regulação da economia de mercado, com o objetivo de proteger os cidadãos dos abusos de posição dominante emanadas dos poderes econômicos privados, do capitalismo selvagem;

c) o aperfeiçoamento da informação e dos meios de comunicação no mundo contemporâneo, a necessidade de proteger os cidadãos contra as manipulações da opinião emanada do poder estático ou de outras origens.

Entretanto, há peculiaridades que não podem ser esquecidas. Como se sabe, a França sempre desconfiou do *poder judicial* tal como o

---

37. "Autorités Administratives Indépendantes" (A.A.I)
38. Muito embora já se note desde a década de 1970 o início do fenômeno que se acentuou a partir da década de 1980.
39. Conforme Marie-José Guédon (1991) e Claude-Albert Colliard e Gérard Timsit (1983:270 e ss.).

concebemos a partir do modelo americano (*judicial review*). Assim, talvez fosse até natural que o fenômeno das "autoridades administrativas independentes" na França entrasse também através do discurso de combate à ineficácia e lentidão da função judicial (ou administrativa).[40]

Desse modo, a criação das AAI pode ser apresentada como uma resposta a uma necessidade de uma "justiça" mais capaz de satisfazer as necessidades do povo e de adaptar-se à evolução dos tempos atuais, o que vem provocando inclusive a reação e a rivalidade dos juízes administrativos.[41] Não há propriamente uma *substituição* entre a justiça administrativa e as autoridades independentes, mas uma certa identidade de garantias e de funções.

O exercício das atribuições das "autoridades administrativas independentes", ao menos em parte, vem para cumprir atividades de "regulação" e controle que não são estranhas àquelas normalmente exercidas pelo juiz administrativo francês.

A anunciada crise do Estado e o descrédito da atividade política conjugadas aparecem também na França como fatores determinantes do desenvolvimento dessas entidades. Também neste país parece não haver dúvida de que essas entidades não substituem rigorosa e formalmente o *locus* dos poderes e funções estatais, como esclarece Marie-José Guédon:[42]

"Si les A.A.I. assurent bien une fonction spécifique, *elles ne se substituent pas au Parlement* qui intervient nécéssairement. Istance normative *suprême*, il *a de par la Constitucion* une compétence étendue à l'égard des libertés publiques, et c'est lui qui crée les A.A.I. (*et peut les supprimer*). Il n'en a pas fait des organes parlementaires, mais les a instituées pour jouer, avec la garantie d'une indépendance, un doble rôle complètement utile au sien. En amont du législateur, les A.A.I. sont invitées à formuler des propositions, *à clarifier* par leur réflexion les axes possibles d'une action dans *un domaine en mutation*. Et, en aval, elles permettent, *dans le cadre fixé par la loi*, de mener une action modulée, pragmatique, adaptée, à la conjoncture au moyen de mécanismes tant juridiques qu'extra-juridiques.

---

40. Recorde-se a inexistência de unidade de jurisdição naquele país.
41. Austin, 1988:1.213 e ss.
42. Guédon, 1991:26.

"Les A.A.I. *ne se substituent pas non plus au pouvouir exécutif*, celuici gardant largement, comme on le verra, la maîtrise du pouvoir réglementaire et partageant em fait la régulation des secteurs concernés avec elles" (grifos nossos).

A apregoada "independência" dessas autoridades também causou forte perplexidade na doutrina francesa por motivos históricos que todos conhecemos. Provavelmente mais do que nas autoridades brasileiras que a conceberam. Embora o termo "independência" apareça várias vezes na Constituição francesa, ele é utilizado no art. 5º, alusivo à independência nacional, e no art. 64, quando alude à independência da autoridade judiciária.

Há, sem dúvida, "autoridades independentes" no quadro tradicional francês, como, por exemplo, quando a Constituição se refere ao Conselho Constitucional ou à "independência" da justiça administrativa e dos professores universitários.

Jamais, no entanto, no domínio das estruturas administrativas, o termo "independência"[43] apareceu desse modo – inusitado – nas estruturas administrativas francesas,[44] o que levou o Conselho de Estado em 1987 a emitir juízo negativo (não inconstitucional) a respeito dessas entidades ao afirmar sobre elas que "constituent une catégorie non prévue par le constituant et difficilement conciliable avec l'équilibre des pouvouir mis en place par lui", o que não evitou sua proliferação também naquele país.[45]

---

43. De fato é no mínimo estranha a apregoada "independência", pois o art. 20 da Constituição francesa estabelece: "O Governo determina e dirige a política do país. Tem ao seu dispor os serviços administrativos e das forças armadas". É responsável perante o Parlamento nas condições e de acordo com os procedimentos determinados nos arts. 49 e 50 (alusivo à responsabilidade do governo); de outro lado, o art. 72 que regula as coletividades territoriais estabelece: "As coletividades territoriais da República serão os municípios, os departamentos, os territórios de Ultramar. Qualquer outra coletividade territorial será criada por lei. Estas coletividades terão liberdade de administrar a si próprias mediante conselhos eleitos e nas condições assinaladas pela lei. Nos departamentos e nos territórios, o delegado do Governo estará encarregado dos interesses nacionais, da fiscalização administrativa e do respeito pela lei". Assim, a apregoada "independência" não poderia ser entendida *tout court* ou como ausência de subordinação ao poder central, à unidade do Estado.
44. Guédon, 1991:36.
45. Até 1991 eram 17 as autoridades administrativas independentes na França. Proliferaram em vários setores. São elas: Comission Nationale de l'Informatique et

Em várias outras oportunidades, o Conselho Constitucional Francês através de sua jurisprudência assentou que a "independência [*dessas entidades*] é limitada pela existência do controle jurisdicional, pelos direitos fundamentais, em suma, pela legalidade"[46] e, naturalmente, não exclui ou elimina a ação dos outros Poderes do Estado, o Legislativo e o Executivo.

De fato, as funções ou atribuições dessas "autoridades administrativas independentes" não são fáceis de identificar ou de classificar de forma homogênea. O certo é que, também na França, se lhes atribui um "controle preventivo" subordinado à lei, seja no sentido de recomendar ao legislador medidas para a melhoria do setor regulado, seja por meio da edição de normas jurídicas (secundárias), portanto, subordinadas à lei para igualmente detectar irregularidades ou abusos administrativos nos vários setores em que atuam, seja para mediar e arbitrar conflitos, elas mesmas, segundo competências atribuídas pelas leis ou por decretos.

De qualquer modo não podemos afirmar com segurança que essas entidades na França estejam no comando único dos setores regulados. De fato, os clássicos Poderes do Estado continuam, juntamente com elas, a desempenhar importante papel no concerto das atividades públicas e sociais.

des Libertés, criada por lei em janeiro de 1978, composta de dezessete membros nomeados por cinco anos, sendo dois deputados e dois senadores eleitos pela Assembléia, dois membros do Conselho de Estado, dois membros da Corte de Cassação, dois membros da Corte de Contas, duas pessoas especialmente qualificadas na área nomeadas por decreto e proposição do Presidente da Assembléia Nacional e Presidente do Senado, três personalidades designadas em razão de sua autoridade e competência pelo Conselho de Ministros. Há ainda a Comissão de acesso a documentos administrativos, o Conselho Superior de Audiovisual, a Comissão de Operações Bursáteis, o Conselho da Concorrência, a Comissão de Cláusulas Abusivas, a Comissão dos Consumidores, a Comissão de Regulamentação Bancária, a Comissão dos Estabelecimentos de Crédito, a Comissão Bancária, a Comissão de Controle de Seguros, a Comissão de Infrações Fiscais, a Comissão de Pesquisas, a Comissão Nacional de Contas de Campanha e de Financiamentos Políticos, a Comissão para a Transparência Financeira da Vida Política, a Comissão Nacional de Controle de Campanhas Eleitorais para Eleições Presidenciais e o Comitê Nacional de Gestão Científica, Cultural e Profissional. Todos essas entidades variam muito, quer em relação à área de atuação, quer em relação ao número de componentes e suas competências. No entanto, não é o caso de examiná-las.
46. Guédon, 1991:40-41.

Recorde-se, preliminarmente, que os arts. 21 e 38 da Constituição francesa[47] autorizam que o Governo obtenha do Parlamento *delegação para legislar*, por meio de ordenações [*ordonnances*], sobre matérias "que são normalmente do domínio da lei", por prazo limitado.[48]

No que tange ao *poder normativo* das AAI, tema dos mais sensíveis e que nos preocupa, pode-se dizer que ele se manifesta de várias maneiras, a saber:

a) Poucas autoridades administrativas "independentes" detêm poderes regulamentares (CNIL, COB, CSA e CRB).[49] Estes são demarcados pelo legislador, que atribuem a edição de *normas individuais* sobretudo, raramente *normas gerais*. Ademais, segundo a jurisprudência do Conselho Constitucional, a essas entidades não devem ser atri-

---

47. Recorde-se que a Constituição francesa arrola várias matérias de competência do Parlamento (art. 34), deixando todas as outras fora do domínio da lei, que terão caráter regulamentar (arts. 37 e 38). Paralelamente, ao Presidente da República e ao Primeiro Ministro são atribuídas também competências normativas (vide arts. 16, 20 e 21da Constituição francesa). O art. 38 da Constituição francesa, por exemplo, diz: "O Governo poderá, para execução de seu programa, solicitar autorização do Parlamento para adotar, por meio de ordenações, durante um prazo limitado, medidas normalmente pertencentes ao domínio da lei. As ordenações serão expedidas pelo Conselho de Ministros após consultar o Conselho de Estado. Entrarão em vigor na data de sua publicação, mas caducarão se o projeto de lei de ratificação não for submetido ao Parlamento antes da data fixada pela lei de habilitação. Ao expirar o prazo mencionado no primeiro parágrafo do presente artigo, as ordenações não mais poderão ser modificadas, a não ser por lei, nas matérias pertencentes ao domínio legislativo". De outra parte, o art. 16 da Constituição francesa confere poderes excepcionais ao Presidente da República quando as "instituições da República, a independência do país, a integridade de seu território ou o cumprimento de seus compromissos internacionais estiverem ameaçados de maneira grave e imediata, e o funcionamento regular dos poderes públicos constitucionais estiver interrompido, o Presidente da República tomará as medidas exigidas por estas circunstâncias, após consultar oficialmente o Primeiro Ministro, os Presidentes das assembléias, bem como o Conselho Constitucional". Finalmente recorde-se que o art. 72 da Constituição francesa também autoriza as coletividades territoriais ou autoridades locais descentralizadas à aplicação de algumas competências normativas delegadas ou regulamentares em nome do interesse nacional.
48. Manoel Gonçalves Ferreira Filho ensina que "o ponto mais relevante, todavia, da Constituição de 1958 em matéria de elaboração legislativa é o que consagra a separação de domínios entre a lei e o regulamento e, em decorrência disso, o surgimento de um poder regulamentar autônomo, ou incondicionado" (1984:179).
49. Comission Nationale de l'Informatique et des Libertés, Comission des Opération de Bourse, Conseil Supérieur de l'Audiovisuel, Comité de la Réglementation Bancaire.

buídos *poderes amplos*; não raras vezes mais *consultivos*, sua maior missão. São catalogados como poderes "paranormativos" [*para-normatif*] e de consulta e orientação aos poderes constituídos. De fato, foi preciso uma enérgica tomada de posição do Conselho Constitucional para limitar a ação regulamentar dessas entidades[50] ("il ne peut donc s'agir d'une délégation du pouvoir législatif lui-même").

b) A outra forma de *delegação condicionada* está, por exemplo, em conferir a essas entidades o poder regulamentar *subordinado à homologação* do Ministro da Pasta objeto da matéria regulada. Nessas raras hipóteses, a autoridade independente (Comissão ou Comitê – a terminologia agora não importa) fixa *regras gerais* aplicáveis à hipótese regulada (segundo competências legais previamente traçadas). Aludidas normas gerais somente terão eficácia e aplicabilidade após a homologação ministerial.

c) Existem as autoridades ou órgãos (independentes) que têm um papel marcadamente *consultivo* e que não detêm *poder normativo* de espécie alguma. Apenas aconselham, orientam, recomendam e oferecem relatórios e estudos pormenorizados no sentido de modificar a atividade que pretendem "regular". Em alguns casos, a coleta desse material de consulta é obrigatória e deve preceder a edição de qualquer ato normativo relativo àquele setor ou atividade.

d) Finalmente há órgãos ou entidades com "poderes de decisão individual", entendida como uma aplicação concreta de alguma lei ou regulamento, a pretexto de autorizar, controlar ou sancionar determinada atividade ou setor previamente determinado.

No que tange a este último aspecto, especialmente à possibilidade de controle e sobretudo a *repressão administrativa* a ser exercida por essas autoridades administrativas "independentes", o Conselho Constitucional francês traçou alguns limites interessantes à sua atua-

---

50. Em um primeiro momento, decidiu-se que as normas editadas pelo Primeiro-Ministro não poderiam ser ou estar subordinadas às fixadas pelas autoridades "independentes": "En prévoyant que les normes édictées par le gouvernement, agissant par décret en Conseil d'État, pour assurer l'éxécution de l'article 62 de la loi, seront subordonnées aux règles générales fixées par la Commission nationale de la communication et des libertés de législateur a méconnu les dispositions de l'article 21 de la Constitucion". Posteriormente, "l'habilitation donnée par le législateur ne peut concerner *que des mesures de portée limitée tant par leur champ d'application que par leur contenu*".

ção e à possibilidade da aplicação do *regime administrativo sancionatório, desde que respeitadas as liberdades fundamentais*.

O Conselho Constitucional, em decisão de 17 de janeiro de 1989, assentou o seguinte: "Qu'il résulte de l'article 8 de la Déclaration des droits de l' homme et du citoyen, comme des principes fondamentaux reconnus par les lois de la République, qu'une peine ne peut être infligée, qu'à la condition que soient respectés le principe de légalité des délits et des peines, le principe de nécéssité des peines, le principe de non rétroactivité de la loi pénale d'incrimination plus sévère ainsi que le principe du respect des droits de la défense (...) et ces exigences ne concernent pas seulement les peines prononcées par les juridictions répressives *mais s'étendent à toute sanction ayant le caractère d'une punition même si le législateur a laissé le soin de la prononcer à une autorité de nature non judiciaire*" (grifos nossos).

Desse modo, o Conselho Constitucional acabou por construir importante barreira exegética ao administrador "independente", inclusive no regime administrativo de aplicação de sanções, enquadrando-o no sistema constitucional essencialmente garantista.[51]

Não seria possível repassar como o fenômeno da *regulação* ocorre em todos os países da Europa. Acreditamos que basta assinalar o exemplo de mais dois países europeus para termos uma visão geral mais clara, de conjunto, de *sistema*.

c) Inglaterra – Propositadamente, deixamos o exemplo inglês para essa parte. Não por motivos cronológicos. Ao contrário, a experiência inglesa, ao que parece, foi pioneira na matéria e parece ter influenciado toda a Europa. A questão reside nas profundas diferenças de concepção entre esses dois sistemas jurídicos: o romano-germânico e o anglo-saxão. Por que isso ocorreu? Não temos a resposta a essa questão, mas podemos fazer um exercício de investigação.

O direito inglês não pode ser compreendido em sua oposição à família romano-germânica, de que é exemplo o direito francês, se não levarmos em conta a maneira diferente pela qual os dois sistemas foram elaborados e se desenvolveram na história.

---

51. Conforme Marie-José Guédon (1991:120-121). Assim, o exercício de poderes administrativos, inclusive sancionatórios, deve atender ao bloco da legalidade e às convenções internacionais subscritas pelo país onde a sanção pretende ser aplicada.

Como anota René David,[52] o principal fato que marcou o direito francês foi a importância que tiveram, na França os estudos do direito romano. Do início do século XIII ao fim do século XVIII, o ensino do direito realizado nas universidades da França tinha como base o direito romano; os "costumes" não eram ensinados ou só o eram tardiamente e de maneira muito acessória. Todos os juízes das jurisdições superiores, bem como os advogados, tinham de ser, desde a época de São Luís, "juristas", isto é, licenciados em direito com formação universitária.

Na França, os juízes continuaram a aplicar, em princípio, os costumes; mas sua maneira de completá-los foi influenciada, de forma mais ou menos consciente, pelo direito erudito, que nas universidades haviam aprendido a ver como um modelo e que era, para eles, uma verdadeira razão escrita. A influência do direito romano foi considerável no Sul e na Alsácia (região de direito escrito), mas limitada no Norte (região de costumes).

É ainda René David quem nos dá conta de que, no início do século XIX, o legislador interveio com a finalidade de completar a obra da jurisprudência. Pela promulgação de códigos, ele unificou e reformou os costumes e tornou aplicável na França o sistema racional que as universidades haviam elaborado, partindo da base do direito romano. Abriu-se, assim, uma nova era na França, mediante a substituição das antigas compilações romanas, de um lado, e dos costumes, de outro, por um corpo de direito moderno, promulgado pelo legislador e fundado na razão. A ruptura com a tradição, todavia, foi mais aparente que real. Nossa concepção do direito permanece bastante marcada pela ciência dos romanistas. Os códigos são vistos como um ponto de partida, uma base a partir da qual se desenvolve o raciocínio dos juristas, para descobrirem a solução e aplicá-la.

De todos esses pontos de vista, o direito inglês se opõe ao direito francês.[53] O renascimento dos estudos de direito romano, esse fenômeno europeu, permaneceu acadêmico na Inglaterra. As universidades

---

52. David, 1997:1, 11 e 14.
53. E, por via de conseqüência, opõe-se também a toda a família romano-germânica. Pontos de contato, origem de institutos é coisa diversa. Ninguém nega, por exemplo, que a noção de Constituição material tenha origem na velha Inglaterra como também as notáveis conquistas a favor da liberdade e franquias como o *habeas corpus*, a Magna Carta etc. Entretanto, o espírito em que se funda o sistema, sua estrutura é inteiramente diversa dos países que adotaram a tradição romana e com ela o seu direito.

inglesas também ensinaram, é verdade, apenas o direito romano, mas sua influência foi desprezível, pois nunca se exigiu na Inglaterra que juízes ou advogados tivessem título universitário. Ao contrário do que aconteceu na França, onde as jurisdições que aplicavam os costumes locais caíram em desuso. As Cortes Reais que as substituíram não foram, em teoria, durante muito tempo, mais que jurisdições de exceção e, por esse motivo, não puderam acolher o "sistema" que o direito romano constituía; elas elaboraram um novo direito, a *common law*, para cuja formação o direito romano desempenhou um papel limitado.

Não há, na Inglaterra, códigos como encontramos na França, e apenas em matérias especiais foi feito um esforço para apresentar o direito de forma sistemática. Não é isso um acaso. A concepção do direito que os ingleses sustentam é, de fato, ao contrário da que prevalece no continente europeu, essencialmente jurisprudencial, ligada ao contencioso. O direito inglês, que foi elaborado pelas Cortes Reais, apresenta-se como o conjunto de regras processuais e materiais que essas Cortes consolidaram e aplicaram tendo em vista a solução dos litígios. A regra de direito inglesa (*legal rule*), condicionada historicamente, de modo estrito, pelo processo, *não* possui o caráter de *generalidade* que tem na França uma regra de direito formulada pela doutrina ou pelo legislador.[54] As categorias e conceitos, no direito inglês, derivam de regras processuais formalistas que as Cortes Reais foram obrigadas a observar até uma época recente; a distinção entre direito público e direito privado, em particular, por esse motivo, era até a bem pouco tempo, desconhecida na Inglaterra.

E mais adiante René David complementa seu pensamento ao afirmar que – muito embora no século XX haja um *novo papel* no direito inglês, representado pela legislação (*statute law*), e, com ela, importantes reformas estruturais, no sentido de implementá-la conjuntamente com a regulamentação administrativa –, não há[55] como abandonar séculos de tradição da *common law*, da técnica jurisprudencial, das garantias processuais, da técnica de precedentes que ainda informa e conforma a cultura inglesa e suas instituições.[56]

---

54. Como é o caso da tradição brasileira.
55. Segundo entendemos.
56. É ainda interessante observar que a jurisdição administrativa na Inglaterra historicamente sempre foi controlada pelos juízes. Observa o Visconde do Uruguai,

É com esse espírito, fundado na tradição e em sua história, que devemos tentar compreender a realidade jurídica inglesa contemporânea. A Constituição inglesa é flexível; é dizer, é daquelas que se reforma pelo mesmo órgão e método que a lei ordinária, como também *é flexível toda a estrutura* técnico-jurídica e política daquele Estado.

Desse modo, o princípio da separação de poderes na Inglaterra assume características próprias. Nas palavras de Manuel García-Pelayo:[57] "(...) na Inglaterra sempre houve *dominação* de um poder sobre o outro; poder que em outros tempos foi o Parlamento e agora é o *Governo* em virtude de seu domínio na Câmara dos Comuns e em virtude da *prática da legislação delegada*. A situação atual se resume de modo preciso nessas palavras: *não há* separação de poderes, em sentido estrito, entre o legislativo e o executivo. As necessidades práticas do governo parlamentar fizeram com que o Parlamento confie na política governamental e aceite a direção do Gabinete no que tange ao programa legislativo, mesmo tendo a possibilidade de emendar, criticar, perguntar e, em última instância, anular. Ademais, as necessidades práticas exigem uma *ampla delegação ao executivo de poder de legislar por decreto* (*rule regulations*). A independência judicial tem sido estritamente conservada, mas muitos conflitos processuais *não* se submetem aos Tribunais ordinários, mas às autoridades administrativas. De qualquer modo, a prática no exercício de delegações legislativas alterou profundamente a estrutura dos poderes britânicos" (grifos nossos).

Não causa espanto, desse modo, que na Inglaterra, dotada de um modelo de Constituição flexível (daquelas que se reformam pelo mesmo órgão e método com que se reforma a lei ordinária), que todo o

citando Homersham Cox, que "um dos caracteres mais importantes e especiais do governo inglês consiste em que o *poder administrativo* não pode executar as leis a respeito de pessoas privadas, senão com a aquiescência destas, ou senão depois que a mesma lei lhes foi aplicada por uma decisão judicial. Por outras palavras, como diz Cox, antes que qualquer procedimento do governo, afetando pessoalmente um súdito inglês, possa ser levado a efeito, tem este, pela lei inglesa, *recurso para o poder Judicial*. Assim, a jurisdição administrativa na Inglaterra é necessariamente voluntária. Logo que há contestação do particular, e é portanto contenciosa; no sentido lato dessa palavra, pode o mesmo indivíduo recorrer para o poder Judicial. Daí se segue: que a organização inglesa *repele* o tipo de contencioso administrativo que apresentam a França, a Espanha, Portugal e o Brasil" (Sousa, 2002). Naturalmente que estamos a falar da realidade do século XIX.
57. García Pelayo, 1953:283-284.

seu direito e suas instituições sejam também flexíveis. Essa flexibilidade técnico-jurídica e política é a marca registrada daquele Estado.

Também não causa perplexidade em razão dessas peculiaridades, que exatamente naquele país tenha florescido e se expandido a *legislação delegada* e com ela toda uma concepção *única*, portanto, diversa e dispersa do exercício do poder.[58]

Chega mesmo a ser uma ironia que esse fenômeno ocorra na Inglaterra, que historicamente teve no Parlamento sua maior expressão. É conhecida a frase: "o Parlamento britânico podia fazer tudo, *menos transformar um homem em mulher ou uma mulher em homem*" – é dizer, tudo o que fosse *humanamente possível*.

García Pelayo com acerto questiona se é humanamente possível que – levando-se em conta toda essa enxurrada de *delegações e subdelegações* – possa ainda o Parlamento inglês ancorar-se em justificativas como "falta de tempo", "questões técnicas"[59] etc. Será que de fato ainda exerce algum controle ou fiscalização em torno das *delegações*?

Também importante registrar que o direito constitucional britânico apóia-se em fontes completamente diferentes das nossas.[60] Em

---

58. É ainda García Pelayo que nos dá conta de que o crescimento da legislação delegada na Inglaterra foi resultado de uma série de causas, tais como: "1) a necessidade de uma resposta rápida à pluralidade de legislação; b) o caráter técnico de algumas matérias para cuja discussão seria inadequado o papel do Parlamento; c) a impossibilidade de prever todos os casos possíveis, especialmente quando se trata de grandes reformas; d) a necessidade de conseguir uma flexibilidade que permita adaptar-se a situações futuras sem necessidade de reformar a legislação parlamentar; e) o melhor aproveitamento das lições da experiência; f) a freqüência com que em um Estado moderno faz-se necessária a legislação de necessidade e urgência. E adita ainda que o Governo não é a única entidade que exerce poderes de legislação delegada, embora seja o principal titular dessa competência, e esta delegação pode tomar uma amplitude tão considerável que seja possível alcançar uma substituição da genuína função do Parlamento" (García Pelayo, 1953:311 e 312).

59. É curioso como a história é cíclica e parece se repetir de tempos em tempos.

60. A doutrina não é unânime quanto à variedade das fontes de direito inglês ou mesmo a respeito da natureza da legislação delegada. Como o Parlamento é ainda teoricamente supremo na Inglaterra, não há limites objetivos à autoridade delegada. Em tese, o Parlamento poderia delegar qualquer modalidade de legislação ou assunto. Entretanto, na prática os poderes delegados dirigem-se a setores e atividades determinadas através de vários instrumentos como *statutory instruments; prerogative orders in Council, local authority by-laws, local authority orders, by-laws of public corporations*. A esse respeito, vide Robert G. Lee (1985:107 e ss.).

geral temos: 1) *a legislação* (*statute law*), ausente uma diferenciação com a lei ordinária, ou independentemente dos órgãos das quais promana, bem como quanto aos métodos de criação ou reforma (processo legislativo); 2) o *direito judicial* (*case law*), o direito derivado das decisões judiciais, vinculantes para os tribunais subordinados. Este, por sua vez divide-se em outras fontes: a) *commow law*, direito e costumes do reino que lograram obter reconhecimento judicial, direitos e garantias históricas do povo inglês, prerrogativas da Coroa etc.; c) a interpretação do chamado "direito estatutário", que verifica a compatibilidade da legislação delegada e de atos normativos desse gênero e de várias espécies; 3) *as convenções*; atos jurídicos (gênero) que combinavam as várias formas de "legislação", inclusive a *common law*. É o direito estrito (*strict law, law proper, positive rules of law, statute and common law*). São regras obrigatórias, ainda que costumeiras, escritas ou não, derivadas dos vários órgãos ou instituições inglesas (Executivo, Legislativo, Judiciário, agências ou autoridades delegadas ou independentes).

De outro lado, também não se imagine que não existam garantias ou remédios para obstar o exercício abusivo de poderes delegados. Quando a legislação delegada é elaborada, tomam-se precauções: "to ensure that when a Bill is drafted it does not contain delegated powers which might offend constitutional principles or allow an undesirable degree of power to pass into the hands of a single individual".[61]

Além, naturalmente, da análise para aprovação ou rejeição da legislação delegada, há ainda o *poder judicial* que poderá apreciá-la e, conforme o caso, impugná-la (se entendida como exercício da regulação *ultra vires*).

A jurisprudência inglesa já teve ocasião de anular normas delegadas por diversos motivos, dos quais se destacam: a) disposições delegadas muito vagas devem ser evitadas e podem ser consideradas abusivas; b) incompatibilidade de conteúdo ou de extensão entre o ato de delegação e a lei delegada; c) subdelegação não autorizada pelo Parlamento.[62]

d) Portugal – Por último, não poderíamos deixar de repassar a experiência portuguesa que, apesar de recente, tem produzido notá-

---

61. Smith, 1981:41.
62. Conforme Robert Lee (1985:114).

veis trabalhos. Para tanto cumpre desde logo destacar a obra de Vital Moreira,[63] que, em tese de doutoramento na Faculdade de Direito da Universidade de Coimbra, intitulada *Auto-regulação profissional e administração autónoma – A organização institucional do vinho do Porto*, disseca-a com grande acuidade.

Procuraremos destacar, da obra de Vital Moreira, os pontos mais relevantes para o nosso trabalho. É o que faremos a seguir.

Ressalta Vital Moreira que a problemática da *administração autônoma* em Portugal entrou por via italiana, juntamente com a importação do conceito de *autarquia*.[64] Após dissertar longamente sobre a evolução da autarquia em Portugal, suas idas e vindas, afirma que se tornou necessário, depois de 1974, adotar um novo conceito para designar as várias formas estabelecidas de administração representativa de agrupamentos sociais com poderes de auto-orientação e autogoverno.

Viria a ser o conceito de *administração autônoma*, ou seja, a versão direta do primitivo conceito alemão. Assim, tendo a idéia de auto-administração entrado em Portugal no princípio do século com uma designação italiana – "autarquia" – e com um sentido já pervertido, ela reentrava agora com o seu nome próprio (e sentido) originário.

Ao estabelecer a distinção entre *administração indireta do Estado* e *administração autônoma*, doutrina:[65] "Como se mostrou, uma das questões-chave do conceito de administração autónoma é a sua relação com a administração do Estado. Na sua origem a administração autónoma nasceu em *contraposição* à administração do Estado, em correspondência com a oposição entre o princípio monárquico e a liberdade burguesa. A democratização do Estado contemporâneo implicou naturalmente a superação dessa contraposição nos termos em que foi primitivamente colocada. Poderia mesmo dizer-se que no *Estado democrático toda a administração do Estado é por definição 'auto-administração'* de toda a colectividade nacional, visto que ela depende dos órgãos de governo democraticamente legitimados pela colectividade dos cidadãos. Porém, a legitimação democrática da ad-

---

63. Posteriormente o autor editou duas obras a partir de seu trabalho científico (cf. Moreira, 1997a e 1997b).
64. No Brasil, Celso Antônio Bandeira de Mello enfrentou o tema na clássica obra *Natureza e regime jurídico das autarquias* (1968).
65. Moreira, 1997a:111.

ministração estadual é somente indirecta e difusa, além de que ela está naturalmente vocacionada para cuidar dos interesses gerais e não dos interesses específicos das colectividades infra-estaduais, que constituem elementos estruturais das sociedades modernas, plurais e diferenciadas. Por isso, sob o ponto de vista dos princípios descentralizadores e pluralistas do Estado democrático contemporâneo, continua a ser relevante, agora em novos moldes, a antiga contraposição entre a administração geral do Estado, dependente do Governo, cuidando dos interesses gerais e indiferenciados, e a administração autónoma, como auto-administração de formações sociais infraestaduais, organizadas segundo princípios electivos e representativos, cuidando de interesses específicos dessas colectividades, constitucionalmente aptos para merecerem consideração autónoma no contexto da administração pública. (...) A administração autónoma deixa de ser contraposta à administração do Estado para passar a ser concebida como modalidade da administração do Estado" (grifos nossos).

Para o renomado constitucionalista português, se bem compreendemos seu pensamento, houve uma transformação de *cunho político-social* que elevou a autarquia a uma outra posição, a de "administração autónoma". E assim conclui: "Já se mostrou como esta concepção puramente formal da administração autónoma (ou da autarquia) – que a transforma numa simples modalidade de administração indireta – não pode colher hoje apoio *de uma perspectiva democrático-pluralista da administração pública no Estado contemporâneo. A diferença específica da administração autónoma está no facto de ela constituir uma expressão da auto-administração de certas formações sociais (territoriais, profissionais, etc.). Daí derivam os seus traços jurídicos-administrativos específicos*".[66]

Descarta o autor considerar as administrações autônomas uma *forma de administração indireta do Estado*, pois aquelas figuras não estariam vocacionadas à prossecução dos *interesses gerais da coletividade*, mas apenas ao seu controle externo. Revela que até a Constituição de 1976,[67] a doutrina administrativa dominante, em Portugal,

---

66. Moreira, 1997a:112-113.
67. Mudança ocorrida após a revisão constitucional de 1982 que explicitamente, entre outras coisas, contemplou as associações públicas, como forma de participação dos cidadãos na atividade administrativa.

não distinguia entre administração indireta e administração autônoma, ocorrendo então, uma profunda alteração a partir da previsão do art. 199º/d da CRP – e com ela, a explícita configuração constitucional das autarquias locais como expressão de genuína administração autônoma.

Estabelece importante distinção entre administração independente e administração autônoma ao afirmar que a independência da chamada "administração independente" é freqüentemente muito relativa e a sua autonomia em face da administração do Estado é em geral menor do que a administração autônoma. Faltam-lhe os pressupostos sociológicos desta – uma coletividade ou grupo social subjacente, órgãos representativos, interesses próprios, autofinanciamento –, que são as condições materiais da independência administrativa da administração autônoma.[68]

Ainda procurando estabelecer distinção entre as duas categorias, afirma que a lógica da administração independente varia entre a preocupação de assegurar a *neutralidade política* de certas esferas administrativas, vedando a intromissão governamental, criando espaços "imparciais" ou "neutros", e o propósito de as retirar ao jogo da alternância do princípio da maioria, conferindo-lhes estabilidade. A respeito doutrina:[69] "A filosofia da administração independente só tem em comum com a da administração autônoma a idéia da independência face ao Governo. Quanto ao mais é radicalmente distinta. Enquanto a idéia básica da administração autônoma é a da participação decisiva dos interessados, tornando-os administradores de si mesmos, a idéia da administração independente é a de afirmar a independência *também em relação aos interesses regulados*. Por isso, mesmo nos casos pouco freqüentes em que não está excluída a escolha de membros dos interesses regulados, eles não funcionam como representantes destes, não respondem perante eles, nem podem naturalmente ser por eles revocados. A independência da administração independente em relação ao Governo é uma relação inteiramente 'endo-adminis-

---

68. Ademais, enquanto na administração autônoma os respectivos órgãos dirigentes são designados e controlados pelo conjunto dos interessados, perante quem são responsáveis, no caso da administração independente, não estão sujeitos a qualquer controle nem são responsáveis perante quem quer que seja, em geral, diz Vital Moreira.

69. Moreira, 1997a:132.

trativa', pois que não extravasa do quadro da administração do Estado; a independência da administração autónoma face ao mesmo Governo é somente uma expressão de sua ligação orgânica a esferas extra-administrativas, isto é, a um substrato sociológico. A independência da administração independente é um *fim em si mesma;* a da administração autónoma é uma *conseqüência da auto-administração* e da responsabilidade dos respectivos organismos para com a sua base social de legitimação".

Embora reconheça a forte polêmica doutrinária que o conceito de autoridade administrativa independente ainda causa na Europa,[70] Vital Moreira não se nega a discutir o tema da constitucionalidade, fator que mais nos interessa. Parece que em Portugal o fenômeno também foi muito parecido com o que ocorreu no Brasil, ao menos no que toca ao tema constitucional.

As agências reguladoras,[71] no Brasil, proliferaram *à margem de previsão constitucional*,[72] sendo que, apenas depois de algum tempo de atuação, cuidou o legislador constituinte derivado de legitimá-las, não todas, e esse é um dos graves problemas que enfrentamos.

Também em Portugal o problema só veio à tona com a quarta revisão constitucional ocorrida em 1997.[73] Até então, "não havia explícito fundamento constitucional para a administração independente, salvo nos casos diretamente previstos na Constituição, como sucedia no caso da Alta Autoridade para a Comunicação Social (CRP, art. 39º)", muito embora podia ser admissível a presença de alguns entes quando a Constituição portuguesa requeria a "independência ou im-

---

70. Afirma que há setores doutrinários que vêm no conceito nuclear de autoridade administrativa independente uma "contradição nos termos", pois logo que uma autoridade apresenta uma natureza administrativa ela já não pode ser constitucionalmente qualificada como independente. Traz à colação parte da doutrina alemã, para quem as organizações administrativas independentes não se coadunam com o "princípio da direção governamental da administração". Mas esses aspectos já vimos nos itens anteriores.
71. Que se diferenciam das "administrações autónomas" do direito português.
72. Não importa que as categorias sejam distintas; o que nos importa notar é a ausência de autorização ou previsão constitucional para sua criação, limites de atuação e funcionamento. Neste aspecto há identidade histórica e constitucional entre Portugal e Brasil ao menos no que tange à origem do fenômeno e seus desafios.
73. Atualmente o art. 267º-3 da Constituição portuguesa autoriza expressamente a criação de "entidades administrativas independentes".

parcialidade política de certas esferas administrativas,[74] mas na falta de uma cláusula geral facultativa da criação legislativa de novas instâncias de administração independente, restavam sempre constitucionalmente problemáticos os casos que não podiam prevalecer-se de uma específica credencial constitucional, ao menos implícita".
Vital Moreira[75] enfrenta a questão. Apesar de longo o trecho, vale a pena ser lido: "Ligada à questão da admissibilidade constitucional está a questão dos *limites* da administração independente, que aliás se decompõe em duas: uma tem a ver com *o tipo e a amplitude dos poderes das autoridades administrativas independentes*; outra, com o número e a extensão dos sectores administrativos que lhe são confiados. Quanto à primeira questão, é de considerar que os poderes das autoridades administrativas independentes *não podem* naturalmente envolver o exercício de poderes normativos que hajam de ser considerados *reservados à lei nem uma usurpação dos poderes jurisdicionais dos tribunais, nem uma desoneração das funções de definição das orientações básicas da administração por parte do executivo.* Boa parte das objeções da *Supreme Court* dos Estados Unidos e da doutrina norte-americana baseiam-se nesses limites, contestando uma excepcional generalidade e indefinição dos quadros do poder regulamentar deixado às *independent agencies*, bem como a expropriação dos poderes do executivo quanto à fixação da 'agenda' básica da administração. Nos regimes parlamentares, em que o Governo é parlamentarmente responsável pela administração, a idéia da administração independente conduz obviamente a uma imunidade parlamentar para a respectiva esfera administrativa. É certo que, como já se referiu, na maior parte dos casos *a independência das autoridades administrativas independentes é assaz relativa*. Algumas estão dependentes do Governo quanto à nomeação dos seus membros (que muitas vezes é discricionária), dotações orçamentárias aprovação de orçamentos, aprovação de regulamentos. Mas outras são genuinamente independentes de *qualquer* controlo governamental ou parlamentar. Não dependem nem respondem perante o Governo nem perante o Parlamento, diferentemente das demais actividades administrativas; e também não respondem perante uma colectividade territorial ou pro-

---

74. Vital Moreira traz o exemplo da administração eleitoral (art. 113º da CRP).
75. Moreira, 1997a:134-137.

fissional, como os organismos da administração autónoma. O único controlo é o dos tribunais, bem como o do legislador que as pode extinguir (salvo se constitucionalmente garantidas) ou modificar. Trata-se obviamente de formas jurídico-administrativas inovatórias, que fogem aos cânones tradicionais e que por isso carecem de adequada justificação e habilitação constitucional. Quanto à segunda das questões acima enunciadas – limites à administração independente –, as considerações precedentes deixam entender que ela não pode ser um princípio geral de organização administrativa. Ela deve ser sempre *uma solução especial, devidamente justificada*, para esferas contadas da administração. *A principiologia do Estado de direito não consente a substituição generalizada da administração do Estado por um "governo de especialistas"* '(...) Assim, se a administração autónoma significa a prevalência da legitimação democrática directa por parte do círculo dos respectivos interessados, em substituição ou suplemento da legitimação indirecta por via do Governo, já as chamadas Administrações Independentes traduzem uma secundarização da legitimação democrática e a hipertrofia da Legitimação técnico-profissional. A administração autónoma e a administração independente têm ambas de comum a imunidade face ao Governo, ou pelo menos a atenuação da sua ligação ao executivo. *Mas por motivos radicalmente distintos*. No caso da administração autónoma trata-se de substituir a legitimação democrática mediata e difusa, através do Governo, perante a comunidade nacional, por uma legitimidade democrática imediata específica, perante as comunidades locais ou sectoriais interessadas. No caso da administração independente [*trata-se*] de eliminar *ou pelo menos moderar os mecanismos de responsabilidade democrática mediata e difusa perante o Governo, fazendo prevalecer as idéias de independência e imparcialidade ligadas à legitimação técnico-profissional.* Existe ainda uma derradeira diferença. Ao passo que a administração autónoma supõe, por definição, uma administração pelos próprios interessados em prol dos interessados – de tal modo que não falta quem conteste a administração autónoma justamente em nome da imparcialidade da administração –, a administração independente implica por princípio justamente o contrário, ou seja, *a independência em relação aos interesses em causa e um suplemento de imparcialidade e neutralidade face aos eventuais conflitos de interesse*" (grifos nossos).

Acreditamos que já tenhamos trazido material suficiente da realidade européia e norte-americana, e com elas os elementos de análise e comparação, para enfrentar à realidade jurídica brasileira. De algum modo, já vínhamos externando nosso entendimento, como o leitor pôde perceber, quer no corpo do texto, quer nas notas de rodapé, à exposição da doutrina estrangeira e procurando *distingui-la da realidade brasileira ou aproveitá-la no limite do possível.*

Capítulo 20
AS AGÊNCIAS NO DIREITO BRASILEIRO
– O TEMA CONSTITUCIONAL

20.1 Introdução. 20.2 Atribuição de poderes às agências e seus principais problemas. 20.3 Breve síntese.

20.1 Introdução

Vimos em outra passagem os principais problemas constitucionais que as agências trouxeram ao direito brasileiro. O principal deles consiste em fixar os *limites de sua função reguladora*.

A doutrina dividiu-se. Há os que, como nós, entendem que a fonte constitucional das agências com poder "regulador" somente poderá ser estribada na Constituição, no art. 21, XI, e também, no art. 177, § 2º, III. Esta é também a posição de Maria Sylvia Zanella Di Pietro, Lúcia Valle Figueiredo e Celso Antônio Bandeira de Mello. Ouçamos cada um deles.

Maria Sylvia Zanella Di Pietro:[1]

"Repita-se, contudo, que a função reguladora só tem validade constitucional para as agências previstas na Constituição. Para as demais, ela não existe nos termos em que foi definida.

"E mesmo para as que têm fundamento constitucional, a competência reguladora tem que se limitar aos chamados *regulamentos administrativos* ou de *organização*, (...) só podendo dizer respeito às relações entre os particulares que estão em situação de sujeição espe-

---

1. Di Pietro, 1999:147-148.

cial ao Estado. No caso da ANATEL e da ANP as matérias que podem ser por elas reguladas são exclusivamente as que dizem respeito aos respectivos contratos de concessão, observados os parâmetros e princípios estabelecidos em lei."

Lúcia Valle Figueiredo:[2]

"Concordamos inteiramente com a professora [Maria Sylvia Zanella Di Pietro]. No Direito brasileiro, obrigações somente se criam por lei e o poder regulamentar do Presidente da República limita-se a fixar os parâmetros e os *standards* para a execução da lei, atribuição específica do Executivo.

"É certo, todavia, que se deve tentar entender os textos das emendas constitucionais, precisamente as que se referem expressamente a *órgãos reguladores*, como sendo a eles cometidas as funções de traçar os parâmetros dos contratos de concessão, sempre submissos à lei.

"Não pode, todavia, a lei lhes dar papel normatizador em sentido estrito, o que, aliás, vem acontecendo com as agências americanas. Note-se que após uma bem maior liberdade outorgada pelo Legislativo às ditas agências (no Direito Americano) houve a percepção de que esse fato poder-se-ia constituir em invasão das competências do Poder Legislativo."

Celso Antônio Bandeira de Mello:[3]

"O verdadeiro problema com as agências reguladoras é o de se saber o que e *até onde podem regular algo sem estar, com isto, invadindo competência legislativa*. Em linha de princípio, a resposta não é difícil.

"Dado o princípio constitucional da legalidade, e conseqüente vedação a que atos inferiores inovem inicialmente na ordem jurídica (...) resulta claro que as determinações normativas advindas de tais entidades hão de se cifrar a aspectos estritamente técnicos, que estes, sim, podem, na forma da lei, provir de providências subalternas (...) ao tratar dos regulamentos. Afora isto, nos casos em que suas disposições se voltem para concessionários ou permissionários de serviço público, é claro que podem, igualmente, expedir as normas e determinações da alçada do poder concedente (...) ou para quem esteja inclu-

---

2. Lúcia Valle Figueiredo, 2004:144.
3. Bandeira de Mello, 2004:159-160.

so no âmbito doméstico da Administração. Em suma: cabe-lhes expedir normas que se encontrem abrangidas pelo campo da chamada 'supremacia especial' (...).

"De toda sorte, ditas providências, em quaisquer hipóteses, sobre deverem estar amparadas em fundamento legal, jamais poderão contravir o que esteja estabelecido em alguma lei ou qualquer maneira distorcer-lhe o sentido, maiormente para agravar a posição jurídica dos destinatários da regra ou de terceiros; assim como não poderão também ferir princípios jurídicos acolhidos em nosso sistema, sendo aceitáveis apenas quando indispensáveis, *na extensão e intensidade requeridas* para o atendimento do bem jurídico que legitimamente possam curar e *obsequiosas à razoabilidade*.

"Desgraçadamente, pode-se prever que ditas 'agências' certamente exorbitarão de seus poderes. Fundadas na titulação que lhes foi atribuída, irão supor-se – e assim o farão, naturalmente, todos os desavisados – investidas dos mesmos poderes que as 'agências' norte-americanas possuem, o que seria descabido em face do Direito brasileiro, cuja estrutura e índole são radicalmente diversas do Direito norte-americano" (grifos nossos).

Do outro lado, posicionam-se, com algumas divergências, por exemplo, Marçal Justen Filho, Diogo de Figueiredo Moreira Neto e Floriano Peixoto de Azevedo Marques Neto. Ouçamos suas lições.

Marçal Justen Filho[4] não partilha do entendimento que as únicas agências reguladoras admitidas em nosso sistema seriam aquelas previstas nos dispositivos constitucionais assinalados. A respeito ensina:

"(...) A tese da legitimação constitucional conduz a um resultado *extremamente perigoso*. Se a explícita previsão constitucional dá especial respaldo àquelas duas agências – e, por conseguinte, torna inadmissível a existência de outras – então tem de admitir-se a distinta natureza jurídica entre elas. Ou seja, as duas entidades previstas constitucionalmente *não são meras autarquias*, mas podem ser configuradas como figuras dotadas de outros caracteres. Autarquias seriam as demais figuras criadas legislativamente, sem previsão constitucional. Já aquelas com assento constitucional seriam entidades supralegais, às quais se assegurariam atributos jurídicos excepcionais.

---

4. Justen Filho, 2002:392-393.

"Ou seja, o universo institucional passaria a contar com entes (denominados 'órgãos reguladores') com dignidade semelhante a outros setores constitucionais, os quais a lei poderia atribuir competências extremamente extensas. Essa concepção pode desaguar no reconhecimento, inclusive, de competências legiferantes e jurisdicionais às duas agências previstas constitucionalmente.

"Não se reputa que essa proposta seja compatível com a disciplina constitucional. Mais precisamente, a admissão de interpretação dessa ordem dependeria de consagração constitucional mais extensa e minuciosa. Tal como produzida a constitucionalização de órgãos reguladores, em face da ausência de explicitação de parâmetros de autonomia original, tem de reputar-se que a alteração constitucional assegurou nada mais do que se poderia produzir por via infraconstitucional" (grifos nossos).

E ainda, Diogo de Figueiredo Moreira Neto,[5] parece associar o fenômeno das agências à "deslegalização" e ao exercício de "poder delegado" (delegação), a partir da Emenda Constitucional n. 8/1995, ao afirmar:

"(...) Como não se proibiu genericamente a delegação, há de se entender que o legislador constituinte pretendeu reestruturar, a partir da nova ordem jurídica do País, *todas as hipóteses de deslegalização*, o que efetivamente vem ocorrendo a partir de então, tanto a nível constitucional quanto a nível legal.

"Embora se possa opor a esta conclusão, em doutrina, uma visão mais aferrada à antiga regra da indelegabilidade, parece que tanto a tendência flexibilizadora, que tem caracterizado a evolução do Direito Público contemporâneo, quanto a ausência de regra vedatória, corroboram-na, no sentido de que a deslegalização legal será sempre possível na ordem constitucional vigente.

"Só não seria, todavia, se a própria Constituição a proibisse específica e expressamente, isso porque, a admitir-se de outro modo, se estaria aceitando uma redução de poderes do Congresso para dispor, conforme a matéria e as circunstâncias, sobre como deverá exercer sua própria competência."

Floriano Peixoto de Azevedo Marques Neto[6] também não vislumbra a *"invasão de competências legislativas* no exercício, pelo po-

---

5. Moreira Neto, 2001:171-172.
6. Marques Neto, 2002:205, nota 90.

der regulador da sua competência para editar normas e regulamentos que dêem contextura aos princípios contidos na respectiva lei, a qual deve definir as competências do ente regulador e precisar os *standards* mínimos de sua atividade".

Não obstante os ponderáveis argumentos da segunda corrente, ficamos (ao menos em parte), com a primeira, por várias razões. Para nós, as agências reguladoras, *no contexto constitucional*, são organismos vocacionados a cumprir, *essencialmente, função administrativa*. Isto porque não as compreendemos como organismos independentes na extensão do modelo europeu e norte-americano.

O argumento de Marçal Justen Filho é, reconheça-se, sedutor e ponderável. Contudo, cede a uma análise mais detida do sistema constitucional. Algumas razões, podem ser deduzidas contra sua posição, a saber:

1) A alusão constitucional a um "órgão regulador" no art. 21, XI, e no art. 177, § 2º, III, da CF, constitucionalizou a sua existência naqueles domínios. A previsão constitucional alusiva a "órgão regulador" não exclui a existência ou possibilidade de outros órgãos reguladores ou agências no direito brasileiro.

2) A alusão constitucional a um "órgão regulador" no art. 21, XI, e no art. 177, § 2º, III, da CF, a partir das emendas constitucionais que introduziram a previsão, obriga o intérprete a entender que esses "órgãos reguladores" são obrigatórios. É dizer, nessas atividades é imperiosa sua existência, nada mais.

3) A Constituição de 1988, em seu arcabouço principiológico, ao contrário do que prega parcela da doutrina, continua a prestigiar o esquema de controles recíprocos entre poderes e atribuições, privilegiando, sem dúvida alguma a *atividade legislativa e normativa do Poder Legislativo*.

Analisando a Constituição como *um conjunto de regras e princípios* verifica-se que a competência da União no quadro constitucional não se limita à outorga de poder a *um órgão* ou *entidade* estatal. Ao contrário, a ordenação constitucional, ou melhor, a organização dos poderes na Constituição é distribuída entre o Poder Legislativo, o Poder Executivo e o Poder Judiciário. A atuação "reguladora" desses órgãos só pode ser compreendida nesse contexto, nesse ambiente constitucional. Trata-se de um *poder administrativo*.

Em um sentido amplo, a *atividade reguladora* do Estado não se limita à atuação desse ou daquele *específico órgão regulador*. Assim, *v.g.*, no Executivo Federal a exercerá o Presidente da República, auxiliado pelos Ministros de Estado ao expedir decretos e regulamentos para sua fiel execução; quando dispõe sobre a organização e o funcionamento da Administração Federal, na forma da lei.

Do mesmo modo há *atividade reguladora em sentido amplo* quando, *v.g.*, a União interfere no domínio econômico ao elaborar e executar um plano nacional ou regional de desenvolvimento, quando administra reservas cambiais e fiscaliza operações financeiras, quando o Estado, por intermédio de seus agentes, órgãos e poderes, exerce a função de incentivo, ou, ainda, quando fomenta, protege, estimula determinado setor ou atividade.

Recorde-se, aliás, que o art. 174 estabelece que o Estado (gênero) exercerá sua atividade de agente normativo e regulador, na forma da lei. O que está a significar um amplo leque de possibilidades, todas demarcadas, delimitadas pela Constituição. É dizer, no quadro constitucional, todos os agentes e órgãos do Estado, de acordo com suas competências deverão *intervir, regular, ordenar*, nos limites estabelecidos pela legalidade.

De outra parte, há sensíveis diferenças entre o "órgão regulador" a que alude o art. 21, XI, e o aludido no art. 177, § 2º, III, da CF. O primeiro insere-se em um contexto de mudança do regime de exploração dos serviços de telecomunicações, que tem por resultado *a supressão do monopólio* da União para explorar, por si ou por empresa estatal, aludidos serviços. Já o segundo, ao contrário, dirige-se exatamente à regulação do monopólio da União, mitigado,[7] mas preservado.

Segue desse raciocínio que, com relação ao *segundo órgão regulador* deve ser compreendido como agente (*sujeito*) econômico preo-

---

7. José Afonso da Silva observa que "a flexibilização do monopólio das atividades constantes dos incisos I a IV do art. 177 foi estabelecida com certo cuidado, primeiro porque não opera diretamente da norma constitucional, mas de lei a ser editada; segundo porque a própria Constituição impôs conteúdo à lei no sentido da preservação de privilégios do monopólio, consoante § 2º introduzido pela EC 9/95 ao art. 177. Vê-se, por esses dispositivos, que foi *ampliado* o campo do monopólio constitucionalmente estabelecido. Ele incide em três áreas, basicamente: petróleo, gás natural e minério ou minerais *nucleares*" (2002:786-787).

cupado em regular a atividade econômica em *sentido estrito*.[8] O Estado estará, no art. 177, § 2º, III, da CF, *regulando a exploração de atividade econômica (sentido estrito)*, exclusivamente focado na disciplina das atividades relativas ao petróleo e aos minérios.

Já o *primeiro órgão regulador* deve ser compreendido como atribuição de competência específica atinente à *prestação de serviços públicos*. Esse órgão regulador a que alude o art. 21, XI, da CF, forçosamente tem por competência disciplinar o *regime jurídico do serviço público* (por natureza, público) e seu relacionamento com os prestadores e usuários desses serviços, naturalmente balizado por determinações do legislador constituinte e ordinário.

É dizer, abre-se com a EC n. 8/1995, que modificou a redação do referido art. 21, XI, a possibilidade de exploração dos serviços de telecomunicação de forma direta, pelo próprio Estado, ou indireta, por delegação a uma empresa estatal ou por empresas privadas – mediante autorização, concessão ou permissão. Esse artigo deve ser interpretado como *instrumento* de atuação do Estado na atividade econômica[9] (em sentido amplo) e como concreção das normas previstas nos arts. 174 e 175 da CF.

Cabe ainda trazer à colação o magistério de Celso Antônio Bandeira de Mello[10] acerca dos "serviços públicos por determinação constitucional":

8. Valemo-nos da classificação de Eros Roberto Grau, que distingue três modalidades de intervenção: (1) intervenção por absorção ou participação, (2) intervenção por direção e (3) intervenção por indução. Em relação a essa formas de intervenção do Estado, o consagrado autor entende que: "No primeiro caso, o Estado intervém *no domínio econômico*, isto é, no campo da *atividade econômica em sentido estrito*. Desenvolve a ação, então, como agente (sujeito) econômico. Intervirá, então, por *absorção ou participação*. Quando o faz por *absorção*, o Estado assume integralmente o controle dos meios de produção e/ou troca em determinado setor da *atividade econômica em sentido estrito;* atua em *regime de monopólio*. Quando o faz por *participação*, o Estado assume o controle de parcela dos meios de produção e/ou troca em determinado setor da *atividade econômica em sentido estrito;* atua em *regime de competição* com empresas privadas que permanecem a exercitar suas atividades nesse mesmo setor. No segundo e no terceiro casos, o Estado intervirá *sobre* o domínio econômico, isto, sobre o campo da *atividade econômica em sentido estrito*. Desenvolve ação, então, como regulador dessa atividade. Intervirá, no caso, por *direção* ou por *indução*" (2000:132-133).

9. Como recorda Celso Antônio Bandeira de Mello: "A noção de 'atividade econômica' certamente não é rigorosa; não se inclui entre os conceitos chamados teoréticos, determinados. Antes, encarta-se entre os que são denominados conceitos práticos, fluidos, elásticos, imprecisos ou indeterminados" (2004:638).

10. Bandeira de Mello, 2004:634-635.

"A Carta Magna do País já indica, expressamente, alguns serviços antecipadamente propostos como da alçada do Poder Público federal (...).

"A enumeração dos serviços que o Texto Constitucional considera públicos não é exaustiva.

"Ademais, muitos serviços públicos serão da alçada de Estados, Distrito Federal e Municípios, sendo comuns à União e a estas diversas pessoas. (...).

"Também não se deve imaginar que todos os serviços postos à compita do Poder Público, e, por isto, qualificáveis como públicos, estejam, todos eles (salvo concessão ou permissão), excluídos do campo da ação dos particulares.

"Com efeito, cumpre distinguir entre serviços públicos *privativos*, do Estado – que são os referidos no art. 21, XI – ou mediante *autorização, concessão* ou *permissão* – que são os relacionados no art. 21, XII, bem como quaisquer outros cujo exercício suponha necessariamente a prática de atos de império –, e os *serviços públicos não privativos do Estado*.

"Nesta última categoria ingressam os serviços que o Estado deve desempenhar, imprimindo-lhes regime *de Direito Público*, sem, entretanto, proscrever a livre iniciativa do ramo de atividades em que se inserem."

A nosso juízo, é apressada, equívoca e generalizadora a conclusão segundo a qual, em razão da complexidade contemporânea, o Estado necessita de *mais e melhores meios de regular a atividade social*, com o que se justificaria *tout court* não só o fortalecimento paulatino (e incontrolável) do Poder Executivo, como agora o de órgãos ou agências reguladoras. Não é essa a leitura que se colhe da Constituição.

Muito ao contrário, o que se vê, são abusos à ordem constitucional, ora praticados pelo Executivo, ora pelo próprio Legislativo. O primeiro usando e abusando das medidas provisórias, as quais já mencionamos; o segundo, com um poder de "autodestruição" notável já que, seguidas vezes, esquece-se que seu papel histórico é o de guardião da Democracia e do Estado de Direito.

Exemplo eloqüente dos abusos do Poder Legislativo pode ser visto com a sistemática violação ao art. 25 do Ato das Disposições Constitucionais Transitórias que declarou revogados, a partir de cento e oitenta dias da promulgação da Constituição, todos os dispositivos legais que atribuam ou deleguem a órgão do Poder Executivo competência assinalada pela Constituição ao Congresso Nacional, especialmente no que tange *a ação normativa e alocação ou transferência de recursos de qualquer espécie.*

Entretanto, o que se viu, desde a promulgação da Constituição, foi a sistemática violação desse dispositivo por meio de prorrogações sucessivas daquele prazo em uma verdadeira fraude à norma constitucional.[11]

A esse respeito, com acerto, doutrina José Afonso da Silva:[12] "Pois, por mais absurdo que isso se apresente [*refere-se às prorrogações*], é exatamente o que está acontecendo. Doze anos depois da promulgação da Constituição o dispositivo constitucional não pôde ainda ser concretizado, porque, por via de medidas provisórias e de leis sucessivas, aquele prazo vem sendo prorrogado. Quer dizer cento e oitenta dias se transformaram já, até agora, em mais de quatro mil e quatrocentos dias. Ora, o *princípio da razoabilidade* das leis não admite tais abusos legislativos. O Constituinte emitiu uma norma insofismável no sentido da revogação da normatividade de órgãos do Executivo. No entanto, o Poder Legislativo vem contrariando esse ditame do Constituinte. O pior não é apenas essa prorrogação da normatividade que existia quando a Constituição foi promulgada, impedindo sua revogação efetiva. O pior é que as agências do Executivo, como o Conselho Monetário Nacional, continuam legislando, contrariando a *ratio legis* do citado art. 25".

Coerente com a posição que firmamos – segundo a qual a previsão de órgãos reguladores na Constituição não afasta a possibilidade da existência de outros –, cremos que já respondemos à impugnação de par-

---

11. Carlos Ari Sundfeld com acerto doutrina: "O ato legislativo também pode estar maculado por desvio de poder. Na realidade brasileira recente, o exemplo mais flagrante foi a edição, pelo Presidente da República, de medida provisória (que tem força de lei) limitando a concessão de medidas liminares em ações judiciais propostas pelos particulares contra seus próprios atos. Afora outros problemas, tal medida é inválida porquanto, embora seja lícito legislar sobre a concessão de liminares, esse poder não pode ser usado com a finalidade de livrar do controle judicial certos atos do Poder Executivo. Outro caso de desvio de poder legislativo é a alteração, por lei municipal, das restrições de construção existentes em certa região da cidade, com a finalidade de prejudicar certa empresa, que pretende erigir construções nos termos da norma vigente" (Sundfeld, 1992:158).

12. José Afonso da Silva, "Luta pela Constituição" – artigo inédito (no prelo).

cela da doutrina. Deveras, com a devida vênia, não acreditamos que a *função reguladora* só tenha validade constitucional para as agências *previstas na Constituição*, sendo que para as demais ela não seria possível. Nada impede que o legislador infraconstitucional, no exercício de suas competências constitucionais, edite lei criadora de determinado órgão ou autarquia, como de resto ocorreu de tempos a esta parte. Nada há de extraordinário ou de especial no exercício dessa competência. Outras questões ou problemas que tais "agências" oferecem ao intérprete transcendem a discussão constitucional.

Cumpre ainda registrar uma palavra sobre a natureza desses ditos "poderes regulatórios": seria possível admitir a existência de *poder delegado ou de delegação* no exercício de aludida *função regulatória*? Pode o legislador *delegar poderes e atribuições a tais agências*? Em caso afirmativo, em que intensidade?

De algum modo já enfrentamos o problema nos Capítulos 11 e 14. Do ponto de vista objetivo, a Constituição responde a essas questões no § 1º seu art. 68.

"§ 1º. Não serão objeto de *delegação* os atos de competência exclusiva do Congresso Nacional, os de competência privativa da Câmara de Deputados ou do Senado Federal, a matéria reservada à lei complementar, nem a legislação sobre:

"I – organização do Poder Judiciário e do Ministério Público, a carreira e a garantia de seus membros;

"II – nacionalidade, cidadania, direitos individuais, políticos e eleitorais;

"III – planos plurianuais, diretrizes orçamentárias e orçamentos" (grifo nosso).

A relação de matérias *indelegáveis* da Constituição é taxativa. Segundo Clèmerson Merlin Clève,[13] também o poder de reforma da Constituição é insuscetível de delegação, lembrando ainda o art. 60 da Constituição. Ademais afirma o professor:

"Tenha-se em conta que em linha de princípio todos os atos do Congresso que importem em atividade de controle do Legislativo sobre o Executivo são insuscetíveis de delegação, sob pena de se rom-

---

13. Clève, 2000:268.

perem os limites políticos e legais da ação governamental, instaurando-se o regime da onipotência e do arbítrio administrativo que o sistema de freios e contrapesos visa justamente coibir. (...).

"O Congresso Nacional controla o exercício da *função normativa delegada do Executivo*. O primeiro controle é preventivo e manifesta-se pela votação do ato de delegação (resolução). O Legislador deve determinar o prazo de delegação, assim como o seu conteúdo, sob pena, inclusive, de inconstitucionalidade da resolução. Quanto ao conteúdo, incumbe ao Congresso estabelecer os parâmetros, os princípios, os *standards* orientadores da atuação legiferante do Executivo. Referidos princípios não devem ser vagos, sob pena de implicarem abdicação de função legislativa não tolerada pela Constituição. No ato de delegação, o Congresso já exerce um controle preventivo sobre a legislação delegada do Executivo, impedindo sua utilização para além dos limites desejados pelo Legislador. Manifesta-se uma segunda oportunidade de controle quando a resolução (ato delegante) determina a apreciação do projeto de lei delegada pelo Congresso. Aqui, o Legislativo pode rejeitar o texto oferecido pelo Presidente da República. Mas o controle pode desenvolver-se, ainda, outra vez. Com efeito, cumpre ao Congresso atuar a competência inscrita no art. 49, V, da CF, para o fim de sustar os atos normativos do Poder Executivo exorbitantes dos limites da delegação legislativa. Trata-se do veto legislativo, absolutamente distinto do veto presidencial, veiculado por decreto legislativo (...). Quanto ao controle judicial, tanto a lei delegante (resolução) quanto a lei delegada podem ser objeto de questionamento, por via de ação ou de defesa, quanto a sua constitucionalidade" (grifos nossos).

A lição, se bem apreendida, responde inteiramente à questão. Excluídas as matérias interditadas pela Constituição, o legislador poderá, dentro de certos limites e com cautelas, exercer *certo grau de delegação*, sempre que indicar parâmetros adequados, claros e suficientes para a atuação normativa do órgão delegado.

Nesse sentido, cumpre ainda destacar, uma vez mais, a diferença entre *delegação legislativa e poder regulamentar*.[14] Da primeira, resulta a prática de ato normativo primário, de ato com força de lei; o segundo, resulta em atos normativos secundários de cunho administrativo.[15]

---

14. Vide, ainda, o excelente trabalho de Vanessa Vieira de Mello (2001).
15. Vide Seabra Fagundes (1984:3 e ss.) e Carlos Mário Velloso (1989(90):179).

Acreditamos, juntamente com Clèmerson Merlin Clève,[16] que o país possa descobrir as vantagens da *lei delegada*, espécie legislativa que traduz excelente mecanismo de colaboração entre o Executivo e o Congresso, facilitando a aproximação recíproca mesmo no contexto do sistema presidencialista de governo.[17]

Do mesmo modo, também acreditamos que seja infinitamente mais proveitosa a utilização desse instituto, preservando-se a autoridade do Poder Legislativo, que, como se viu, tem como *controlar os poderes delegados*, do que a importação sem critério de modelos alienígenas que acabam deslocando o eixo das decisões políticas fundamentais a entes "independentes".[18]

Estamos também com Luís Roberto Barroso,[19] que recorda os abusos ocorridos no regime constitucional anterior (IBC, Banco Central, Conselho Monetário Nacional), para finalmente afirmar:

"Tantas e tão freqüentes eram as delegações legislativas – efetuadas em aparente confronto com a vedação constitucional – que a doutrina, embora esparsamente, passou a dedicar-se ao problema. Impor-

---

16. Velloso, 1989(90):269.
17. Registre-se que *lei delegada* é categoria de ato normativo. Recorde-se o óbvio: o Legislativo não é titular de monopólio senão da *função legislativa*, parcela da *função normativa*.
18. Paulo Todescan Lessa Mattos adverte que a estabilidade regulatória está associada à "idéia bastante difundida atualmente, de credibilidade da ação regulatória (*commitment problem*). Nessa perspectiva, as agências, uma vez insuladas do mercado político e condicionadas pelos imperativos de uma *racionalidade* estatal tecnocrática, não mudariam as regras do jogo em função de *paixões políticas irracionais* que comprometem os investimentos privados feitos com base em escolhas racionais. Assim, além de encontrarmos resquícios da tese patrimonialista em parte do debate sobre a reforma do Estado no campo da Ciência Política, outra parte buscará discutir em que medida as *agências reguladoras* criadas no Brasil responderam à necessidade de garantir um ambiente institucional seguro para a decisão sobre investimentos. Assim, *as agências reguladoras independentes* viriam tanto para renovar a burocracia estatal brasileira contra o clientelismo, como também para, no contexto de abertura da economia brasileira para investimentos estrangeiros, propiciar um ambiente institucional seguro para a realização e retorno de investimentos feitos por meio dos processos de privatização ou a serem feitos em função das privatizações. Neste debate permanece, no entanto, o problema da legitimação, do modelo adotado. Na perspectiva apresentada, esta passa a ser concebida apenas a partir do princípio da eficiência na administração pública e do grau de *responsabilização dos tecnocratas* que formam as *agências reguladoras* independentes enquanto órgãos colegiados" (Matos, 2002:191-192).
19. Barroso, 2002(I):173, 187.

taram-se, assim – *et pour cause* –, as formulações da doutrina e da jurisprudência norte-americana que em alguma medida procuravam validar certos casos de delegação. Duas linhas de fundamento foram desenvolvidas. Pela primeira, a teoria da *filling up details* (preenchimento de detalhes), seriam legítimas as delegações de competência legislativa ao Executivo quando a esse coubesse tão-somente minudenciar a aplicação da norma geral já editada. Algo, assim, em tudo e por tudo, *análogo ao nosso poder regulamentar*.

"A segunda teoria fundava-se em que a delegação legislativa não era vedada, desde que o ato emanado do órgão legislativo transferindo atribuições fixasse parâmetros, *standards* adequados e satisfatórios para pautarem a atuação legiferante do órgão delegado, limitando-a. A teoria do *delegation with standards* fez carreira na jurisprudência da Suprema Corte americana, que, no entanto, vez por outra, coibiu abusos.

"Por importação de tais noções, também a doutrina brasileira passou a encarar com certa atenuação a questão das delegações legislativas, para admiti-las, com reservas, sempre que o legislador oferecesse *standards* adequados, isto é, quando houvesse início de legislação apta a confinar dentro em limites determinados a normatização secundária do órgão delegado. Inversamente, quando o órgão legislativo abdicasse de seu dever de legislar, transferindo a outros a responsabilidade pela definição das alternativas políticas e das diretrizes a seguir, a invalidade seria patente. Nada disso impediu, todavia, à revelia da Constituição – *mas em épocas em que nem o Legislativo nem o Judiciário controlavam adequadamente o Executivo* – proliferassem delegações legislativas em que se transferiam a órgãos da administração competências normativas plenas" (grifos nossos).

Desse modo, diga-se em conclusão deste tópico: as *agências reguladoras, ou órgãos reguladores*, sejam aquelas com previsão constitucional expressa, sejam as criadas por lei, somente podem ser compreendidas como entidades imbricadas no cerne da Administração Pública (sentido amplo) brasileira,[20] desempenhando funções administrativas e normativas (poder administrativo – sentido amplo).

---

20. Entendemos que os órgãos reguladores, seja aqueles com previsão constitucional, seja os com assento legal, integram o universo da Administração Pública brasileira. Não são entes isolados ou afastados do conjunto das normas que presidem a Administração Pública. Esta, por sua vez, é também o conjunto de meios preordenados à execução das *decisões políticas*. Não há, no sentido que se afirma, "neutra-

Entendemos também que o desempenho de funções administrativas e normativas por esses órgãos pode configurar também uma espécie de exercício de *capacidade regulamentar*.

Desde que possamos compreender o exercício dessa "função normativa-'regulamentar' como capacidade jurídica ou poder *limitado* e condicionado pelo ordenamento jurídico, com a finalidade de especificar os mandamentos da lei ou de prover situações ainda por ela não disciplinadas, mas autorizadas, emitido por órgão ou agente no exercício de função não legislativa",[21] não vemos porque temer o exercício dessas atribuições pelas agências reguladoras.

Esse o cerne da discussão constitucional. Outras questões também decorrem da Constituição, mas aparecem em outro patamar – na legislação infraconstitucional.

20.2 Atribuição de poderes às agências e seus principais problemas

Correndo o risco de tornar-me repetitivo, tentarei sumular, uma vez mais, as principais conclusões acerca do tormentoso problema da atribuição de poderes às agências no direito constitucional, na teoria geral do direito constitucional.

Como vimos, as agências reguladoras, quer nos Estados Unidos, onde floresceram com vigor, quer na Europa, têm a faculdade não só de editar normas jurídicas e atos administrativos, na medida em que

lidade" na execução de políticas públicas ou na execução de atos materiais administrativos. Toda e qualquer decisão no Estado, oriunda de norma jurídica é de algum modo a concreção/aplicação de uma *decisão política* anterior. Não obstante, isso não significe a inexistência ou conveniência de critérios ou elementos técnicos que possam ser levados à decisão política do "administrador" (sentido amplo). Também não vemos incompatibilidade ou inconsistência jurídica na posição que defende a conveniência de existir, no âmbito do Estado, órgãos dotados de maior ou menor "autonomia" (jurídica); que devam apresentar uma compostura que garanta menor influência direta do Poder Executivo; mas daí a ver nesses órgãos uma "independência" total ou uma verdadeira carta de alforria do Poder, vai larga distância.

21. Nesse aspecto, compartilhamos do entendimento de Sérgio Ferraz, ao menos conceitualmente, sem endossar a tese dos "regulamentos autônomos" *tout court*. É dizer, acreditamos que o conceito que o ilustre autor nos oferece responde muito satisfatoriamente ao problema, sem que, com ele, haja um endosso à tese do "regulamento autônomo" no Brasil nos moldes do direito estrangeiro (Ferraz, 1977:105).

o Congresso ou o Parlamento lhes cedam poderes jurídicos, como a de regular amplamente determinados setores ou atividades econômicas determinadas.

A realidade americana, como vimos, é tão peculiar que deve ser deixada de lado por um momento. Já os países europeus, à exceção da Inglaterra – poderíamos dizer mais próximos de nossa tradição jurídica –, também têm enfrentado sérias polêmicas no que toca à possibilidade de *delegação* de *poder normativo* a essas agências.[22]

No Brasil a realidade não é diversa. De pronto devemos vincar uma distinção entre exercício de *função legislativa ou legiferante*, atividade típica do Congresso Nacional, do Poder Legislativo, nas várias esferas de poder da Federação brasileira, do exercício de *poder (ou capacidade) normativo(a)*; competência que poderá ser exercida por qualquer autoridade desde que fundada em norma jurídica autorizativa e primária.

Também não há confundir o *exercício de poderes delegados* com a *lei delegada*, uma das espécies normativas arroladas no art. 59 da Constituição Federal, em seu inciso IV, que, combinado com o art. 68, ambos da CF, disciplina a delegação de atribuições do Poder Legislativo ao Poder Executivo.

Como vimos em capítulos anteriores, não há, nesse ponto, nenhuma grande novidade para nós brasileiros. A *desconcentração* do exercício da função legiferante no Legislativo, como lembra Siqueira Castro,[23] rompe a orientação ortodoxa entre *função normativa* e *órgão legislativo* do Poder do Estado.

É bem verdade que diante do regime presidencialista brasileiro, pouca ou nenhuma utilidade a lei delegada demonstrou ter. Entretan-

---

22. Este, entre tantos problemas, é o que entendemos mais grave para o direito constitucional, para o direito político, para a cidadania, por implicar a violação dos princípios da *representatividade* e da *responsabilidade democrática*. Como sustentar, quer diante do direito estrangeiro, quer diante do brasileiro, *na extensão de seus defensores mais ardorosos*, que as agências possam editar normas jurídicas primárias ou mesmo ser dotadas de elevada capacidade normativa, mesmo ausente a habilitação democrática de seus dirigentes. De que títulos dispõem estes dirigentes (não eleitos pelo povo), para, em nosso nome, ditar regras de conduta, exigir subordinação e impor sanções? Como questionamento mais ligado à ciência política, questionamos e nos afligimos com esse fato: até onde irão os legisladores nessa transferência, nessa delegação de poderes por todo o mundo?

23. Castro, 1986.

to, poderia ser doravante uma tentativa legítima de transferência de poderes e atribuições ao Executivo, se a palavra de ordem for agilidade. Note-se que, não é o caso de urgência nem de relevância; para isso, a medida provisória é, evidentemente, mais eficaz e, portanto, mais apropriada.

Se a questão de fundo das agências é delegar poderes a agentes, órgãos ou autarquias – pouco importa a terminologia –, atribuindo-lhes ainda maior "autonomia", que se criem órgãos, entidades ou *autarquias*[24] para o desenvolvimento concreto de *projetos de governo específicos, nos vários setores e domínios, para a disciplina da atividade econômica, científica, social etc.*

Essa não é uma idéia nova, quer em relação à possibilidade de sua concretização, quer em relação a seus resultados. Centenas de autarquias no passado foram assim criadas no Brasil, precedidas desse discurso que propugnava exatamente por maior autonomia gerencial, maior e melhor capacidade técnica de seu corpo dirigente, maior descentralização do Estado.

Autarquia, todos sabemos, na lição clássica de Celso Antônio Bandeira de Mello,[25] é "pessoa exclusivamente administrativa, é a pessoa pública enquadrada no Estado por via da Administração, isto é, submetida ao regime jurídico administrativo".

Dois problemas centrais, insistimos, a apregoada e desejada[26] "autonomia" traz. O primeiro diz respeito a que tipo de *poderes as agências poderiam receber no regime constitucional brasileiro*. E o segundo, conseqüência do primeiro, qual o grau de autonomia que poderiam ter.

Em relação ao primeiro problema, perseveramos na posição segundo a qual nossa Constituição, essencialmente analítica, não deixa margem a dúvidas. Todos os órgãos de soberania encontram-se com suas competências definidas no texto constitucional, devendo, todos

---

24. "Autarquias especiais" é o rótulo que normalmente vem sendo aposto a essas agências, o que significa muito pouco em termos de regime jurídico aplicável e que poderá variar de acordo com a dimensão e o desenho de cada uma de suas leis instituidoras.
25. Bandeira de Mello, Celso Antônio, 1968:291.
26. Ao menos para determinada "corrente" que vê no movimento um *novo* modelo de Estado.

eles, observar rigorosamente a separação de poderes lá fixada, não sendo possível transferência, cedência ou alienação de poderes, salvo as hipóteses no mesmo texto previstas.

20.3 Breve síntese

Nenhum órgão ou poder previsto na Constituição pode usurpar decisões ou praticar atos jurídicos de competência ou natureza de outro poder, evidentemente, sob pena de manifesta inconstitucionalidade.

O mecanismo da lei delegada poderia ser, doravante, mais utilizado, o que seria um importante passo para a desejada colaboração e harmonia entre os poderes.

A Administração Pública brasileira, em seu regime constitucional, é *una*, não comportando qualquer forma de divisão de decisão política fundamental além do marco e desenho constitucional.

Na República Federativa do Brasil não há lugar para órgãos autônomos fora da Constituição ou além de seu contexto.

Jamais uma agência, órgão ou departamento, poderia desconsiderar, contrariar ou desvirtuar um comando legal, uma diretriz política advinda de um plano de governo, da Presidência da República ou dos seus Ministérios.

Qualquer interpretação acerca do grau de autonomia desta ou daquela agência somente poderá advir do texto constitucional. Em matéria de competência dos órgãos da soberania, não há lugar para interpretações analógicas, extensivas, ou inferências hermenêuticas subjetivas.

Pode-se concordar com Paulo Otero,[27] quando afirma acerca da realidade constitucional portuguesa: "O Governo é o único órgão de soberania que tem a possibilidade de exercer poderes de substituição sobre a Administração Pública (...)". E mais adiante: "Os princípios da imodificabilidade e da intransmissibilidade da competência fixada pela Constituição excluem, salvo preceito constitucional em contrário, a substituição entre órgãos constitucionais". Nessa medida, compartilha-se do entendimento segundo o qual são limitados os poderes que se possam passar ou transferir às agências reguladoras no Brasil.

27. Otero, 1995(I):261.

Concorda-se inteiramente com Maria Sylvia Zanella Di Pietro[28] quando sustenta que a delegação normativa às agências[29] não pode, sob pena de inconstitucionalidade, ser maior do que a exercida por qualquer órgão administrativo ou entidade da Administração indireta. Elas não podem regular qualquer matéria no sentido previsto no direito norte-americano nem podem regulamentar leis, porque essa competência é privativa do chefe do Poder Executivo.

Assim acreditamos que as agências reguladoras no Brasil, em face do regime constitucional, exerçam, ordinariamente, uma competência *regulamentar, "reguladora" subordinada, de segundo grau*, pois não vemos espaço normativo para o exercício de outros poderes que não os normativos secundários.[30]

---

28. Di Pietro, 2002:156.
29. Refere-se, a ilustre autora, às agências que vêm recebendo delegação por sua lei instituidora.
30. Toda a compostura constitucional aponta nessa direção. A organização dos poderes é a fonte e o resultado da produção normativa básica, primária, elementar, fundamental está radicada no Congresso Nacional, que detém uma amplíssima gama de competências constitucionais para: estruturar o Estado brasileiro através de normas primárias de organização e de conduta; fiscalizar e controlar, direta ou indiretamente, os atos do Poder Executivo e de toda a Administração Pública brasileira, direta, indireta ou fundacional. As agências, forçosamente, encontram-se encartadas na Administração Pública brasileira, ainda que desejem ser, mais ou menos, "independentes" ou "autônomas".

Capítulo 21
AS FUNÇÕES DESEMPENHADAS PELOS ÓRGÃOS REGULADORES

Como dissemos, os órgãos ou agências reguladoras no direito brasileiro desempenham funções *administrativas e normativas*, estas últimas, acreditamos, imbricadas no exercício de *capacidade regulamentar*. Cumpre justificar nossa posição.

Como sabemos, podemos compreender o direito e apresentá-lo[1] como um grande conjunto de procedimentos normativos, da criação de normas gerais e da sua aplicação para a solução dos casos particulares em um processo sucessivo de concreção. Visto a partir dessa perspectiva, o direito conta com importantes protagonistas: o legislador (sentido amplo) e o juiz. O primeiro cria, tem o poder de editar normas gerais, inovar no mundo jurídico; o segundo as aplica, tem poder jurídico para resolver casos particulares, usando as mesmas normas gerais.

O que interessa ressaltar no momento é exatamente o postulado da *unidade* do direito.[2]

O direito é um conjunto de normas cuja origem advém de fontes muito diversas. A solução de um determinado caso deve ser a solução *do* direito, *segundo* o direito. É dizer, não obstante a diversidade normativa e os problemas relativos à teoria das fontes do direito, é certo afirmar que o sistema jurídico procura solucionar todos os problemas que se lhe apresentam através de seus métodos e seu instrumental.

1. De modo muito simplificado.
2. O postulado da unidade não exige nem pressupõe que todas as normas sejam coerentes entre si, mas que, por meio de operações e métodos jurídicos, seja possível reconstruir essa unidade a cada momento através da interpretação do direito.

Nesse contexto, a teoria da *divisão de poderes*, já exaustivamente exposta, transcende à sua dimensão histórica para se apresentar também como uma exigência de ordem lógica. Segundo Miguel Reale[3] a teoria examinada apenas segundo seus índices dominantes e, por conseguinte, de maneira parcial e provisória, poderia ser desdobrada em um momento de generalidade abstrata (*funções normativas*) e em dois momentos de atualização ou de concreção, sob dois prismas distintos e complementares (*funções jurisdicionais e administrativas*).

Ensina o filósofo:

"Para caracterizar-se o *ato legislativo*, deve-se partir do reconhecimento de sua fundamental natureza normativa, isto é, de que é uma espécie de ato normativo. A lei, no sentido jurídico deste termo, não se reduz a um enunciado descritivo de relações intersubjetivas, porque implica, outrossim, a determinação de um 'dever-ser', a disciplina de comportamentos futuros segundo certa regra ou medida ética ou econômica. A lei é, sem dúvida, um *ato normativo*, mas é indispensável ir além, para distingui-la de outras categorias ou espécies de normatividade. Para os objetivos deste estudo bastará distinguir os atos normativos em *originários* e *complementares*. Originários se dizem os emanados por órgão estatal em virtude de competência própria, outorgada imediata e diretamente pela Constituição, para emanação de regras instituidoras de direito novo. *Atos normativos originários*, no sistema do Direito pátrio, são tão-somente os do Legislativo, o qual não se confunde, todavia com o Congresso, como se sói pensar, porquanto envolve a necessária cooperação do Executivo, no regime presidencial, no tocante ao conteúdo mesmo dos atos.

"*Atos normativos complementares* são os que se formam em virtude de autorização de outro Poder, ou quando a competência originária se restringe à explicitação ou especificação de um conteúdo normativo posto por outrem: as leis delegadas e os regulamentos são exemplo de uma ou de outra hipótese, ou seja, de *competência derivada* quanto à emanação do ato, e de *normatividade complementar* quanto ao conteúdo primordial das regras. O poder regulamentar é um poder por excelência do Executivo, que o recebe originária e imediatamente da Constituição (art. 83, II) não dependendo o seu exercí-

---

3. Reale, 1968:24 e ss.

cio de autorização do legislador, muito embora deva sempre se conter no âmbito de incidência da lei tendo em vista a sua fiel execução; enquanto que a lei delegada tem como pressuposto ou *prius* lógico essencial um ato de habilitação legislativa, o que põe em realce a natureza não originária da competência que a instaura: se se distinguem, todavia, quanto ao título gerador de sua vigência e eficácia, coincidem em se subordinarem ambos ao 'quadro normativo' configurado na *lei*."

A lição é irrepreensível e bem resume nosso pensamento acerca da matéria. As agências ou os ditos órgãos reguladores, nesse contexto, são entidades vocacionadas a emitir normas jurídicas, *normatividade complementar*, para usar a terminologia de Reale. Pouco importa a geografia constitucional de ditos órgãos. Ela não responderá à qualidade ou à categoria de normas que esses órgãos estão aptos a emanar no ordenamento jurídico.

Forçosamente é preciso reconhecer, esses órgãos "reguladores" somente devem desempenhar *função administrativa e normativa*. Esta última, de categoria *derivada e complementar*.

Não destoa desse entendimento Eros Roberto Grau,[4] para quem a classificação das funções estatais em *legislativa, executiva e jurisdicional* é corolário da consideração do poder estatal desde o seu aspecto *subjetivo*.

Afirma o professor: "Desde tal consideração, identificamos, nele, centros ativos que são titulares, precipuamente, de determinadas *funções*. Estas são assim classificadas em razão das finalidades a que se voltam seus agentes – isto é, finalidades *legislativas, executivas e jurisdicionais*. Tal classificação, como vimos, tem caráter *orgânico ou institucional*".[5]

---

4. Grau, 2003:237.
5. Eros Grau aduz: "Afastando, contudo, o critério tradicional de classificação, fixemo-nos naquele outro, que conduz à seguinte enunciação: i) *função normativa* – de produção das normas jurídicas (= textos normativos); ii) *função administrativa* – de execução das normas jurídicas; iii) *função jurisdiciona* – de aplicação das normas jurídicas" (2003:238). O professor mais adiante adita: "O que importa reter, neste passo, é o fato de que *o exercício da função regulamentar, pelo Executivo, não decorre de uma delegação de função legislativa*" (2003:243). Entende que o fundamento do *poder regulamentar* está na atribuição de poder normativo – e não no poder discricionário da Administração.

Desse modo, os órgãos reguladores no Brasil, somente podem editar normas jurídicas delimitados pelo espaço entre a Constituição e a lei. Dizendo de outra forma: entendido que aludidos órgãos desempenham *poderes administrativos (função administrativa)* somente podem gerar normatividade secundária, complementar, o que, em essência, amolda-se à noção corrente de capacidade *regulamentar*.[6]

Superada a divergência doutrinária – pouco elucidativa no momento – em saber se o exercício da função regulamentar, pelo Executivo, decorre ou não de uma delegação de função legislativa[7] –, é certo que as agências ou órgãos reguladores somente podem produzir *normas jurídicas* (direito), normatividade, no exercício de função administrativa, tal como compreendida na doutrina tradicional.

Deveras, no direito alienígena encontramos realidade diversa. Já vimos em capítulos anteriores,[8] que nos Estados Unidos da América do Norte de fato houve sucessivas "delegações legislativas", não somente em favor do Presidente, como também às *regulatory commissions*, o que se deu à margem de previsão e debate constitucional.

A Constituição alemã, *v.g.*, estabelece em seu art. 80: "O Governo federal, um ministro federal ou os Governos dos *Landers* podem

---

6. Que não se confunde com o poder regulamentar que a Constituição confere ao Presidente da República para que estabeleça fórmulas que viabilizem a aplicação da lei. Sua atividade, diz Michel Temer, "nesse passo, consiste em tornar operativa a lei, facilitando a sua execução e dispondo normas destinadas à Administração para a boa observância da preceituação legal. O Executivo, ao regulamentar a lei, não a interpreta. Busca dar-lhe aplicação, simplesmente. Como o regulamento é subordinado à lei, esta não pode delegar competência legislativa ao Executivo para criar direitos e deveres" (1998:156-157).
7. Eros Grau, por exemplo, traz à colação o magistério de Renato Alessi para afirmar que os regulamentos são estatuições primárias – impostas por força própria – ainda que não emanados de um poder *originário*. Por isso se apresentam como *derivados*, no sentido de que devam fundar-se sobre uma *atribuição de poder normativo* contida explícita ou implicitamente na Constituição ou em uma lei formal. "O fundamento do poder regulamentar [*diz Eros*] está nesta *atribuição* de poder normativo – e não no *poder discricionário* da Administração (...). Assim, o fundamento da *potestade regulamentar* decorre de uma *atribuição de potestade normativa material*, de parte do Legislativo, ao Executivo. E conclui Alessi (1978/458): 'atribuizone da tenersi naturalmente ben distinta dalla *delega di potestà legislativa formale*'. Tal atribuição [*completa*] não há de ser necessariamente explícita, surgindo, por vezes, de modo implícito". E finaliza lembrando que é importante fixar que o exercício, pelo Executivo, da função regulamentar não decorre de uma delegação de função legislativa (Grau, 1996:243).
8. Essencialmente no Capítulo 16.

ser habilitados por uma Lei para ditar regulamentos jurídicos. A Lei deverá *determinar o conteúdo, o fim e a extensão de tais habilitações*" [*referência a leis derivadas*] (grifos nossos).

A Constituição francesa,[9] por sua vez, dispõe em seu art. 38 que: "O Governo pode, para a execução de seu programa, pedir ao Parlamento autorização para adotar mediante ordenanções (*ordonnances*), durante um prazo limitado, medidas que são normalmente do domínio da lei"[10] (grifos nossos).

No Brasil, não temos dispositivo similar ou análogo em nosso texto constitucional. O que mais se aproximaria da previsão estrangeira seria *a lei delegada*, muito embora a comparação, reconheça-se, seja forçada e até simplista, já que cada país acaba forjando o seu regime constitucional, interpretando suas normas, com maior ou menor elasticidade e extensão.

Não há, portanto, também como comparar o Brasil com a realidade francesa que, como sabemos, separa os domínios da lei e do regulamento, sendo que este último é verdadeiramente *autônomo ou incondicionado*.

A única conclusão possível para nossa realidade é exatamente a que evidencia o *princípio da legalidade*. No Brasil, há matérias que só podem ser tratadas e disciplinadas por lei. Assim, para nós, prevalece o princípio da legalidade com toda a sua força normativa.

O princípio da legalidade apresenta várias dimensões. Na primeira, revela-se como uma verdadeira *garantia do indivíduo*, cujo enunciado geral encontramos no art. 5º, II, da CF: "ninguém será obrigado a fazer ou deixar de fazer alguma coisa senão em virtude de lei".

Todo e qualquer ato ou ação do Estado deve estar fundamentado em lei; do mesmo modo, nenhum comportamento pode ser exigido do

---

9. Para maiores detalhes da realidade e evolução do problema em França é obrigatória a consulta à obra de Manoel Gonçalves Ferreira Filho (1984). O autor lembra a evolução das "loi-cadre", leis que colocariam um quadro de princípios sobre uma matéria determinada, a partir dos quais se desdobraria a regulamentação editada pelo governo, processo muito parecido com as delegações norte-americanas.

10. Concedida essa habilitação, essas ordenações devem ser aprovadas em Conselho de Ministros, ouvido o Conselho de Estado. Entram em vigor assim que publicadas, entretanto perdem a eficácia se o governo não apresentar, no prazo fixado pela lei de habilitação, projeto de lei de ratificação ao Parlamento.

indivíduo, sem que lei anterior haja contemplado ou descrito uma ação exigível. Somente a lei poderá prescrever obrigações ao cidadãos, aos indivíduos, às pessoas no Estado Democrático de Direito Brasileiro. No direito constitucional brasileiro, prestigia-se, também, com inegável apelo à função legislativa (Poder Legislativo), o princípio da reserva da lei. Pode-se dizer que esse princípio é uma conseqüência ou um desdobramento do enunciado do princípio da legalidade, o que se convencionou denominar de *princípio da reserva da lei*.[11] Isso quer dizer que, aqui, ao contrário do que ocorre em outros países, parece verdadeiramente impróprio aludirmos à *atividade regulamentar* como uma atividade ou exercício de delegação legislativa.[12]

11. O alcance da reserva da lei, como expressão do princípio da legalidade, ultrapassa a distribuição orgânico-funcional do Poder Legislativo e pretende questionar as relações da lei perante outros atos normativos não-legislativos. Trata-se não tanto de organizar uma função estatal, mas de delimitar as funções estatais. Para Canotilho, por exemplo, reserva da lei é diferente de reserva do Parlamento, do mesmo modo que o conceito de lei material é diferente do de lei formal. O autor português, por exemplo, designa a reserva do Parlamento por reserva de lei (= reserva constitucional de lei = reserva horizontal de lei = reserva material de lei), "por meio da qual a Constituição portuguesa reserva à lei a regulamentação de certas matérias", e designa por "precedência da lei ou primariedade da lei (= reserva vertical da lei)"; o segundo sentido de reserva da lei para o autor é enunciado desta forma: "não existe exercício de poder regulamentar sem fundamento numa lei prévia anterior" (Canotilho, 2002). A doutrina portuguesa, entretanto, parece distinguir, em geral, três planos da reserva da lei: reserva do Parlamento, reserva de função legislativa e reserva do direito.
12. O que não ocorre, por exemplo, na Alemanha: "Os regulamentos (*Rechtsverordnungen*) são legislação em sentido material. Os regulamentos são exercício transferido, por delegação, de poder normativo. A Lei Fundamental não conhece um poder normativo não submetido a limites, e não permite uma delegação ilimitada de competências legislativas. O exercício de poder regulamentar requer uma habilitação, é dizer, a transferência de poder normativo do parlamento a um pequeno círculo de autorizados. O parlamento é co-responsável ao exercer a habilitação ao Executivo. Exclui-se uma autorização em branco. A lei habilitadora e o regulamento formam uma unidade funcional instrumental. Lei e regulamento não estão em uma relação recíproca de regra geral-exceção. O que é certo é que as leis regulam as questões básicas e essenciais e devem conter os preceitos com expectativa de durabilidade. O regulamento é o instrumento jurídico mais adequado para o aperfeiçoamento e uma maior diferenciação; devido à facilidade com que cabe, ademais, reformar os regulamentos, estes resultam em instrumentos jurídicos muito mais maleáveis que a lei. À exceção de alguns casos concretos e transitórios, a lei fundamental não conhece um poder autônomo não delegado, regulamentador da atividade do Executivo. Alguns setores da doutrina reconhecem como lícito um exercício originário de poder

Desse modo, as respostas às nossas inquietações parecem estar na constatação de que em todo o mundo alargou-se o domínio material da legislação (sentido amplo). Mas, daí não se conclua, apressadamente, que se expandiu na mesma medida e intensidade a presença da função legislativa do Parlamento. Vimos que a realidade é exatamente oposta, lamentavelmente. Acreditamos que quanto maior for a importância do preceito legal, menor deveria ser a margem de liberdade por ele deixada, quer à Administração Pública, quer às agências reguladoras como executoras de atos concretos.

Talvez uma explicação possível para esse fenômeno esteja na evidência de que a lei perdeu legitimidade (força política) pela ação de outros atores jurídicos no cenário contemporâneo. Passamos a um verdadeiro exercício compartilhado da produção de direito que não está mais exclusivamente radicado no Parlamento (Legislativo), tendo cada vez mais a participação de outras fontes. Esta constatação está muito mais ligada à ciência política, do que ao direito constitucional positivo. Nem por isso deve deixar de ser assentada, especialmente por haver forte interpenetração da política no direito até o ponto de podermos aludir a uma "política do direito constitucional".

A matéria continua em aberto e o cientista do direito deve preocupar-se não só em constatar fatos e tendências contemporâneos, como, também, encontrar meios de proteger o cidadão, o indivíduo. Nessa medida, o tema dos princípios da legalidade e da reserva de lei torna-se fundamental porque é a partir dele que teremos respostas de quais as várias matérias sob a forma de lei devam estar na origem parlamentar (Poder Legislativo), ou governamental (Poder Executivo).

Para nós a resposta somente pode estar no próprio sistema constitucional brasileiro. Por isso, não encontramos fundamento para que agências ou órgãos reguladores (com ou sem assento constitucional), possam prescrever normatividade "independentemente", em razão da mais absoluta ausência de normas jurídicas que as autorizem para tanto.

regulamentar para matérias não essenciais. Essa concepção, entretanto, não dá fiel interpretação ao art. 80.1, segundo o qual cada regulamento deverá fazer referência a sua fundamentação legal. Ademais aquela concepção contribuiria para uma confusão das competências entre o Poder Legislativo e Executivo, e por isso deve ser afastada" (Bulow, 1994, Capítulo Primeiro).

De fato, não haveria como justificar, perante o Direito Constitucional brasileiro uma competência desse jaez. Seria mesmo impossível cogitar desta hipótese, já que – mesmo no campo teórico – não vemos como um órgão regulador pudesse inovar originariamente, diretamente, sem intermediação legal, num campo que naturalmente é demarcado pelo Legislativo ou pelo Executivo.

Desse modo, para encontrarmos uma interpretação possível que atenda ao sistema constitucional brasileiro, somos forçados a entender que somente o ato normativo (leia-se *lei*), evidentemente subordinado à norma constitucional, poderá traçar o grau de autonomia jurídica de referidos órgãos reguladores. Será, portanto, o legislador (sentido amplo) que, nos moldes constitucionais, poderá delimitar as atribuições e competências destas "autarquias especiais", órgãos reguladores ou qualquer outro *nomen juris* que se lhes atribuam.

Essas atribuições, como o dever de zelar e cuidar de domínios e interesses setoriais, concedidas a determinado órgão ou agência (autarquia), serão delimitadas, apenas e tão-somente, pelo legislador. Conseqüentemente, qualquer norma jurídica que provenha desses órgãos terá caráter *secundário*, no âmbito demarcado pela lei.

Os aludidos órgãos reguladores não podem ser vistos como núcleos jurídicos *independentes*, dotados de uma verdadeira *reserva de competência normativa* incondicionada, "imunes" à intervenção do legislador constitucional ou infraconstitucional. Nada disso. Autonomia sim; independência não.

Se examinarmos o direito comparado, verificaremos que a matéria não é nova (como, aliás, já exposta nos capítulos anteriores) e que vários caminhos e experiências foram trilhados para obviar e diminuir os desvios da pretendida "independência".

Um deles é certamente a instituição de algo similar (não idêntico) às "leis-quadro". Algumas idéias e institutos do direito europeu seriam um possível caminho para o encaminhamento de algumas soluções para enfrentarmos essa realidade.[13]

---

13. Não na mesma intensidade e, naturalmente, procurando evitar os percalços por que passou o instituto no direito francês. Vide Manoel Gonçalves Ferreira Filho, que anota a evolução no tema em França da Segunda Guerra até a Constituição francesa de 1958. "Em um primeiro momento, com a Lei de 17 de agosto de 1948, baseada na idéia de Duverger de delimitar matérias entre a lei e o regulamento, reconhe-

O legislador por meio de uma lei, reconhecendo a necessidade de conferir autonomia e maior agilidade a determinado órgão, agência (ou qualquer outro nome que lhe seja dado, pouco importa), enunciaria de forma clara e objetiva suas competências e atribuições, dotando-o de maior ou menor autonomia vinculada a objetivos claramente delineados na norma de habilitação.

O grande problema – reconheça-se – é exatamente identificar e precisar o grau de autonomia, o espaço jurídico possível para delimitá-la. Será preciso criatividade e objetividade para defini-la.[14]

De outra parte, afastamos desde logo a possibilidade – existente em outros países, mas não no Brasil – de um *poder regulamentar independente* ou *de um regulamento independente*. Aqui, no entanto, referidos órgãos não são, definitivamente, dotados desse tipo de poder ou competência jurídica. Cabe trazer à colação o magistério de Roque Antonio Carrazza:[15] "A lei é o fundamento da faculdade regulamentar. De fato, os regulamentos, no Brasil, sujeitam-se ao princípio da legalidade, só podendo surgir para dar plena aplicabilidade às leis, aumentando-lhes o grau de concreção. Apenas para nos familiarizarmos com o assunto, regulamentos são regras gerais e abstratas, expedidas normalmente pelo Chefe do Poder Executivo, para disciplinar a organização ou a atividade do Estado, enquanto Poder Públi-

---

cendo ao Parlamento o poder de decidir que determinada matéria tinha caráter regulamentar. Daí decorria que, pertencendo o poder regulamentar ao Executivo, este poderia regular aquela matéria por decretos regulamentares, inclusive revogando ou derrogando as leis em vigor sobre a mencionada matéria. Todavia, a qualquer tempo, o Parlamento poderia voltar atrás, simplesmente legislando sobre a matéria à qual dera o caráter regulamentar. Essa intervenção daria caráter legislativo à matéria, que daí para frente não poderia mais ser objeto de modificação por mero decreto. Em um segundo momento, por lei, o Parlamento habilitava determinado Governo (e não o Gabinete, em geral, dando assim um caráter pessoal à delegação, que não o tinha sob a 3ª República) a editar decretos com força de lei (podendo, pois, revogar leis), por um certo tempo, sobre certas matérias delimitadas. Finalmente, em 1958, houve a consagração da separação de domínios entre a lei e o regulamento e, em decorrência disso, o surgimento de um poder regulamentar autônomo, incondicionado" (Ferreira Filho, 1984:179). A idéia central de habilitar o Executivo ou determinado órgão a cumprir objetivos claramente traçados na lei é aproveitável. Naturalmente que não há como defender a adoção original do modelo francês pelo Brasil, nem há como compará-lo com o nosso.

14. A esse tema voltaremos logo a seguir.
15. Carrazza, 2004:326-327.

co (Oswaldo Aranha Bandeira de Mello). Esta noção é ampla o suficiente para abarcar *todos* os regulamentos conhecidos pela doutrina; a saber: os *autônomos* (que alguns preferem chamar de *independentes*), os *delegados* (também conhecidos como *autorizados*), os de *necessidade* (ou de *urgência*) e os *executivos* (ou de *execução*). Estes últimos são os únicos aceitos por nosso direito positivo, em face do que dispõe o art. 84, IV, da CF (...). O regulamento executivo, esclarece luminosamente Celso Antônio Bandeira de Mello, especifica os 'comandos já abrigados virtualmente na lei, isto é, compreendidos na abrangência de seus preceptivos. A faculdade regulamentar é inerente ao Executivo, que a recebeu da Constituição, e, nesta medida, não precisa ser reafirmada pela lei'. Aliás, é vedado à lei impedir a regulamentação de seu texto. (...) O Executivo poderá regulamentá-la sempre que existir a necessidade de concretizar a intenção do legislador. Eventuais excessos, evidentemente, poderão ser anulados pelo Judiciário, se houver provocação da parte interessada. O poder regulamentar, como percebemos, goza de autonomia e extensão compatíveis com a posição constitucional do Poder Executivo".

Parece que entre as alternativas possíveis, e que prestigie a fórmula do Estado Democrático de Direito, está a de se admitir a *delegação (legal) de poderes normativos* a favor dessas agências ou "autarquias especiais", vendo-as não como órgãos que estariam a receber parcela de função legislativa, mas como órgãos verdadeiramente administrativos, em tudo e *por tudo subordinados à direção e coordenação dos poderes e funções da República Federativa do Brasil.*

Entendemos, em síntese, que a posição que melhor atende ao Estado Democrático de Direito é aquela que não nega a possibilidade de as agências reguladoras editarem normas jurídicas secundárias, de possuírem, enfim, capacidade normativa secundária recebidas da autoridade titulada e competente para estabelecer direitos, deveres e obrigações *previamente* estabelecidos em lei. Será esta lei,[16] em sen-

16. "O papel diretivo do parlamento conhece uma modificação de âmbito à medida que se altera o conteúdo material das funções do Estado. Quanto mais avulta no âmbito destas a garantia e efectivação das prestações e quanto mais força alcança uma concepção do Estado como instrumento de igualização social através da repartição de recursos, mais forte é o apelo ao exercício pelo parlamento da direção política em tais domínios. Como se referiu já, firmou-se nos últimos anos com apoio maioritário da doutrina uma jurisprudência na Alemanha, proveniente do Tri-

tido amplo, que determinará os padrões e limites para esse *atuar*, para esse agir desses novos entes administrativos.

Somos forçados a concluir, ainda, que o *princípio da legalidade (sentido amplo)* inserido no quadro constitucional é que dará as respostas ao tormentoso tema das agências ou órgãos reguladores.[17] A dificuldade, reconheça-se, está no fato de que a divisão constitucional de poderes tem uma formulação por demais abstrata para, por si só, oferecer todas as respostas a esses intrincados problemas.

Entretanto, se atentarmos para o fato de que o princípio da legalidade não pode ser compreendido de maneira acanhada,[18] de maneira estreita, a tarefa de desvendar os *mistérios* desses órgãos é facilitada.

A expressão (alude ao princípio da legalidade), diz Celso Antônio Bandeira de Mello,[19] deve ser entendida como "conformidade ao direito", adquirindo, então, um sentido mais extenso. Nessa medida esses órgãos ou agências somente podem ou devem ser compreendidas como uma manifestação da ação administrativa do Estado. Esta, por sua vez, vinculada à Constituição e a seus princípios e normas.

bunal Constitucional Federal, segundo a qual tem de ser o Parlamento a definir por lei os parâmetros jurídicos das questões essenciais à vida da comunidade (*Wesentlichkeitstheorie*), constituindo indício seguro de tal essencialidade a relevância da questão em causa para efeito da aplicação de direitos fundamentais" (Sérvulo Correia, 1987:90-91).

17. Roque Antonio Carrazza ensina: "Destas lições, extraímos a certeza de que a Administração Pública deve apenas cumprir a vontade do povo, contida na lei. Ao fazê-lo, submete-se ao *senhor absoluto da coisa pública* (...). O inc. II do art. 5º da CF encerra, pois, um dogma fundamental, que impede que o Estado aja com arbítrio em suas relações com o indivíduo, que, afinal, tem o direito de fazer tudo quanto a lei não lhe proíbe, nos termos do clássico brocardo: *cuique facere licet nisi quid iure prohibitur*" (Carrazza, 2004:217). E mais adiante, acerca da lei como limitação ao exercício da competência tributária: "Concordamos, pois com Pietro Virga quando leciona que a tributação encontra três limites; a saber: I – a *reserva de lei*: o tributo só pode ser criado por meio de lei. É princípio fundamental que nenhuma exação pode ser exigida sem a autorização do Poder Legislativo (*no taxation without representation*); II – a *disciplina de lei*: não basta que uma lei preveja a exigência de um tributo, mas, pelo contrário, deve determinar seus elementos fundamentais, vinculando a atuação da Fazenda Pública e circunscrevendo, ao máximo, o âmbito de discricionariedade do agente administrativo; III – os *direitos que a Constituição garante:* a tributação, ainda que se perfaça com supedâneo na lei, não pode contrastar com os direitos constitucionalmente assegurados" (Carrazza, 2004:232-233).

18. Figueiredo, 2004:45.
19. Bandeira de Mello, 2004.

Assim, acreditamos que, independentemente dessa ou daquela agência ou órgão regulador,[20] seja interessante deixar assentado e enunciar que eles forçosamente deverão respeitar os princípios constitucionais, notadamente os que regem a Administração Pública; deverão atuar de acordo com eles, já que inseridas no regime jurídico da Administração Pública brasileira, exercendo *função administrativa*, pois, como aludidos órgãos descendem do princípio segundo o qual as competências dos agentes estatais se ligam às finalidades constitucionais, não há como afastá-los das exigências dos princípios constitucionais, em especial dos princípios da legalidade, da razoabilidade, da proporcionalidade, da moralidade, da publicidade e da eficiência e de todo o regime constitucionalmente previsto para a Administração Pública em geral.

---

20. Desde o início alertamos que nosso propósito não seria discutir essa ou aquela agência, mas o tema no patamar do direito constitucional. Seria ademais impossível dissertar sobre as agências e suas peculiaridades, o que refugiria ao objeto desse trabalho. Sobre esse tema, aliás, recomendasse a recente obra de Marçal Justen Filho (2002).

Capítulo 22
AS FUNÇÕES NORMATIVAS DAS AGÊNCIAS OU DOS "ÓRGÃOS REGULADORES" – A CONTRIBUIÇÃO DE CELSO ANTÔNIO BANDEIRA DE MELLO

Tema dos mais sensíveis na matéria, reconheça-se, é o que diz com a *capacidade normativa* das agências ou órgãos reguladores, de acordo com a dicção constitucional.

Já firmamos uma posição segundo a qual ditos órgãos jamais poderão inovar *originariamente* à ordem jurídica no sentido absoluto, como verdadeiros órgãos legislativos.[1] Evidentemente não dispõem desse poder jurídico. Mas essa constatação, além de evidente e óbvia, pouco acrescenta à solução do problema.

Parece-nos desse modo que, para enfrentá-lo, somente há uma resposta e ela está na distinção que se estabelece entre *supremacia geral e supremacia especial*, matéria que recebeu o melhor tratamento doutrinário de Celso Antônio Bandeira de Mello.[2]

Disserta o professor: "É corrente na doutrina alemã (de onde se originou, por obra sobretudo de Otto Mayer) e nas doutrinas italiana e espanhola, a distinção entre a *supremacia geral da Administração* sobre os administrados e a *supremacia especial* (assim chamada na Itália e, às vezes, na Espanha) ou relação especial de sujeição (como é referida na Alemanha e, às vezes, na Espanha).

---

1. Recorde-se, ademais, que, quando o discurso jurídico alude à "lei", usa-se de certa retórica ou de uma metonímia: dá-se o nome de lei em um sentido amplo a toda regra de direito, porque, normalmente, as regras de direito estão contidas nas "leis".
2. Bandeira de Mello, 2004:720-724.

"De acordo com tal formulação doutrinária, que a doutrina brasileira praticamente ignora, a Administração, com base em sua supremacia geral, como regra não possui poderes para agir senão extraídos diretamente da lei. Diversamente, assistir-lhe-iam poderes outros, não sacáveis diretamente da lei, *quando assentada em relação específica que os conferisse*. Seria esta relação, portanto, que, em tais casos, forneceria o fundamento jurídico atributivo do poder de agir, conforme expõe, na Itália, Renato Alessi, entre tantos outros.

"Tal vetusta e disseminada distinção no Direito europeu continental – e que deve ser recebida também em nosso direito, embora com todas as cautelas e limitações – não tem, reconheça-se, seus confins definidos com precisão absoluta, pois alguns lhe dão uma acepção muito dilatada, nela incluindo um espectro mais amplo de relações do que outros o fazem.

"Além dos casos em que o administrado voluntariamente se inclui sob o estatuto das instituições cujo serviço demanda – o *volenti non fit injuria* a que se reporta Forsthoff – o certo é que, tanto no Direito europeu quanto em qualquer outra parte – inclusive, pois, no Brasil –, há uma pletora de situações a seguir mencionadas que revelam a necessidade de se reconhecer a figura da 'supremacia especial'. O que não pode mais ser admitida é a extensão que se lhe atribuía. É que estava em consonância com os fundamentos, hoje inaceitáveis, dantes adotados para explicá-la, os quais repousavam na concepção de 'reserva de lei' em contraposição aos 'poderes domésticos' da Administração, termos em que foi defendida por Otto Mayer, grande disseminador de ambas as idéias. As situações a que se aludiu são as seguintes:

"a) é inequivocamente reconhecível a existência de relações *específicas intercorrendo entre o Estado e um círculo de pessoas que nelas se inserem*, de maneira a compor situação jurídica muito *diversa da que atina à generalidade das pessoas, e que demandam poderes específicos, exercitáveis, dentro de certos limites, pela própria Administração*. Para ficar em exemplos simplicíssimos e habitualmente referidos: é diferente a situação dos internados em hospitais públicos, em asilos ou mesmo em estabelecimentos penais, daquel'outra das demais pessoas alheias às referidas relações; é diferente, ainda, a situação dos inscritos em uma biblioteca pública circulante, por exemplo, daquela dos cidadãos que não a freqüentam e não se incluem entre seus usuários por jamais haverem se interessado em matricular-se nela. Em qualquer destes casos apontados, os vínculos que se constituíram são, para além de qualquer dúvida ou entredúvida, exigentes de uma certa *disciplina interna* para o funcionamento dos estabelecimentos em apreço, a qual, de um lado, faz presumir *certas regras, certas imposições restritivas, assim como, eventualmente, certas disposições benéficas, isto é, favorecedoras*, umas e outras tendo em vista regular a situação dos que se inserem no âmbito de atuação das instituições em apreço e que *não têm como deixar de ser parcialmente estabelecidas na própria intimidade delas*, como condição elementar de funcionamento das sobreditas atividades (...).

"b) É igualmente reconhecível que nas situações referidas, ou em muitas delas, seria *impossível, impróprio* e *inadequado* que todas as convenientes disposições a serem expedidas devessem ou mesmo pudessem ser estar previamente assentadas em lei e unicamente em lei, com exclusão de qualquer outra fonte normativa. Exigência dessa ordem simplesmente estaria a pretender do Legislativo uma tarefa inviável, qual seja, a de produzir uma miríade de regras, ademais *extremamente particularizadas*, dependentes de situações peculiares, e muitas vezes cambiantes, cuja falta, insuficiência ou inadaptação literalmente paralisariam as atividades públicas ou instaurariam o caos. Deveras, *não se vê como o Legislativo, afora preceptivos gerais, poderia estatuir todas as disposições* minuciosamente regedoras do funcionamento das mais variadas Faculdades, Museus, Bibliotecas, Teatros, Hospitais, Asilos e outros estabelecimentos, bem como o regime condicionador ou repressor das condutas de quaisquer pessoas que com eles mantivessem os contatos necessários ao desfrute das utilidades que proporcionam, sem criarem uma autêntica balbúrdia e sem instaurarem uma série de contra-sensos ou de regras visivelmente inadaptadas às circunstâncias; e isto, mesmo na suposição de que fosse materialmente possível" (grifos nossos).

A doutrina ora exposta com excelência pelo professor Celso Antônio Bandeira de Mello bem resume nosso pensamento acerca do papel e, sobretudo, do *fundamento jurídico de poderes e funções* das agências e órgãos reguladores no direito brasileiro. Elas seriam órgãos da Administração Pública (sentido amplo) com *capacidade normativa*, no sentido empregado por Celso Antônio ao explicar a *distinção entre supremacia geral e especial*.

Não por outra razão, elas vieram para *regular* determinados setores ou atividades, muitos deles em meio a um processo de "privatização", o que estaria a requerer relações específicas entabuladas entre o Estado e os particulares, por intermédio de *concessões*.

Assim, deve-se também, concordar com Celso Antônio quando estabelece como indispensáveis pelo menos os seguintes condicionamentos positivos de quaisquer destes *poderes* (sejam restritivos, sejam ampliativos), a saber:

"a) tenham que *encontrar seu fundamento último em lei* que, explícita ou implicitamente, confira aos estabelecimentos e órgãos públicos em questão atribuições para expedir ditos regramentos, os quais consistirão em especificações daqueles comandos;

"b) que os referidos poderes possam exibir seu *fundamento imediato naquelas mesmas relações de sujeição especial*, tal como, *exempli gratia*, poderes *contratuais* encontram fundamento no contrato;

"c) restrinjam suas disposições ao que for instrumentalmente necessário ao cumprimento das finalidades que presidem ditas relações especiais;

"d) mantenham-se rigorosamente afinadas com os princípios da razoabilidade e proporcionalidade, de sorte a que todo excesso se configure como inválido; e

"e) conservem seu objeto atrelado ao que for relacionado tematicamente e, em geral, tecnicamente com a relação especial que esteja em causa.

"Por outro lado, seriam seus condicionantes negativos:

"a) não podem infirmar qualquer direito ou dever, ou seja, não podem contrariar ou restringir direitos, deveres ou obrigações decorrentes de norma (princípio ou regra) de nível constitucional ou legal, nem prevalecer contra a superveniência destes;

"b) não podem extravasar, em relação aos abrangidos pela supremacia especial (por suas repercussões), nada, absolutamente nada que supere a intimidade daquela específica relação de supremacia especial;

"c) não podem exceder em nada, absolutamente nada, o estritamente necessário para o cumprimento dos fins da relação de supremacia especial em causa;

"d) não podem produzir, por si mesmas, conseqüências que restrinjam ou elidam interesses *de terceiros, ou os coloquem em situação de dever*, pois, de tal supremacia, só resultam relações circunscritas à intimidade do vínculo entretido entre a Administração e quem nele se encontre internado. Ressalvam-se, apenas, por óbvio, as decisões cujo efeito sobre este, por simples conseqüência lógica irrefragável, repercuta na situação de um terceiro."

De fato o poder que a Administração exerce ao desempenhar o que a doutrina tradicional denomina de "polícia administrativa" repousa na chamada "supremacia geral", que, no fundo, segundo Celso Antônio, não é senão a própria supremacia das leis em geral, concretizadas através de atos da Administração. A distinção entre aquela e a supremacia especial dá-se quando existam vínculos *específicos* travados entre o Poder Público e determinados sujeitos.[3]

O desenvolvimento dessa vetusta distinção pode ser, cremos, inteiramente aproveitada para a explicação do papel das *agências* no direito brasileiro. A sua absorção tem a vantagem inegável de não só explicar o fenômeno das agências "reguladoras", como *desmistificá-las* em seu aspecto essencial – sua compostura jurídica, seu poder (ou competência) jurídico, sua quintessência.

Na verdade, as dificuldades para conter a Administração (sentido amplo) e o seu relacionamento jurídico com os demais "poderes" e a cidadania são muito antigas.

---

3. Afirma Celso Antônio: "Bem por isso, não se confundem com a polícia administrativa as manifestações impositivas da Administração que, embora limitadoras da liberdade, promanam de vínculos ou relações *específicas* firmadas entre o Poder Público e o destinatário de sua ação. Desta última espécie são as limitações que se originam em um título jurídico especial, relacionador da Administração com terceiro. Assim, *estão fora do campo da polícia administrativa* os atos que atingem os usuários de um serviço público, a ele *admitidos*, quando concernentes àquele especial relacionamento. Da mesma forma, excluem-se de seu campo, por igual razão, os relativos aos servidores públicos ou aos concessionários de serviço público, tanto quanto os de tutela sobre as autarquias, conforme sábio ensinamento do preclaro Santi Romano. As limitações desta ordem são decorrentes de um vínculo específico, pois a supremacia especial supõe um 'estado de especial sujeição do indivíduo', em razão de sua inserção em um vínculo mais estrito com a Administração, do que decorre, para esta, a necessidade de sobre ele exercitar uma supremacia mais acentuada" (2004:719-720).

O pleito por mais espaço de atuação do Executivo ou de seus órgãos, também *não* constitui novidade alguma, como nos ensina Otto Mayer:[4]

"Hay ante todo, a este respecto, un punto sobre el cual existe acuerdo: la administración, para hacerse '*conforme a derecho*', debe estar vinculada por las reglas jurídicas. La Constitución ha creado con esa finalidad la forma de la ley, y eso basta. No obstante, es fácil ver que la actividad del Estado *no puede circunscribirse a la simple ejecución de las leyes existentes*; le es necesario vivir y obrar, aunque no tenga normas para dirigir su actividad; *hay en la administración una multitud de cosas que no pueden ser previstas por reglas estrictas que las encadenarían. El 'Rechtsstaat' debe, por consiguiente, restringir sus exigencias a lo que sea posible; por lo tanto, su principio puede formularse así: la acción de la administración ha de ser dirigida, en la medida de lo posible por reglas de derecho* (...).

"Desde comienzos del siglo XIX, de tanto en tanto se suscita en el mundo científico un debate sobre el tema de la jurisdicción administrativa. Cada vez que ello ocurre se forman dos bandos antagónicos: el partidario de los tribunales civiles, que reivindica para éstos la competencia exclusiva para velar por el orden legal y procurar al derecho eficaz protección; el adverso, que defiende la justicia administrativa como consecuencia necesaria de la *independencia de la administración*. El antagonismo llega a culminar en el punto siguiente: ¿la administración es capaz de realizar el derecho y la ley lo mismo que la justicia? ¿O bien está frente al derecho y a la ley en situación análoga a la del simple ciudadano? (...). En todas nuestras leyes de organización administrativa hay tendencia a constituir una jurisdicción administrativa *independiente*; ello importa reconocer el principio de que *en la administración puede declararse lo que debe ser derecho*, tanto como en la justicia. (...)

"La ley da a la justicia el fundamento indispensable de su actividad; no hay sentencia sino sobre la base de una regla de derecho; *nulla poena sine lege*. A la administración, en cambio, no es posible mantenerla en una dependencia tan completa. En consecuencia, sólo para ciertos objetos particularmente importantes se há hecho de la ley cons-

---

4. Mayer, 1949:80-81 e 100-123 – recorde-se que os originais da obra foram publicados em 1903, ao menos a sua versão em língua francesa (*Le droit administratif allemand*, Paris, Edit. V. Giard et E. Brière).

titucional una condición indispensable de la actividad del Estado. Para *todos los otros casos, el poder ejecutivo queda libre*; obra en virtud de su fuerza propia y no en virtud de la ley. Nosotros llamamos a esta exclusión de la iniciativa del ejecutivo – existente para esos objetos especialmente señalados –, *la reserva de la ley*. (...)

[A *propriedade e a liberdade somente podem ser restringidas pela lei; já a força especial da lei, de poder agir na esfera reservada – é uma segunda atribuição do poder legislativo*]:

"Lo que acabamos de decir de la preferencia de la ley, se aplica igualmente a esta otra manifestación de su fuerza. Esta fuerza se vincula al origen particular de la voluntad del Estado como una cualidad, una facultad de éste. En cuanto a si en el caso especial ella produce o no su efecto, depende del contenido. Cuando, por ejemplo, ella ordena que cada uno tiene el derecho de exigir de la administración de correos la expedición de sus cartas, la reserva de ley no está en juego, y este aspecto de su fuerza permanece oculto. En el segundo punto también hay acuerdo acerca de lo que debía decirse de la preferencia de la ley; esto llega a ser aquí de particular importancia: la ley puede determinar por sí misma las limitaciones que le están reservadas; pero también puede hacer uso de *esta fuerza delegándola, en ciertos casos, en el poder ejecutivo, en el gobierno y en sus funcionarios*. Éstas son las llamadas *autorizaciones legislativas*, autorizaciones de las que el gobierno tiene necesidad para dar órdenes, imponer cargas, y, de manera general, para todo lo que se traduzca en una limitación a la libertad o a la propiedad. La ley civil y la ley penal del antiguo régimen establecen las normas generales, las reglas de derecho que obligan a los individuos y que aplican las autoridades judiciales. Igualmente, la ley constitucional está investida de la facultad de establecer reglas jurídicas, de *manera general*, comprendiendo la esfera de la administración. Llamamos a esto *la fuerza obligatoria de la ley*. Aun a ese respecto, la mayor parte de las cartas constitucionales guardan silencio. A los términos 'ley', 'legislación', 'potestad legislativa', se asocia, directamente la idea de facultad de hacer reglas de derecho. Sometemos la naturaleza de esta fuerza de la ley – que es la más importante – a un examen más detallado en el § 7, *infra*. En cuanto al empleo que la ley hace de esta facultad, le es aplicable lo expresado respecto de las otras dos. Puede ser *delegada* tal como lo demuestran el poder reglamentario y la autonomía. (...)

"Es posible aún que la ley, en el fondo, no decida nada sino que otorgue a la administración una *autorización general* para proveer, con respecto a cierto objeto, o a determinado grupo de asuntos, lo que le parezca necesario y conveniente al *interés público* que se le confía. Esto tiene lugar cuando se trata de la esfera reservada a la ley; entonces *se deja a la administración en libertad de tomar medidas*; al mismo tiempo ella recibe una *directiva* hacia un fin determinado. (...)

"Por otro lado, la fuerza de la ley, que vincula al poder ejecutivo, produce *efecto externo*. Determina, al mismo tiempo, la situación jurídica del súbdito y fija su relación con el Estado. Porque no es el poder ejecutivo, es el Estado quien participa en esta relación. Obligando al poder ejecutivo a observar cierta conducta frente al súbdito, la ley dice lo que debe ser derecho entre este último y el Estado. (...)

"Poder obrar así por *reglas generales* es la prerrogativa de la ley, prerrogativa que designamos con la expresión *fuerza obligatoria de la ley*. Ella se distingue netamente, tanto de los *jura communia*, cualidades que le son comunes como poder público con el poder ejecutivo, como de las otras dos prerrogativas que nosotros denominamos su *preferencia y su reserva*. Por otra parte, tal fuerza se halla, como estas últimas prerrogativas, a disposición de la voluntad de la ley; *la ley puede delegarla* o bien simplemente no hacer uso de ella en el *caso especial*. La delegación de esta fuerza produce el *poder reglamentario y la autonomía*. Es menester cuidarse de no confundirla con *otras delegaciones* de la ley puede efectuar; en especial, con la *autorización* de obrar en la esfera que le está reservada, la esfera de la libertad y de la propiedad privadas. La ley puede autorizar al poder ejecutivo para limitarlas, sin agregar la facultad especial de hacerlo por reglas de derecho; el poder ejecutivo entonces no podrá sino realizar actos individuales de ese género. El poder de hacer *reglamentos de policía* descansa sobre una delegación doble. En cambio, una ley que autorizara, por ejemplo, para fijar, mediante un reglamento de administración pública, el salario de cierta categoría de funcionarios, no afectaría la esfera reservada de la libertad y de la propiedad, puesto que éstas no deben experimentar aquí ninguna limitación, y, en consecuencia, sólo importaría delegación del poder de crear reglas de derecho. Cuando, en virtud de la delegación, se dicta un reglamento, nace una regla de derecho, y esta regla vincula al poder ejecutivo. No solamente el que há hecho el reglamento, sino todos los titulares de una porción cualquiera del poder ejecutivo, están sometidos a esa norma, inclusive el mismo jefe de Estado. (...)

"Esta manera de designar con mayor libertad las personas a quienes el acto administrativo concierne, llega a su más alto grado en la relación de *sujeción particular*. Aquí encontramos actos colectivos que designan de manera indirecta a los individuos a quienes conciernen y sin limitarse a un conjunto de personas presentes y definidas; son, pues, actos producidos para *personae incertae*. A los individuos comprendidos en la relación de sujeción, conjuntamente, pueden dárseles instrucciones, o sea, actos administrativos que extraen las consecuencias de la relación de sujeción. Estas instrucciones se reúnen en los reglamentos de servicio, reglamentos y estatutos que se comunican mediante la publicación u otros medios propios para llevarlos a conocimiento de los interesados. (...) Exteriormente, pues, el acto presenta gran semejanza con una regla de derecho. Sin embargo, no hay todavía allí más que un acto administrativo colectivo, o como también se lo ha llamado acertadamente, una *disposición general*. Esta disposición no obra con la fuerza obligatoria general de la ley; actúa solamente con la fuerza de *la relación particular de sujeción*: sólo puede tener efecto respecto de los individuos y para las obligaciones incluidas en ella."

Apesar de longa a transcrição, entendemos relevante trazê-la às inteiras, a fim de que o pensamento do autor fosse reproduzido com a mais absoluta fidelidade.

Em quase toda a Europa, também encontramos o tema da concessão de poderes à Administração e sua relação com o princípio da constitucionalidade e da legalidade.

Remarque-se uma vez mais, à exaustão. Não há falar, portanto, em *soberania* da Administração Pública nas democracias ocidentais, sobretudo naquelas moldadas à lógica do modelo romano-germânico. Nenhum órgão da Administração Pública haure seu fundamento (jurídico) de *validade* em poderes "espontâneos" ou auto-atribuídos. Evidentemente que a Administração Pública, aqui ou alhures, não pode vulnerar a Constituição ou as leis.

Há, entretanto, um *espaço normativo* que naturalmente deriva da *reserva constitucional ou legal (em maior ou menor extensão)*, tudo a depender do modelo de direito positivo adotado, através do qual pode a Administração agir.

Podemos, nessa medida, acompanhar a lição de Aldo M. Sandulli, monografista da matéria, que já nos idos de 1983, fez publicar o trabalho *L'Attività Normativa della Pubblica Amministrazione (Origini-Funzione-Caratteri)*.[5] Neste trabalho, o ilustre Professor da Universidade de Roma repassa as funções e as características da atividade normativa da Administração Pública no sistema jurídico italiano, radicando-a, essencialmente, como uma normatividade *secundária*.

Afirma Sandulli que, segundo o direito, o sistema normativo pode se expandir do mesmo modo que se pode retirar de certas áreas: "Assim como certas matérias podem ser transferidas do campo das normas primárias às secundárias (delegando-as), do mesmo modo, certas matérias podem ser transferidas, do campo da normatização ao da discricionariedade dos juízes, da discricionariedade administrativa, da autonomia privada.

"A conclusão [*diz ele*] é que a área da normatização é *existencial*, e é identificada com o critério *histórico, positivista*. A existência, no sistema político, de várias *gradações no poder normativo* é um fato presente da época remota na realidade histórica dos povos".

Em outras passagens, distingue normas de caráter *secundário* das normas *primárias* em razão da natureza *não-legislativa* daquelas e da *força jurídica* entre elas:

"A implicação natural do caráter secundário do poder normativo da Administração Pública Governamental – implicação devida à natureza não-*legislativa* de tal poder (pois não pertinente ao Parlamento, que é a única expressão imediata da vontade soberana do povo) – é a diferenciação, na 'força jurídica', do poder inerente ao poder normativo do Parlamento. Inerente também à primeira – e é quando a ela está atribuída – a possibilidade de introduzir autoritariamente inovação no sistema normativo: essa possibilidade resta, todavia, excluída de todas aquelas áreas que resultam 'ocupadas' por uma norma preexistente de origem 'legislativa', salvo os casos em que ('delegando-se' a matéria) a lei claramente lhe atribui a possibilidade de expandir neste sentido.

"Logo, o poder em exame recebe 'força' (ou melhor, 'eficácia') 'normativa' no sentido de que a ele é permitido inovar autoritariamen-

---

5. Sandulli, 1983.

te no sistema normativo – com a conseqüência de que a atribuição conferida a este último em virtude de tal força ('ativa') tem, ao mesmo tempo, a força ('passiva') de não sofrer a incidência dos atos que não possuam uma força ('ativa') idêntica (enquanto normativa) ou superior (quando primária). Trata-se, por isso, de uma força que é diferente daquela atribuída aos outros atos autorizativos postos em vigor pelos sujeitos e pelos mesmíssimos órgãos do complexo Governo-Administração Pública, no exercício do poder normativo, mas, sim, de poder administrativo (ou eventualmente político): estes últimos atos não têm o poder de operar no sistema normativo e, por isso, de inovar nesse sentido. Não se trata de 'força legislativa' ('força de lei'), e isto é da força ('ativa') de inovar no ordenamento 'legislativo', constituído do mais elevado complexo daquela instituição ('primária') que se encontra introduzida no sistema normativo em virtude de uma lei ou de um ato (ou fato) dotado de igual 'força' (sempre que a matéria a esse regulada não se encontra sucessivamente 'delegada').

"À 'secundariedade' no plano da 'força' – e também da eficácia (que se pode configurar como o perfil substancial da diferenciação, enquanto referente ao caráter da capacidade de inovar) acompanha-se no mesmo plano de 'valor jurídico' a exclusão de uma assimilação dos atos em exame à lei (aos quais vêm assimilados aos 'decretos-lei' e às 'leis delegadas') e, por conversão, ao lado desses, por sujeitos e órgãos do complexo Governo-Administração Pública fora do âmbito da atividade política."[6]

Não obstante, portanto, *condicionada pelo direito*, a Administração Pública, em seu agir, como sabemos, não se revela simplesmente como mera executora das leis. Podemos compreendê-la no mundo contemporâneo, cada vez mais complexo, como protagonista de um papel mais amplo, mais dilatado, tendo já agora o *ordenamento jurídico* como limite, e não apenas a lei em *sentido estrito*.

Desse modo, evidentemente que o próprio ordenamento jurídico é o primeiro e último limite a qualquer "poder normativo". Qualquer ato que pretenda o qualificativo "jurídico", deve encontrar o seu apoio e fundamento *na* ordem jurídica a que pertença. Não há de ser diversa a situação relativa às agências ou órgãos reguladores. A nosso juízo,

6. Sandulli, 1983:33-35 (tradução livre).

esses entes emitem atos jurídicos de categoria secundária, vinculados às finalidades para os quais foram dirigidos, e são controlados por todos os Poderes da República, Executivo, Legislativo e Judiciário.

Nessa medida, não há negar que *poderes (ou competências) administrativos* lhe são reconhecidos, ainda que não haja sido rigorosamente previsto na lei, *em todos os casos, de forma analítica*, o modo de agir. A própria *discricionariedade* administrativa[7] é a prova mais eloqüente dessa assertiva.

Portanto, a Administração Pública (inclusive as agências, um de seus braços) poderá fazer tudo o que a lei lhe autorize em maior ou menor detalhamento ou amplitude. E é exatamente aqui que o tema da *supremacia geral* e da *supremacia especial* ganha destaque ainda hoje.

A doutrina, apesar de antiga, ainda é plenamente eficaz no direito público contemporâneo, como nos dá conta, *v.g.*, Ramón Martín Mateo, Catedrático de Direito Administrativo da Universidade de Alicante, na Espanha.

Ao distinguir a *supremacia geral* da *especial*, disserta o professor espanhol:

"(...) Así, por ejemplo, la Administración, como vimos, no puede, con carácter general, imponer un determinado vestuario a los ciudadanos. Sin embargo, en alguna época, el no uso de corbata o de chaquetas era objeto de sanciones gubernativas, porque se entendía que ello iba contra el orden público; ello no sería hoy admisible, pero lo único que demuestra es la *relatividad histórica* de la técnica de concesión de poderes. Existen, pues, poderes inherentes, poderes implícitos. Cuando a la Administración se le encomienda el atendimiento de un sector determinado de actividades, se entiende que se dan los poderes necesarios para que su misión pueda llevarse a efecto. (...)

"La Administración tiene aquí poderes *especiales* que aparecen cuando los particulares están en las denominadas *relaciones especiales de sujeción*. Así, los universitarios están en unas relaciones especiales de sujeción. Al decidir incorporarse a la vida académica se someten en bloque al ordenamiento que la rige y vienen obligados a

---

7. Tema que refoge à nossa análise e que demandaria outro trabalho, dada sua complexidade e vastidão. Para tanto vide, por tudo, Celso Antônio, Bandeira de Mello (2003).

acatar ciertas normas, se convierten en destinatarios de ciertas medidas que sólo encuentran su justificación en estas relaciones especiales que median entre la Administración y los administrados. En otro ejemplo observamos que así como la Administración no puede, en términos generales, obligar a los sujetos a abandonar el lecho a determinada hora de la mañana, sí en cambio puede, hacerlo cuando éstos están en relaciones especiales de sujeción, como supone el ingreso en una institución hospitalaria o castrense. (...)

"Queda así expuesta la teoría de la concesión de poderes como fundamento del obrar de la Administración, pero ello no supone que en la práctica sus efectos sean siempre automáticos. Por el contrario, se trata perennemente de una aspiración: la sujeción de la Administración al control de los órganos soberanos, por cuanto ésta tiende sistemáticamente a conquistar posiciones exentas de control, y sobre todo los centros tecnocráticos se aprovechan de la compleja situación de la Administración contemporánea, para adueñarse de situaciones de poder que sustraen de las Asambleas y Parlamentos, sus legítimos detentadores."[8]

Não obstante, a Espanha também conta com a possibilidade de emissão de normas não oriundas do Parlamento, *equiparadas às leis*, tais como os decretos-leis, os decretos-legislativos, as leis de bases, as normas emanadas das comunidades autônomas e finalmente as chamadas *habilitações normativas* (fenômenos paralegislativos[9]), mas a essa matéria não voltaremos porque já foi exposta em capítulos anteriores.

Ao lado da supremacia geral e especial, há ainda que se considerar a delegação de poderes ou competências, mecanismo muito utilizado em todo o mundo pela Administração Pública como meio de agir. É dizer, poderá a Administração Pública, recebendo poderes ou competências *delegadas*, atuar dentro de limites e condições prefixados pela delegação.

8. Mateo, 1996:90-91.
9. Os fenômenos "paralegislativos", dentro dos quais incluem-se as "deslegalizações", as "autorizações normativas" e as "medidas excepcionais", são aquelas que, "sem alterar substancialmente a ordem de produção de normas, introduzem algumas retificações ou pelo menos realizam correções que afetam o sistema geral". Vide Ramón Martín Mateo, 1996:122 e ss.

Genericamente, podemos conceituar *delegação de poderes* como a autorização pela qual um órgão normalmente competente para a prática de certos atos jurídicos permite que um outro órgão, titular de idêntica competência, possa praticar os mesmos atos.

Rigorosamente falando, os atos praticados pelo órgão delegado inscrevem-se na sua competência legal, já que só *a lei em sentido amplo* pode conferir poderes aos órgãos da Administração, e não a vontade de outros órgãos. Sucede que a competência do órgão delegado se acha condicionada, enquanto competência "delegada", à autorização e aos limites traçados pelo órgão delegante.

No Brasil, como de resto em todo o mundo, o direito constitucional em um plano e o direito infraconstitucional em plano inferior utiliza a técnica da delegação de poderes.

Embora não se possa falar em delegação quando aludimos ao *deslocamento da atividade legislativa* para o Governo[10] (Executivo), o fenômeno reaparece em várias dimensões.

Assim, a atividade legislativa, como vimos, antes monopolizada e centrada no Legislativo, é hoje compartilhada pelo Executivo. Reduz-se o monopólio legislativo sem a perda da sua competência exclusiva de elaboração da lei.

Como lembra Raul Machado Horta,[11] "a atividade legislativa paralela do Poder Executivo, em períodos normais ou em períodos de crises, passou a *compartilhar* do exercício da atividade legislativa, atingindo a exclusividade da competência legislativa que o Poder Legislativo deteve no esplendor da democracia clássica e do liberalismo político e econômico. Formas redutoras da intensidade legislativa do Parlamento igualmente se situam nas técnicas contemporâneas que privilegiam a iniciativa legislativa do Poder Executivo, mediante os procedimentos abreviados e de urgência, ou ainda no controle da deliberação legislativa através da fixação da Ordem do Dia das Câmaras".

Esse movimento constitucional espraiou-se também do sistema constitucional para o sistema jurídico infraconstitucional e para a pró-

---

10. No passado, decreto-lei, hoje medidas provisórias e, também, "lei" ou "legislação" *delegada*.
11. Raul Machado Horta, 1999:568.

pria Administração Pública, independentemente de seu modelo, como procuramos assinalar.

Assim, no plano da Administração, também se tornou comum, em toda parte,[12] a possibilidade de *delegação*, desde que expressos seus contornos e limites.

Com o fenômeno já descrito anteriormente das agências ou órgãos reguladores independentes, que constitui aspecto ou elemento desse movimento mundial por um novo modelo de conformar e, portanto, de também gerir o Estado, a técnica da delegação e as novas formas de participação na Administração Pública vieram à tona.[13]

12. Na França, por exemplo, a repartição de poderes e a possibilidade de delegação, inclusive na esfera interna da Administração, é fenômeno já antigo e ordinário, sem o que, segundo os tratadistas, seria impossível administrar. "Il faut mentionner également, et c'est le plus important, les possibilités de délégation. Chaque autorité administrative peut déléguer ses compétences ou sa signature à une autre autorité placée auprès d'elle ou subordonnée à elle. Mais, comme la suppléance, la délégation n'est pas possible sans texte; elle doit être autorisée par une loi ou par un décret. D'autre part, les délégation générales sont interdites: une autorité ne peut pas se décharger complètement de ses pouvoirs sur une autre autorité; elle ne peut lui déléguer qu'une partie de sa compétence. Enfin, la subdélégation est illégale; l'autorité qui a reçu délégation ne peut pas, à son tour, déléguer ses pouvoirs à une autre autorité. Ce principe de répartition des compétences est, il faut bien le dire, en partie formel, car il aboutit à ce que certaines autorités administratives, en particulier les ministres ou les commissaires de la République, sont appelées à prendre chaque jour des dizaines de décisions dont elles n'ont évidemment pas le temps matériel de prendre connaissance et qu'elles signent, comme on dit 'les yeux férmés'. Il en résulte um certain décalage entre l'auteur réel de la décision, celui qui l'a préparée pour le ministre ou le commissaire de la République, et celui qui la signe et qui en est l'auteur juridique. A cet égard, il faut constamment se poser la question du choix ou de l'équilibre entre la concentration des pouvoirs qui permet d'assurer mieux l'unité de commandement et la coordination des action, et, au contraire, la délégation des pouvoirs qui permet une plus grande souplesse de gestion et une plus grande participation, à tous les échelons, aux décision administratives" (Braibant, 1984:245).

13. Sem adentrar no fenômeno ideológico, que sem dúvida alguma está presente nesse movimento – mas que não abordaremos –, parece evidente que a função administrativa e os modelos de Administração Pública estão em toda parte, em transformação. Conquanto também o conceito de "Administração Pública" comporte vários *sentidos*, de acordo com o figurino de cada direito positivo, é certo que genericamente opta-se por modelos *descentralizados*. É dizer, Administração central do Estado, ligada a atividades essenciais e às necessidades públicas, Administrações Regionais – mais comuns na Europa continental (Administrações Regionais Autônomas) – e Administrações Locais. Em cada uma delas, por sua vez, temos ainda uma outra subdivisão – *Administrações direta e indiretas* –, com variadas formas de orga-

Esse fenômeno de *reordenamento administrativo* em todo o mundo, cujas causas procuramos referir em capítulos anteriores, começou a manifestar-se de maneira sistemática a partir da década de 1960 até a de 1990, em toda a Europa.

Interessante notar que, até então, o constante crescimento do Estado administrador e empresário era considerado um fenômeno necessário e positivo, um fator imprescindível ao desenvolvimento das Nações. Ocorre que o crescimento desmedido do aparato administrativo e os abusos generalizados nas máquinas administrativas em todo o mundo, acrescido de um embate ideológico do papel do Estado, levaram a sua reordenação e sua mutação.[14]

nização, seja institutos ou associações públicas. Há ainda órgãos não inseridos, *formalmente*, na Administração Pública como os tais órgãos "independentes" ou instituições particulares de interesse público, órgãos ou empresas colaboradoras do Estado, inseridos na concepção *ordenadora* do Estado, vinculados, acreditamos, necessariamente, às políticas públicas constitucionais, às diretrizes do sistema jurídico, a seus princípios e normas, sem embargo do "rótulo" da "independência".

14. Normalmente as causas *objetivas* dessas alterações são debitadas à conta de dificuldades financeiras dos tesouros públicos, ao déficit crônico das contas públicas, ao incremento e à complexidade das normas *reguladoras* da vida econômica, ao excesso da burocracia e às deficiências da ação administrativa, o que levaria a uma tendência de correção de rumos e rotas na figura do Estado. Durante a década de 1970, uma nova orientação surgiu a partir de conferências internacionais, propugnando exatamente a *(des)regulamentação* do Estado, a reversão da tendência de seu crescimento como organização estatal e do pessoal que o integra – os seus funcionários e servidores – de modo a alcançar uma nova *racionalidade*. Em quase todos os países, desde então, por *conta desse mito, empírico e pouco explicado fenômeno, reconheça-se* – e, sobretudo, ao que parece de cunho econômico e político – pouco importa discutir esse aspecto aqui e agora – é certo que se aprovaram normas, algumas de cunho constitucional outras de cunho infraconstitucional, leis que tiveram por efeito implantar reformas estruturais à procura da uma Administração mais "eficiente", mais "racional", mais "enxuta". O discurso político foi marcado pela lógica econômica da "eficiência", da "rapidez", da "economicidade", da aplicação das técnicas e sistemas da Administração privada na esfera pública, bem como do enxugamento do Estado e de suas atividades, na suposição de que este havia até então assumido funções "excessivas" – leia-se que não lhe cabiam (é evidente o viés ideológico e sobretudo político dessa concepção). A partir da década de 1980, passou-se a implantar as aludidas reformas estruturais em quase todos os Estados, e cada um deles recebeu esse movimento a seu modo, alguns com mais cautela, outros às abertas. É certo que, em quase todos eles, como resultado dessa ideologia – à falta de melhor qualificativo –, procederam-se as *privatizações* – movimento que não se explica apenas pela passagem da propriedade ou de concessão estatal a empresas privadas, mas, sobretudo, pela criação de técnicas e figuras jurídicas de gestão desses serviços – e, com elas, enormes dificuldades jurídicas.

Não é o caso de ingressarmos nesse imenso cipoal de problemas, em que, fatalmente, nos perderíamos. Discutir ou analisar propostas ou alterações ocorridas nas Administrações Públicas de todo o mundo e suas causas refoge a nossa proposta de trabalho. Basta, entretanto, assinalar que, por conta desse movimento, implantaram-se novos modelos organizativos, não tradicionais, como é o caso particular das *autoridades administrativas independentes* e dos órgãos ou agências reguladores.

Em toda parte, essas estruturas caracterizam-se, como vimos, por uma maior ou menor *autonomia* funcional com respeito ao denominado *poder político*, burocrático e econômico. Mas o fenômeno não foi uniforme e padronizado, não obstante a tentativa ou o desejo desse movimento internacional.

Como nossa preocupação central é o *recorte constitucional* da matéria, somos obrigados a *isolá-lo*, sem o que nos perderíamos com facilidade. E nele, observamos as seguintes dificuldades e soluções oferecidas pelos diversos órgãos controladores do sistema jurídico nos diversos países onde as reformas ocorreram.

O primeiro problema de cunho constitucional diz com o papel dos Parlamentos, dos Legislativos, em todo o mundo contemporâneo e seus desafios.

Pelas diversas razões já apontadas ao longo do trabalho, é certo que os Parlamentos não conseguem *sozinhos* enfrentar a enorme variedade dos problemas da sociedade de massas do século XXI. Uma das críticas procedentes que recebem diz respeito à falta de dinamismo, de *direção* e de *diretrizes* políticas que deles deveriam emanar para equacionar os problemas sociais atinentes à ordenação da vida das sociedades, dos povos.

Esse é um grande desafio do constitucionalismo contemporâneo. Como preservar as conquistas e o papel histórico atribuído ao Parlamento em um mundo cada vez mais sofisticado, mais tecnológico, mais complexo. Seria possível compreendê-lo como o *único órgão* de representação legítima de um povo, capaz de formular, com exclusividade,[15] *todas* as diretrizes e ordenação do Estado e da sociedade? É evidente que a resposta é negativa.

---

15. Não obstante o seu papel ainda preponderante no direito constitucional positivo brasileiro.

Desse modo, deixando de lado as razões políticas, ideológicas ou mesmo econômicas por que passaram as Nações ao longo dos últimos quarenta anos e que marcaram a transformação do conceito de "Estado-Nação", é certo que o direito constitucional e todo o direito público têm o enorme *desafio* de encontrar caminhos jurídicos que preservem as conquistas do homem, do cidadão e, por que não, sem preconceitos, o de enunciar e pesquisar novas fórmulas e figuras jurídicas de modo a progredir.

Nessa caminhada da cidadania, o homem deve continuar a ser a preocupação central do direito – que, afinal, é feito por ele, para ele. Nenhuma doutrina ou nova ideologia deveria ter o condão de afastar, diminuir ou comprimir suas conquistas, reveladas exatamente no direito constitucional e suas normas.

O segundo problema diz com a *descentralização* do poder; *descentralização* do Estado em sentido mais amplo da expressão. Também independentemente do viés ideológico ou político dessa ou daquela doutrina, a descentralização do poder e do Estado parece ser um imperativo contemporâneo e, com ela, de toda a Administração Pública.[16]

Não vemos, nesse aspecto, um problema negativo, se o considerarmos e o estruturarmos a partir da fenomenologia constitucional. É dizer, a descentralização do Estado tornou-se, em todo o mundo, uma exigência, e, com ela, os vários modelos de distribuição de poder aperfeiçoaram-se. O Federalismo, em que as relações entre Estado e Regiões – sobretudo nos países europeus que atribuem às suas Regiões *poderes derivados* dos órgãos centrais, deixando para estes apenas *diretivas gerais* de orientação e direção política –, são exemplos eloqüentes desse movimento salutar de *distribuição* de poder no Estado.

Outra questão de notável importância para o direito constitucional diz respeito ao papel dessas *agências reguladoras* e da necessidade de sua pretendida independência. Conquanto sempre tenha sido um desafio teórico determinar com precisão os limites da *política* e da *Administração*, não aceitamos a postulação da aludida e apregoada (necessária) independência desses entes, ao menos no modelo constitucional brasileiro.

16. Independente do modelo ou regime político adotado.

Não conseguimos apartar a atividade política, inerente à ciência constitucional e ao seu direito positivo, da atividade administrativa e suas funções. Deveras, a atividade *política e administrativa*[17] deve explicar-se e justificar-se no *regime político* instituído e plasmado no sistema constitucional e em suas normas e princípios.

Toda e qualquer atividade de governo ou do Executivo deriva diretamente da norma constitucional. É exatamente a *função política-normativa* do Estado, em suas mais variadas formas e matizes, que condiciona toda a *atividade normativa* de todas as suas criaturas e entes e não o contrário.

A *função política legislativa* desenvolve-se em quase todos os países, segundo suas Constituições, com maior ou menor colaboração dos Poderes Executivo ou Legislativo, que são, sem exceção, expressão da vontade do povo, da soberania popular por meio das *forças políticas* organizadas no seio do Estado.[18]

Não vislumbramos uma substituição do povo pela *técnica*, como parece pretender essa doutrina, que advoga o fortalecimento das agências ou organismos independentes sem maiores cautelas; o que levará inexoravelmente ao enfraquecimento das instituições políticas, da soberania popular, da representação política, dos partidos políticos, em síntese, da democracia, enquanto processo vital para uma sociedade e seu povo.

Quem estabelece a política geral do Estado em última análise é o povo, não fosse por outras razões de cunho sociológico, por força do princípio inserido no art. 1º, parágrafo único, da Constituição brasileira.[19]

---

17. Portanto, o Executivo, o Legislativo e o Judiciário são criaturas da Constituição e a ela devem não só respeito e acatamento como também direção. É dizer, o exercício de todas as funções, executiva, administrativa, legislativa ou jurisdicional, *é subordinado às diretrizes políticas da Constituição*.
18. Com acerto doutrina Leila Cuéllar: "No Brasil o que existe é um poder normativo/regulamentar diverso daqueles que existem em outros países. Trata-se de um poder temperado, adaptado ao sistema jurídico brasileiro, não podendo (I) inovar de forma absoluta, *ab ovo*, na ordem jurídica, (II) contrariar a lei e o direito, (III) desrespeitar o princípio da tipicidade, (IV) impor restrições à liberdade, igualdade e propriedade ou determinar alteração do estado das pessoas, (V) ter efeito retroativo. Ademais, a expedição de regulamentos deve ser fundamentada, precisa respeitar a repartição de competências entre os entes da Federação, e se submete a controle pelo Poder Judiciário" (Cuéllar, 2001:142).
19. Parece, portanto, que os mecanismos de participação popular devem ser aperfeiçoados e sofisticados.

Em nome de uma pretensa *imparcialidade ou neutralidade técnica*, almeja-se solapar a política, essência do direito constitucional e de suas normas derivadas da vontade popular.

A neutralidade, para nós, mais um mito da "modernidade", pretende não só causar uma erosão no sistema político representativo democrático, como também dividir o campo da "política" do universo do "governo", exercício impossível e inclusive estéril, já que é exatamente a política, expressão maior da vontade popular, que deve estabelecer as decisões dos rumos do Estado e não a burocracia ou a técnica ou seus técnicos. Ademais, não devemos incorrer no erro de identificar a existência ou o fortalecimento desses órgãos ou agências "independentes" como um modelo único, como um *padrão internacional inexorável*, como uma salvação ou redenção à modernidade.

Muito ao contrário, ao verificarmos como esse fenômeno repercutiu nos diversos países que o adotaram, chegaremos a *modelos e resultados* muito díspares. Em todos eles, entretanto, encontraram-se mecanismos jurídicos eficazes, de acordo com suas peculiaridades de fazê-las cativas ao Direito, à Constituição e às leis. Curiosamente, aliás como tudo na vida, no bojo de qualquer processo de mudança, algo de positivo, de novo, de bom, é sempre agregado na torrente de inovações.

Na França,[20] por exemplo, com esse fenômeno, e por causa dele, introduziram-se reformas legais que permitiram a inserção obrigatória do princípio da *motivação* em grande parte das decisões administrativas, aperfeiçoando o processo administrativo francês e as relações com os administrados; criou-se, também, a figura do "mediador" similar ao *ombudsman* sueco.

Nesse sentido, a busca constante de novas técnicas de coordenação e de relacionamento jurídico entre a Administração e seus administrados, desde que confortadas na Constituição e no travejamento dos poderes e funções constitucionais, não há de ser, *a priori*, afastada; mas compreendida e estudada. O aperfeiçoamento do *processo administrativo*[21] parece ser um dos caminhos para alcançarmos esse intento.

20. Conforme Jea Costa e Yves Hegouzo (1988).
21. Nessa perspectiva, consulte-se, *v.g.*: João Carlos Simões Gonçalves Loureiro (1995); Luís Felipe Colaço Antunes (2000); Odete Medauar (1993); Romeu Felipe Bacelar Filho (1998); Sérgio Ferraz e Adilson Abreu Dallari (2001); Alberto Xavier (1976); Paulo Ferreira da Cunha (1987), bem como *Procedimiento Administrativo* (1998:20-22), dentre outros.

Não devemos, obviamente, nos impressionar com os modelos estrangeiros a tal ponto de importá-los por modismos ou tendências quando nosso sistema jurídico tem diversa natureza e compostura.

A delimitação e a determinação das competências e limites de ação de cada um dos "poderes" e funções do Estado[22] ainda seguem representando como um elemento *essencial* da organização política de todos os povos, inclusive do Brasil, de modo a evitar superposições e conflitos funcionais e institucionais, e constituem, sem dúvida alguma, uma garantia para a *liberdade* e para a *cidadania*.

Todavia, como dissemos, esse movimento internacional trouxe várias perplexidades jurídicas. Com a tentativa de enxugar o Estado e retirá-lo de seu papel em vários domínios que ocupava tradicionalmente – e igualmente por conta do processo de privatização (seu efeito) –, passou-se também, de forma generalizada e irresponsável, a defender a idéia de que o direito privado e suas categorias poderiam, *sem maiores cautelas e indiscriminadamente*, ser simplesmente aplicado a essas ("novas") relações estatais. Ledo engano e precipitação.[23]

Conquanto não seja tarefa fácil a de delimitar o âmbito de aplicação do direito privado nas relações estatais, tema que envolve inúmeros outros recorrentes, é certo que existem atividades que jamais poderiam ser desenvolvidas em regime de direito privado, independentemente de qualquer reforma, concepção ou ideologia transformadora da figura do Estado.

Com acerto García de Enterría[24] adverte que "é impensável que o Direito Privado se estenda ao *núcleo político* da Administração".

---

22. Sem embargo de poder reconhecer-se, no Estado contemporâneo, a inexistência de uma separação radical entre poderes que, segundo alguns, jamais existiu. Entretanto, e na mesma medida, também é preciso admitir que as Constituições modernas, inclusive a brasileira, não só reconhecem a distinção entre os poderes, como, também, de forma explícita e expressa, determinam em larga medida o âmbito material de atuação de cada um deles.

23. Aliás, o direito é daquelas ciências que, por sua complexidade, evolui naturalmente de forma lenta e gradual. Nessa medida, jamais poderia absorver em tão curto espaço de tempo novas fórmulas, institutos e categorias ou, o que é ainda mais temerário, pretender simplesmente aplicar o direito privado nas relações de direito público sem que houvesse toda uma teorização anterior que pudesse indicar caminhos seguros para essa passagem – mesmo que abstraindo por um momento a conveniência, a oportunidade, a necessidade ou a intensidade dessas transformações no Estado.

24. Enterría e Fernandez, 1993:401.

FUNÇÕES NORMATIVAS DAS AGÊNCIAS OU DOS ÓRGÃOS REGULADORES   303

Nessa medida, essas agências ou órgãos reguladores, tal como plasmados na Constituição brasileira, no nosso modo de pensar, jamais poderão ter suas atividades reguladas pelo direito privado.[25]

Isto porque, quer as classifiquemos como reguladoras, ordenadoras ou qualquer outro adjetivo, é certo que exercitam, cumprem *funções públicas*; atividades típicas atribuídas ao *poder público*; pretendem "regular" direitos do cidadão, dos indivíduos na comunidade estatal. Praticam o que a doutrina administrativa tradicional denomina, em larga medida, "poder de polícia".

Pretendem exatamente "regular" setores ou domínios socioeconômicos, emitindo regras jurídicas, normas que afetem a conduta dos indivíduos. Editarão regulamentos, licenças, autorizações, disciplinarão concessões de serviços públicos.

Evidentemente que tais atividades somente podem ser encartadas no plexo do *regime de direito público*, sobretudo constitucional e administrativo, jamais no direito privado.

As atividades que pretendem regular sem dúvida alguma estão reservadas ao que se convencionou denominar no Brasil de "Administração Pública",[26] de gestão da coisa pública. Tais órgãos ou agências exerceriam atividades típicas de Estado, subordinadas à ação constitucional e à direção política do Estado e de seus órgãos públicos, o Legislativo, o Executivo e o Judiciário.

Assim, acreditamos poder falar no Brasil, tal como a doutrina européia ensina, em uma *reserva constitucional de Administração Pública*. Para tanto, trazemos à colação o magistério de Antonio Troncoso Reigada,[27] para quem determinadas funções próprias do Poder Executivo derivam do que chama de "reserva de Administración" – função de governo e função executiva ou administrativa:

25. O que não significa a impossibilidade de fiscalização ao cumprimento de normas de direito privado em certas e determinadas relações jurídicas presididas pelo direito privado, questão diversa.
26. Assim, pouco importa que estejam ditas entidades, órgãos ou agências alocados dentro ou fora do capítulo referente à Administração Pública na Constituição, o que não as converte em empresas ou órgãos legislativos com capacidade normativa originária ou com função legislativa típica ou atípica. Necessariamente, submetem-se ao regime jurídico de direito público e a todos os princípios que informam e conformam a Administração Pública no seu sentido mais amplo possível.
27. Reigada, 1997:136 e ss.

"El Estado no posee una capacidad jurídica privada general – no tiene la misma libertad que un particular para elegir la fórmula organizativa o el régimen jurídico de una actividad –, sino que esta capacidad se encuentra limitada por el orden constitucional. No existe, por tanto, una libertad absoluta de elección de formas o de régimen jurídico – *Wahlfreiheit* – de la Administración; el Estado no puede elegir la forma jurídica en atención a la eficacia o a la comodidad, sino considerando el tipo de actividades que desarrolla una concreta Administración.

"Para determinar cuáles son los supuestos en los que la Administración *no puede abdicar del Derecho público*, es oportuno acudir a la doctrina clásica de los conceptos jurídicos indeterminados. Así, existe una zona de certeza – *Begriffkern* –, configurada por aquellas actividades que tienen que ser realizadas claramente por una Administración estructurada en torno al Derecho público, una zona de certeza negativa, de la que forman parte aquellas actividades que deben ser desarrolladas por la Administración en régimen de Derecho privado, y una zona de incertidumbre, o 'halo del concepto' – *Begriffhof* –, conformada por aquellos ámbitos, donde las dudas o las incertidumbres son prevalentes. De esta forma, conseguimos reducir la libre elección de formas – *Freiheit der Formenwahl* – de la Administración."

Não é o caso de pretender ensaiar aqui uma teoria a partir da proposição do ilustre professor e aplicá-la no Brasil, até porque também essa não foi nossa proposta de trabalho e estaria a exigir nova tese. Basta assinalar, que a pretendida e desabrida "privatização"[28] (generalizada) do Estado e de suas atividades não pode ser levada a efeito, tal como recentemente efetuada, sem a concomitante agressão à Constituição e, conseqüentemente, à cidadania.

Com essas considerações, acreditamos ter podido trazer à luz do direito constitucional brasileiro, os principais desafios envolvendo o tema do poder normativo no Brasil,[29] tendo a certeza de que jamais

---

28. Com isso, evidentemente, não afirmamos que, *a priori*, toda e qualquer privatização seja negativa ou descabida. Às vezes, ela é necessária e saudável, mas nem sempre.

29. Não em uma perspectiva de análise dogmática ou pontual do direito administrativo e de seus órgãos ou entidades, mas preocupados com temas essencialmente constitucionais e seu entorno político-administrativo.

poderíamos esgotar o tema ou trazer soluções acabadas e definitivas para um assunto em constante evolução e ebulição.

Sabemos que a investigação científica é critica, falível e progressiva.

Que todos nós brasileiros possamos construir, dia a dia, o verdadeiro Estado Democrático de Direito, é o nosso mais sincero desejo e esperança.

Capítulo 23
SÍNTESE CONCLUSIVA

1. O movimento, ou tendência, ideológico que prega a implantação de um determinado modelo de Estado *neutro*, padronizado, dominado pela técnica, nega o fenômeno político e com ele as bases fundamentais do modelo constitucional.

2. O legado do constitucionalismo pode ser verificado pela presença de no mínimo três elementos a saber: *a*) direitos fundamentais e sua efetiva proteção; *b*) Constituição escrita e rígida; e *c*) separação e harmonia de poderes.

3. Os princípios constitucionais firmaram-se no final do século XX e início do XXI como as mais importantes normas do sistema jurídico, apresentando-se, ademais, como importante recurso hermenêutico de estabilização (estática) e adaptação (dinâmica) da norma à realidade social.

4. Há uma relação de condicionamento mútuo entre direitos fundamentais do homem e democracia, pois esta pressupõe liberdade protegida juridicamente para todos; os direitos fundamentais, entre eles a liberdade para todos, pressupõe democracia. A separação entre tais temas pode pôr em perigo tanto a liberdade como a democracia.

5. Toda a ação do Estado, suas políticas públicas, seu planejamento e sua execução, deve atender aos comandos da cidadania e da dignidade da pessoa humana, aos valores sociais do trabalho e da livre iniciativa e ao pluralismo político (art. 1º da CF).

6. A organização dos Poderes, o princípio da separação dos poderes, a lei como único limite ao exercício dos direitos, a soberania dos Parlamentos, a independência do Judiciário ainda são importantes conquistas das democracias contemporâneas e não encontram qualquer elemento ou modelo que possa substituí-las sem grave comprometimento à democracia e aos direitos do homem.

7. O modelo constitucional brasileiro não está preocupado apenas em frear os abusos do poder dos governantes, mas, sobretudo, em coordenar e intervir nos diversos segmentos sociais, com o intuito de proporcionar liberdade, igualdade e vida digna a todos os cidadãos brasileiros.

8. O Estado continua a deter o monopólio da produção legislativa no Brasil o que confere fundamento de validade a toda produção normativa secundária.

9. Configura-se direito subjetivo do indivíduo ter o desenho normativo de seus direitos traçado pelo legislador ordinário nos moldes da Constituição Federal e de sua principiologia.

10. No Estado Democrático de Direito brasileiro, a Administração Pública encontra-se fortemente subordinada aos princípios e regras constitucionais e ao princípio da legalidade.

11. No Estado Constitucional Democrático são fundamentalmente as normas constitucionais que regulam quais interesses devem, nos seus pormenores, ser seguidos como interesses do Estado e como isso deve se suceder; tais normas serão necessariamente determinadas pelo legislador nos limites por elas próprias estabelecidos (Humberto Ávila).

12. A alusão a "órgãos reguladores" no texto constitucional somente pode-se entender como uma função de traçar parâmetros, submetidos à lei, inclusive constitucional, na área de sua atuação. Não há lugar para, a exemplo do direito norte-americano, uma verdadeira e originária produção normativa.

13. A outorga de maiores poderes às autoridades administrativas (mais ou menos independentes) em todo o mundo não parece contribuir para o alargamento da "razão política", para o aperfeiçoamento das instâncias democráticas.

14. O alargamento da função regulamentar no Brasil, ao longo de sua história, acabou estrangulando a atividade legislativa e, com ela, trouxe maiores riscos à democracia.

15. O conceito de "Estado regulador" não está determinado pela doutrina jurídica, o que revela, até o momento, sua inconsistência. Fala-se em "modelos reguladores" de Estado para indicar uma situação variável e heterogênea de intervenção estatal no âmbito econômico.

16. O fortalecimento de Administrações Independentes nos vários países europeus, mais recentemente, parece indicar o enfraquecimento e a desvalorização da função governamental e política do Estado.

17. A procura de novos caminhos de estruturação da Administração Pública em cada país deve ser feita por meio de seu sistema jurídico, respeitando-se as regras lá estabelecidas. Não há nenhuma garantia de que o modelo de "Administrações Independentes" traga maior descentralização e autonomia técnica em suas decisões e, portanto, ganhos à cidadania.

18. Afastamos no regime constitucional brasileiro a possibilidade de uma separação radical ou de independência entre agências ou órgãos reguladores e as instâncias do Poder constituído – Legislativo, Executivo e Judiciário. As decisões políticas fundamentais constituem monopólio do poder democrático estabelecido na forma constitucional.

19. A participação popular na direção das Administrações Independentes na Europa contemporânea tem tido um caráter de reduzida funcionalidade; trata-se, aparente e lamentavelmente, de mais uma formalidade do que de uma exigência democrática. Parece ter sido esse o caminho seguido em alguns modelos de agências, inclusive no Brasil.

20. Os poderes das denominadas "autoridades administrativas independentes" no mundo ou das agências no Brasil não podem envolver capacidade normativa reservada à Constituição ou a lei.

21. Excluídas as matérias interditadas pela Constituição, o legislador poderá, dentro de determinados limites e com cautelas, exercer certo grau de delegação, com reservas, sempre que indicar parâmetros adequados, claros e suficientes para a atuação normativa do órgão delegado.

22. As agências ou órgãos reguladores no Brasil somente podem ser compreendidos como entidades imbricadas no cerne da Administração Pública desempenhando funções administrativas e normativas, estas últimas de categoria derivada e complementar.

23. Faz-se necessária para a compreensão da função normativa das agências no Brasil a absorção da distinção entre *supremacia geral* e *supremacia especial* consoante lição de Celso Antônio Bandeira de Mello.

ANEXO
Legislação referente às principais Agências Federais

AGÊNCIAS EM GERAL
Regulamentação: Decretos 2.487, de 2.2.1998, e 2.488, de 2.2.1998.

ADA – AGÊNCIA DE DESENVOLVIMENTO DA AMAZÔNIA
Criação: MP 2.157-5, de 24.8.2001.
Regulamentação: Decretos 4.126, de 13.2.2002, e 4.652, de 27.3.2003.

ADENE – AGÊNCIA DE DESENVOLVIMENTO DO NORDESTE
Criação: MP 2.156-5, de 24.8.2001.
Regulamentação: Decretos 4.126, de 13.2.2002, e 4.654, de 27.3.2003.

ANA – AGÊNCIA NACIONAL DE ÁGUAS
Criação e alterações: Leis 9.984, de 17.7.2000, e 10.881, de 9.6.2004.
Regulamentação: Decreto 3.692, de 19.12.2000.

ANATEL – AGÊNCIA NACIONAL DE TELECOMUNICAÇÕES
Criação e alterações: Leis 9.265, de 19.7.1996, e 9.472, de 16.7.1997.
Regulamentação: Decretos 2.338, de 7.10.1997, 2.853, de 2.12.1998, 3.873, de 18.7.2001, e 4.037, de 29.11.2001..

ANCINE – AGÊNCIA NACIONAL DO CINEMA
Criação: MP 2.228-1, de 6.9.2001.
Regulamentação: Decretos 4.121, de 7.2.2002, 4.330, de 12.8.2002, e 4.456, de 4.11.2002.

ANEEL – AGÊNCIA NACIONAL DE ENERGIA ELÉTRICA
Criação: Lei 9.427, de 26.12.1996.
Regulamentação: Decreto 2.335, de 6.10.1997.

ANP – AGÊNCIA NACIONAL DO PETRÓLEO
Criação e alterações: Leis 9.478, de 6.8.1997, 9.990, de 21.7.2000, e 10.202, de 20.2.2001; MP 1.549-38, de 31.12.1997.

Regulamentação: Decretos 2.455, de 14.1.1998, 3.388, de 21.3.2000, e 3.968, de 15.10.2001.

ANS – AGÊNCIA NACIONAL DA SAÚDE SUPLEMENTAR
Criação e alterações: Leis 9.961, de 28.1.2000, e 10.850, de 25.3.2004; MP 2.012-2, de 30.12.1999.
Regulamentação: Decretos 3.327, de 5.1.2000, e 3.571, de 21.8.2000.

ANTAQ – AGÊNCIA NACIONAL DE TRANSPORTES AQUAVIÁRIOS
Criação e alterações: Lei 10.233, de 5.6.2001; MP 2.217-3, de 4.9.2001.
Regulamentação: Decreto 4.122, de 13.2.2002.

ANTT – AGÊNCIA NACIONAL DE TRANSPORTES TERRESTRES
Criação e alterações: Lei 10.233, de 5.6.2001; MP 2.217-3, de 4.9.2001.
Regulamentação: Decreto 4.130, de 13.2.2002.

ANVISA – AGÊNCIA NACIONAL DE VIGILÂNCIA SANITÁRIA
Criação e alterações: Lei 9.782, de 26.1.1999; MP 2.190-34, de 23.8.2001.
Regulamentação: Decretos 3.029, de 16.4.1999, e 4.220, de 7.5.2002.

DNIT – DEPARTAMENTO NACIONAL DE INFRAESTRUTURA E TRANSPORTES
Criação e alterações: Leis 10.233, de 5.6.2001, e 10.683, de 28.5.2003; MP 2.217-3, de 4.9.2001.
Regulamentação: Decreto 4.749, de 17.6.2003.

BIBLIOGRAFIA

A. MARTORELL, Guaita. *Las Otras Administraciones del Estado, Gobierno y Administración en la Constitución*. Madrid, IE, 1988.

ALFONSO, L. Parejo. "La potestad normativa de las llamadas administraciones independientes: apuntes para un estudio del fenómeno". *Administración Instrumental. Libro Homenaje a Manuel Francisco Clavero Arévalo*. vol. I. Madri, Civitas, 1994.

AMAN JR., Alfred C., e MAYTON, William T. *Administrative Law*. Saint Paul, Minn., West Publishing Co., 1993.

AMARAL, Roberto, e BONAVIDES, Paulo. *Textos Políticos da História do Brasil*. vol. 1. Brasília, Senado Federal, 1996.

ANTUNES, Luís Felipe Colaço. *Para um Direito Administrativo de Garantia do Cidadão e da Administração*. Coimbra, Almedina, 2000.

ARQUER, J. M. Sala. "El estado neutral". *Revista Española de Derecho Administrativo* 42. Madri, Civitas, 1984.

ATALIBA, Geraldo. *O Decreto-Lei na Constituição de 1967*. São Paulo, Ed. RT, 1967.

_____. "Regulamento no direito brasileiro". *RDA* 97.

_____. *República e Constituição*. 2ª ed., 3ª tir. São Paulo, Malheiros Editores, 2004.

AUSTIN, Jean-Louis. *Du Juge Administratif aux Autorités Administratives Indépendantes: un autre Mode de Régulation*. Paris, RDP, 1988.

ÁVILA, Humberto Bergmann. *Medida Provisória na Constituição de 1988*. Porto Alegre, Sérgio Fabris, 1997.

_____. "Repensando o princípio da supremacia do interesse público sobre o particular". *O Direito Público em Tempo de Crise – Estudos em Homenagem a Ruy Ruben Ruschel*. Porto Alegre, Livraria do Advogado, 1999, p. 125.

BACELAR FILHO, Romeu Felipe. *Princípios Constitucionais do Processo Administrativo Disciplinar*. São Paulo, Max Limonad, 1998.

BALEEIRO, Aliomar. *Alguns Andaimes da Constituição*. Rio de Janeiro, Livraria Principal, 1950.

BANDEIRA DE MELLO, Celso Antônio. *Curso de Direito Administrativo*. 17ª ed. São Paulo, Malheiros Editores, 2004.

_____. *Discricionariedade e Controle Jurisdicional*. 6ª ed. São Paulo, Malheiros Editores, 2003.

_____. *Natureza e Regime Jurídico das Autarquias*. São Paulo, Ed. RT, 1968.

BANDEIRA DE MELLO, Oswaldo Aranha. *A Teoria das Constituições Rígidas*. São Paulo, José Bushatsky, 1980.

BARACHO, José Alfredo Oliveira. *Teoria Geral da Cidadania*. São Paulo, Saraiva, 1995.

BARROS, Suzana de Toledo. *O Princípio da Proporcionalidade e o Controle de Constitucionalidade das Leis Restritivas de Direitos Fundamentais*. Brasília, Brasília Jurídica, 1996.

BARROSO, Luís Roberto. *Interpretação e Aplicação da Constituição*. São Paulo, Saraiva, 1996.

_____. "Natureza jurídica e funções das agências reguladoras de serviços públicos. Limites de fiscalização a ser desempenhada pelo Tribunal de Contas do Estado". *RTDP* 25/76-77. São Paulo, Malheiros Editores, 1999.

_____. *O Direito Constitucional e a Efetividade de suas Normas*. 5ª ed. Rio de Janeiro, Renovar, 2001.

_____. *Temas de Direito Constitucional*. Rio de Janeiro, Renovar, 2001; t. I, 2002.

BASTOS, Celso Ribeiro. *Curso de Direito Constitucional*. 11ª ed. São Paulo, Saraiva, 1989.

_____. *Hermenêutica e Interpretação Constitucional*. 3ª ed. São Paulo, Celso Bastos Ed., 2002.

BENDA, Ernesto; MAIHOFER, Werner; VOGEL, J. Juan; HESSE, Konrad; HEYDE, Wolfgang. *Manual de Derecho Constitucional*. Madri, Marcial Pons, 1994.

BIANCHI, Alberto B. *La Regulación Económica*. Buenos Aires, Editorial Ábaco de Rodolfo Depalma, 1998; t. 1, 2001.

BLANCH, Francisco González. *Fundamentos del Análisis Económico de la Regulación*. Madri, Universidad Complutense de Madrid, 1997.

BOBBIO, Norberto. *Teoria do Ordenamento Jurídico*. 6ª ed. Brasília, Ed. UnB, 1995.

_____. *Dicionário de Política*. Brasília, Ed. UnB, 1983.

BONAVIDES, Paulo. *Ciência Política*. 5ª ed. Rio de Janeiro, Forense, 1983; 10ª ed., 13ª tir. São Paulo, Malheiros Editores, 2004.

_____. *Os Poderes Desarmados*. São Paulo, Malheiros Editores, 2002.

_____. *Teoria Constitucional da Democracia Participativa*. 2ª ed. São Paulo, Malheiros Editores, 2003.

_____, e AMARAL, Roberto. *Textos Políticos da História do Brasil*. vol. 1. Brasília, Senado Federal, 1996.

BRAIBANT, Guy. *Le Droit Administratif Français*. Paris, Ed. Presses de la Fondation Nationale des Sciences Politique/Dalloz, 1984.

BRITAIN: AN OFFICIAL HANDBOOK. Great Britain Central Office of Information. Londres, 1961.

BRITO, Carlos Ayres. "A supremacia do Poder Executivo da União". *RDP* 55-56. São Paulo, jul.-dez. 1980.

_____. "Poder constituinte *versus* poder reformador". *Constituição e Democracia*. São Paulo, Max Limonad, 2001.

BULOW, Eric. "La legislación". In BENDA, Ernesto; MAIHOFER, Werner; VOGEL, J. Juan; HESSE, Konrad; HEYDE, Wolfgang. *Manual de Derecho Constitucional*. Madri, Marcial Pons, 1994.

BURDEAU, G.; HAMON, Francis; TROPER, M. *Manuel de Droit Constitutionnel*. 24ª ed. Paris, LGDJ, 1995.

CAMPOS, Francisco. *Direito Constitucional*. Rio de Janeiro, Freitas Bastos, 1956.

CAMPOS, Germán J. Bidart. "Derecho y libertad". *Revista de Administración Pública*. Primer Seminario Internacional sobre Aspectos Legales de la Privatización y la Desregulación. *Suplemento de Ciencias de la Administración*. ago. 1989.
_____. *La Economía y la Constitución de 1853/60*. Buenos Aires, Ediar, 1987.
CANOTILHO, J. J. Gomes. *Direito Constitucional e Teoria da Constituição*. 5ª ed. Coimbra, Almedina, 2002.
CAPPELLETTI, Mauro. *Juízes Legisladores?*. Porto Alegre, Sérgio Fabris, 1993.
_____. *O Controle Judicial de Constitucionalidade das Leis no Direito Comparado*. 2ª ed. Trad. Aroldo Plínio Gonçalves. Porto Alegre, Sérgio Fabris, 1992.
CARRAZZA, Roque Antonio. *Curso de Direito Constitucional Tributário*. 16ª ed. São Paulo, Malheiros Editores, 2001; 20ª ed., 2004.
CARVALHO, Paulo de Barros. *Curso de Direito Tributário*. 5ª ed. São Paulo, Saraiva, 1991.
CASTRO, Carlos Roberto Siqueira. *O Congresso e as Delegações Legislativas*. Rio de Janeiro, Forense, 1986.
CHINCILLA, Carmen; LOZANO, Blanca; DEL SAZ, Silvia. *Nuevas Perspectivas del Derecho Administrativo – Tres Estudios*. Madri, Civitas, 1992.
CLÈMERSON, Merlin Clève. *A Fiscalização Abstrata da Constitucionalidade no Direito Brasileiro*. 2ª ed. São Paulo, Ed. RT, 2000.
_____. *Atividade Legislativa do Poder Executivo*. 2ª ed. São Paulo, Ed. RT, 2000.
_____. *Atividade Legislativa do Poder Executivo no Estado Contemporâneo e na Constituição de 1988*. São Paulo, Ed. RT, 1993.
_____. *Medidas Provisórias*. 2ª ed. São Paulo, Max Limonad, 1999.
COLLIARD, Claude-Albert, e TIMSIT, Gérard (orgs.). *Collection Les Voies du Droit*. Paris, PUF, 1991.
COMPARATO, Fábio Konder. *A Afirmação Histórica dos Direitos Humanos*. São Paulo, Saraiva, 1999.
_____. "Réquiem para uma Constituição". In GRAU, Eros Roberto, e FIOCCA, Demian (orgs.). *Debates sobre a Constituição de 1988*. São Paulo, Paz e Terra, 2001.
COSTA, Jean, e HEGOUZO, Yves. "Le médiateur peut-il être autre chose q'une autorité administrative?". *L'Administration Française face aux Défis de la Décentralisation*. Paris, Éditions STH, 1988.
CUÉLLAR, Lelia. *As Agências Reguladoras e seu Poder Normativo*. São Paulo, Dialética, 2001.
CUNHA, Paulo Ferreira da. *O Procedimento Administrativo*. Coimbra, Almedina, 1987.
CUTLER e JOHNSON. "Regulation and the political process". *Yale L. J*. 1395, n. 84, 1975.
DAHL, R. A. *La Democracia y sus Críticos*. Barcelona, Paidós, 1993.
DALLARI, Adilson Abreu; FERRAZ, Sérgio. *Processo Administrativo*. 1ª ed., 3ª tir. São Paulo, Malheiros Editores, 2003.
DALLARI, Dalmo. *O Estado Federal*. São Paulo, Ática, 1986.
DANTAS, F. C. de Santiago. *Problemas de Direito Positivo – Estudos e Pareceres*. Rio de Janeiro, Forense, 1953.
DAROCA, Eva Desdentado. *La Crisis de Identidad del Derecho Administrativo: Privatización, Huida de la Regulación Pública y Administraciones Independientes*. Valencia, Ed. Tirant lo Blanch, 1999.
DAVID, René. *O Direito Inglês*. São Paulo, Martins Fontes, 1997.

DEL VECCHIO, Giorgio. *Lições de Filosofia do Direito*. 5ª ed. Coimbra, Armênio Amado, 1979.
DI PIETRO, Maria Sylvia Zanella. *Parcerias na Administração Pública*. 4ª ed. São Paulo, Atlas, 2002.
DI RUFFIA, Paolo Biscaretti. *Derecho Constitucional*. Trad. Pablo Lucas Verdú. Madri, Tecnos, 1982.
DINIZ, Maria Helena. *As Lacunas do Direito*. São Paulo, Ed. RT, 1981.
DUVERGER, Maurice. *Institutions Politiques et Droit Constitutionnel*. 9ª ed. Paris, PUF, 1966.
DWORKIN, Ronald. *Taking Rights Seriously*. Cambridge, Harvard University Press, 1978.
ENTERRÍA, Eduardo García de. *La Constitución como Norma y el Tribunal Constitucional*. Madri, Civitas, 1993.
_____. *Legislación Delegada, Potestad Reglamentaria y Control Judicial*. Madri, Civitas, 1998.
_____, e FERNANDEZ, Tomáz Ramon. *Curso de Derecho Administrativo*. 6ª ed. Madri, Civitas, 1993.
EVANS, Lawrence B. *Cases on American Constitutional Law*. 4ª ed. Chicago, Callaghan, 1938.
FAGUNDES, Seabra. *O Controle dos Atos Administrativos pelo Poder Judiciário*. 6ª ed. São Paulo, Saraiva, 1984.
FARINA, Cynthia R.; STRAUSS, Peter L; RAKOFF, Todd; SCHOTLAND, Roy A. *Administrative Law – Cases and Comments*. 9ª ed. New Jersey University Casebook Series, Foundation Press, 1995.
FERNANDEZ, Tomáz Ramon, e ENTERRÍA, Eduardo García de. *Curso de Derecho Administrativo*. 6ª ed. Madri, Civitas, 1993.
FERRAZ, Anna Cândida da Cunha. *Processos Informais de Mudança da Constituição*. São Paulo, Max Limonad, 1986.
FERRAZ, Sérgio. *3 Estudos de Direito – Desapropriação de Bens Públicos. O Prejulgado Trabalhista em face da Constituição. Regulamento*. São Paulo, Ed. RT, 1977.
_____, e DALLARI, Adilson Abreu. *Processo Administrativo*. 1ª ed., 3ª tir. São Paulo, Malheiros Editores, 2003.
FERREIRA FILHO, Manoel Gonçalves. *Do Processo Legislativo*. 2ª ed. São Paulo, Saraiva, 1984; 3ª ed., 1995.
FIGUEIREDO, Argelina Cheibub, e LIMONGI, Fernando. *Executivo e Legislativo na Nova Ordem Constitucional*. Rio de Janeiro, Ed. FGV e FAPESP, 1999.
FIGUEIREDO, Lúcia Valle. *Curso de Direito Administrativo*. 7ª ed. São Paulo, Malheiros Editores, 2004.
FIGUEIREDO, Marcelo. "A mundialização – Crise fabricada da civilização no contexto contemporâneo?". *Teoria Geral do Estado*. 2ª ed. São Paulo, Atlas, 2001, pp. 45-51.
_____. *A Medida Provisória na Constituição*. São Paulo, Atlas, 1991a.
_____. "As normas programáticas – Uma análise político-constitucional". *Cadernos de Direito Constitucional e Ciência Política* 16/119-135. São Paulo, Ed. RT, jul.-set. 1996.
_____. "Inconstitucionalidade da lei por desvio ético-jurídico do legislador". *RDA* 202/264 e ss. Rio de Janeiro, Renovar, 1995.

_____. *O Mandado de Injunção e a Inconstitucionalidade por Omissão*. São Paulo, Ed. RT, 1989; 2ª ed., São Paulo, Ed. RT, 1991b.
FIOCCA, Demian, e GRAU, Eros Roberto (orgs.). *Debates sobre a Constituição de 1988*. São Paulo, Paz e Terra, 2001.
FREIRE, Gilberto. *Sociologia, Introdução ao Estudo de seus Princípios*. 4ª ed., t. 1. Rio de Janeiro, José Olympio, 1967.
GARCÍA, José Eugenio Soriano. "Desregulación y servicios públicos". *RDA* 19/20. Madri, 1995.
GARCÍA PELAYO, Manuel. *Derecho Constitucional Comparado*. 3ª ed. Madri, Manuales de la Revista de Occidente, 1953.
GAZIER, F., e CANNAC, Y. "Étude sur le autorités administratives indépendantes". In *Études et Documents du Conseil d'État* 35/13 e ss., 1983-1984.
GRAU, Eros Roberto. *A Ordem Econômica na Constituição de 1988 (Interpretação e Crítica)*. 9ª ed. São Paulo, Malheiros Editores, 2004.
_____. *O Direito Posto e o Direito Pressuposto*. 5ª ed. São Paulo, Malheiros Editores, 2003.
_____, e FIOCCA, Demian (orgs.). *Debates sobre a Constituição de 1988*. São Paulo, Paz e Terra, 2001.
GRIFFIN, Stephen M. *American Constitutionalism – From Theory to Politics*. Princeton, Princeton University, 1998.
GUÉDON, Marie-José. *Les Autorités Administratives Indépendantes*. Paris, LGDJ, 1991.
GUERRA FILHO, Willis Santiago. *Processo Constitucional e Direitos Fundamentais*. 2ª ed. São Paulo, IBDC/Celso Bastos Ed., 2001.
HAMILTON, Alexander; MADISON, James; JAY, John. *O Federalista*. Brasília, Ed. UnB, 1984.
HARRIS, Richard. *The Real Voice*. New York, Macmillan, 1974.
HESSE, Konrad. *A Força Normativa da Constituição*. Trad. Gilmar Mendes. Porto Alegre, Sérgio Fabris, 1991.
_____. "Constitución y derecho constitucional". In BENDA, Ernesto; MAIHOFER, Werner; VOGEL, J. Juan; HESSE, Konrad; HEYDE, Wolfgand. *Manual de Derecho Constitucional*. Madri, Marcial Pons, 1994.
HEYDE, Wolfgand; BENDA, Ernesto; MAIHOFER, Werner; VOGEL, J. Juan; HESSE, Konrad. *Manual de Derecho Constitucional*. Madri, Marcial Pons, 1994.
HOMEM DE MELO, Francisco Inácio Marcondes. "A Constituição de 1824". In *As Constituições do Brasil – A Constituição de 1824*. Brasília, PRND/Fundação Projeto Rondon, s/d.
HORTA, Raul Machado. *Direito Constitucional*. 2ª ed. Belo Horizonte, Del Rey, 1999.
_____. *Estudos de Direito Constitucional*. Belo Horizonte, Del Rey, 1995.
HUALDE, Alejandro Pérez. *Constitución y Economía*. Buenos Aires, Editorial Ábaco de Rodolfo Depalma, 2000.
JAY, John; HAMILTON, Alexander; MADISON, James. *O Federalista*. Brasília, Ed. UnB, 1984.
JUSTEN FILHO, Marçal. *O Direito das Agências Reguladoras Independentes*. São Paulo, Dialética, 2002.
KETCHAM, Ralph. *The Anti-Federalism Papers and the Constitutional Convention Debates*. Nova Iorque, Penguin Group, 1986.

KRIELE, Martin. *Introducción a la Teoría del Estado*. Buenos Aires, Depalma, 1980.

LAFER, Celso. *A Reconstrução dos Direitos Humanos*. São Paulo, Cia. das Letras, 1988.

LEE, Robert G. *Constitutional and Administrative Law*. Londres, F. T. Publications Ltd., 1985.

LOMBARTE, Artemi Rallo. "La constitucionalidad de las administraciones independientes". *Temas Clave de la Constitución*. Madri, Tecnos, 2002.

_____, apud MORILLO, J. García. "Responsabilidad política y responsabilidad penal". *Revista Española de Derecho Constitucional* 52/283-284. Madri, Civitas, 1998.

LOUREIRO, João Carlos Simões Gonçalves. *O Procedimento Administrativo entre a Eficiência e a Garantia dos Particulares*. Coimbra, Universidade de Coimbra, 1995.

MADISON, James. "A separação de Poderes-I". In HAMILTON, Alexander; MADISON, James; JAY, John. *O federalista*. Brasília, Ed. UnB, 1984.

_____; JAY, John; HAMILTON, Alexander; *O Federalista*. Brasília, Ed. UnB, 1984.

MAIHOFER, Werner; VOGEL, J. Juan; HESSE, Konrad; HEYDE, Wolfgand; BENDA, Ernesto. *Manual de Derecho Constitucional*. Madri, Marcial Pons, 1994.

MAJONE, G., e LA SPINA, A. "Lo Stato regolatore". *Rivista Trimestrale di Scienza dell'Amministrazione* 3. Madri, Civitas, 1991.

MANETTI, M. *Poteri Neutrali e Costituzione*. Milão, Giuffrè, 1994.

MARQUES NETO, Floriano Peixoto de Azevedo. *Regulação Estatal e Interesses Públicos*. São Paulo, Malheiros Editores, 2002.

MATEO, Ramón Martín. *Manual de Derecho Administrativo*. 18ª ed. Madri, Edigrafos, 1996.

MATOS, Paulo Todescan Lessa. "Agências reguladoras e tecnocracia: participação pública e desenvolvimento". In SALOMÃO FILHO, Calixto (coord.). *Regulação e Desenvolvimento*. São Paulo, Malheiros Editores, 2002.

MAXIMILIANO, Carlos. *Comentários à Constituição Brasileira*. 5ª ed., vol. I. Rio de Janeiro, Freitas Bastos, 1954.

MAYER, Otto. *Derecho Administrativo Alemán*. t. I, Parte General. Buenos Aires, Editorial Depalma, 1949.

MEDAUAR, Odete. *A Processualidade no Direito Administrativo*. São Paulo, Ed. RT, 1993.

MEIRELLES TEIXEIRA, J. H. *Curso de Direito Constitucional*. Organizado e atualizado por Maria Garcia. Rio de Janeiro, Forense Universitária, 1991.

_____. *Estudos de Direito Administrativo*. vol. I. São Paulo, Departamento Jurídico da Prefeitura do Município de São Paulo, 1949.

MELLO, Vanessa Vieira de. *Regime jurídico da competência regulamentar*. São Paulo, Dialética, 2001.

MELLO FRANCO, Afonso Arinos de. *Direito Constitucional. Teoria da Constituição – As Constituições do Brasil*. Rio de Janeiro, Forense, 1976.

MENDONÇA, Oscar, e MODESTO, Paulo (orgs.) *Direito do Estado – Novos Rumos*. t. 1 – Direito Constitucional. São Paulo, Max Limonad, 2001.

MILLS, C. Wright. *A Elite no Poder*. Rio de Janeiro, Zahar, 1962.

MIRANDA, Jorge. *Manual de Direito Constitucional*. 2ª ed. Coimbra, Coimbra Editora, 1983.

MIRKINE-GUETZÉVITCH. *As Novas Tendências do Direito Constitucional.* São Paulo, Cia. Ed. Nacional, 1933.
MODESTO, Paulo, e MENDONÇA, Oscar (orgs.) *Direito do Estado – Novos Rumos.* t. 1 – Direito Constitucional. São Paulo, Max Limonad, 2001.
MOREIRA, Vital. *Administração Autónoma e Associações Públicas.* Coimbra, Coimbra Ed., 1997a.
_____. *Auto-Regulação Profissional e Administração Pública.* Coimbra, Almedina, 1997b.
MOREIRA NETO, Diogo de Figueiredo. *Direito da Participação Política.* Rio de Janeiro, Renovar, 1992.
_____. *Mutações do Direito Administrativo.* 2ª ed. Rio de Janeiro, Renovar, 2001.
_____. "Natureza jurídica, competência normativa limites de atuação". *RDA* 215/74 e ss. Rio de Janeiro, Renovar, 1999.
MORILLO, J. García. "Responsabilidad política y responsabilidad penal". *Revista Española de Derecho Constitucional* 52. Madri, Civitas, 1998.
MULLER, Friedrich. "Métodos de trabalho do direito constitucional". Trad. Peter Naumann. *Revista da Faculdade de Direito da UFRGS.* Porto Alegre, Síntese, 1999.
NOZICK, Robert. *Anarquia, Estado e Utopia.* São Paulo, Zahar, 1991.
NUNES, Castro. "Delegação de poderes". *Revista Forense* 137/5-10. Rio de Janeiro, 1943.
ORTIZ, Gaspar Arino. *La Regulación Económica.* Buenos Aires, Editorial Ábaco de Rodolfo Depalma, 1996.
_____. *Principios de Derecho Público Económico – Modelo de Estado, Gestión Pública, Regulación Económica.* Granada, Biblioteca Comares de Ciencias Jurídicas e de la Fundación de Estudios de Regulación, 1999.
_____. *Economía y Estado – Crisis y Reforma del Sector Público.* Madri, Marcial Pons, 1993.
OTERO, Paulo. "O poder de substituição em Direito Administrativo". *Enquadramento Dogmático-Constitucional.* vol. I. Lisboa, Lex, 1995.
PAUPÉRIO, Machado. *Anatomia do Estado.* Rio de Janeiro, Forense, 1987.
PIOVESAN, Flávia. *Direitos Humanos e o Direito Constitucional Internacional.* 5ª ed. São Paulo, Max Limonad, 2002.
PONTES FILHO, Valmir. *Curso Fundamental de Direito Constitucional.* São Paulo, Dialética, 2001.
PROCEDIMIENTO ADMINISTRATIVO. Jornadas Organizadas por la Universidad Austral – Facultad de Derecho. Buenos Aires, Editorial Ciencias de la Administración, 20-22 de maio de 1998.
QUEIRÓ, Afonso Rodrigues. *O Poder Discricionário da Administração.* Coimbra, Coimbra Editora, 1944.
RADBRUCH, Gustav. *Arbitrariedad Legal y Derecho Supralegal.* Buenos Aires, Abeledo Perrot, 1962.
RAKOFF, Todd; SCHOTLAND, Roy A.; FARINA, Cynthia R.; STRAUSS, Peter L. *Administrative Law – Cases and Comments.* 9ª ed. New Jersey University Casebook Series, Foundation Press, 1995.
REALE, Miguel. *Lições Preliminares de Direito.* 14ª ed. São Paulo, Saraiva, 1997.

_____. *Revogação e Anulamento do Ato Administrativo*. Rio de Janeiro, Forense, 1968.

REDOR, Joelle Marie. *De l'État Légal à l'État de Droit*. Paris, Economica, 1992.

REIGADA, Antonio Trancoso. *Privatización, Empresa Pública y Constitución*. Madri, Marcial Pons, 1997.

ROCHA, Lincoln Magalhães da. *A Constituição Americana – Dois Séculos de Direito Comparado*. Rio de Janeiro, Edições Trabalhistas, 1990.

ROCHA, Maria Elizabeth Guimarães Teixeira. *Limitação dos Mandatos Legislativos – Uma Nova Visão do Contrato Social*. Porto Alegre, Sérgio Fabris, 2000.

ROMANO, Santi. *Princípios de Direito Constitucional Geral*. Trad. Maria Helena Diniz. São Paulo, Ed. RT, 1977.

RUA, Julio César Cueto. *El Common Law – Su Estructura Normativa, Su Enseñanza*. Buenos Aires, Abeledo-Perrot, 1997.

RUSSOMANO, Rosah. *Curso de Direito Constitucional*. 2ª ed. Rio de Janeiro, Freitas Bastos, 1997.

SABOURIN, Paul. *Les Autorités Administratives Indépendantes – Une Catégorie Nouvelle – L'Actualité Juridique – Droit Administratif*. Paris, s.n., 1983.

SALDANHA, Nelson. *O Estado Moderno e a Separação de Poderes*. São Paulo, Saraiva, 1987.

SALOMÃO FILHO, Calixto. *Regulação da Atividade Econômica – Princípios e Fundamentos Jurídicos*. São Paulo, Malheiros Editores, 2001.

SAMPAIO DÓRIA, Antônio. *Direito Constitucional*. 3ª ed., t. 1. São Paulo, Cia. Ed. Nacional, 1953.

SAMPAIO DÓRIA, Antonio Roberto. *Direito Constitucional Tributário e "Due Process of Law"*. Rio de Janeiro, Forense, 1986.

_____. *O Devido Processo Legal e a Razoabilidade das Leis na Nova Constituição do Brasil*. Rio de Janeiro, Forense, 1989.

SAMPAIO, Nelson de Sousa. *O Poder de Reforma Constitucional*. 3ª ed. Salvador, Nova Alvorada, 1995.

_____. *O Processo Legislativo*. 2ª ed. Belo Horizonte, Del Rey, 1996.

SANTIAGO DANTAS, F. C. de. *Igualdade Perante a Lei e "Due Process of Law". Problemas de Direito Positivo – Estudos e Pareceres*. Rio de Janeiro, Forense, 1953.

SANDULLI, Aldo M. *L'Attività Normativa della Pubblica Amministrazione (Origini – Funzione – Caratteri)*. Nápoles, Casa Editrice Dott. Eugenio Jovene, 1983.

SANTOS, Milton. *Por uma outra Globalização – Do Pensamento Único à Consciência Universal*. 7ª ed. São Paulo, Record, 2001.

SCHOTLAND, Roy A.; FARINA, Cynthia R.; STRAUSS, Peter L.; RAKOFF, Todd; *Administrative Law – Cases and Comments*. 9ª ed. New Jersey University Casebook Series, Foundation Press, 1995.

SEIDMAN, Louis M.; SUNSTEIN, Cass R.; TUSHNET, Mark Vol; STONE, Geoffrey R. *Constitutional Law*. 2ª ed. Boston/Toronto/Londres, Little, Brown and Company, 1999.

SEPÚLVEDA PERTENCE, José Paulo. "O controle de constitucionalidade das Emendas Constitucionais pelo Supremo Tribunal Federal: crônica de jurisprudência". In MODESTO, Paulo, e MENDONÇA, Oscar (orgs.) *Direito do Estado – Novos Rumos*. t. I – Direito Constitucional. São Paulo, Max Limonad, 2001.

SÈROUSSI, Roland. *Introdução ao Direito Inglês e Norte-Americano*. Trad. Renata Maria Parreira Cordeiro. São Paulo, Landy, 1999.
SÉRVULO CORREIA, José Manuel. *Legalidade e Autonomia Contratual nos Contratos Administrativos*. Coimbra, Almedina, 1987.
SILVA, José Afonso da. *Aplicabilidade das Normas Constitucionais*. 6ª ed., 2ª tir. São Paulo, Malheiros Editores, 2003.
_____. *Curso de Direito Constitucional Positivo*. 23ª ed. São Paulo, Malheiros Editores, 2004.
_____. "Luta pela Constituição". Artigo inédito (no prelo).
_____. *Manual da Constituição de 1988*. São Paulo, Malheiros Editores, 2002.
SMITH, S. A. de. *Constitutional and Administrative Law*. 4ª ed. Londres, H. Street and R. Brazier, Penguin, 1981.
SOARES, Guido Fernando Silva. *Common Law*. São Paulo, Ed. RT, 1999.
SOARES, Rogério. "Sentido e limites da função legislativa no Estado contemporâneo". In *Feitura das Leis*. vol. II. Oieiras, Instituto Nacional de Administração, 1986, pp. 442-444.
SOUSA, Paulino José Soares de (Visconde do Uruguai). *Ensaio sobre o Direito Administrativo*. Reedição do *Visconde do Uruguai*. Organizado e reeditado por José Murilo de Carvalho. Edição original de 1861. São Paulo, Editora 34, 2002.
SOUZA, Hilda de. *Processo Legislativo*. Porto Alegre, Sulina, 1998.
STARCK, Christian. *La Constitution Cadre et Mésure du Droit*. Paris, Economica, Presses Universitaires D'Aix-Marseille, 1994.
STONE, Geoffrey R.; SEIDMAN, Louis M.; SUNSTEIN, Cass R.; TUSHNET, Mark Vol. *Constitutional Law*. 2ª ed. Boston/Toronto/Londres, Little, Brown and Company, 1999.
STORY, Joseph. *On Constitution*. t. II. Durham, Carolina A. Press, N. Carolina – Pitkin, Hist. of US, s.d., §§ 1.857 e ss.
STRAUSS, Peter L. *An Introduction to Administrative Justice in the United States*. Durham, North Carolina, Carolina Academic Press, 1989.
_____; RAKOFF, Todd; SCHOTLAND, Roy A.; FARINA, Cynthia R. *Administrative Law – Cases and Comments*. 9ª ed. New Jersey University Casebook Series, Foundation Press, 1995.
STUMM, Raquel Denize. *O Princípio da Proporcionalidade no Direito Constitucional Brasileiro*. Porto Alegre, Livraria dos Advogados, 1995.
SUNDFELD, Carlos Ari. *Fundamentos do Direito Público*. 4ª ed., 5ª tir. São Paulo, Malheiros Editores, 2004.
_____. "Serviços públicos e regulação estatal – Introdução às agências reguladoras'. In SUNDFELD, Carlos Ari (coord.). *Direito Administrativo Econômico*. São Paulo, Malheiros Editores/SBDP, 2002.
SUNSTEIN, Cass R.; TUSHNET, Mark Vol; STONE, Geoffrey R.; SEIDMAN, Louis M. *Constitutional Law*. 2ª ed. Boston/Toronto/Londres, Little, Brown and Company, 1999
SUORDEM, Fernando Paulo da Silva. *O Princípio da Separação de Poderes e os Novos Movimentos Sociais*. Coimbra, Almedina, 1995.
TÁCITO, Caio. "A razoabilidade das leis". *RDA* 204. Rio de Janeiro, Renovar, 1996.
_____. "Agências reguladoras". In *XII Congresso de Direito Administrativo*. Foz de Iguaçu, IBDA – Instituto Brasileiro de Direito Administrativo, 4-7 ago. 1998.

_____. "O princípio da legalidade: ponto e contraponto". *RDA* 206. Rio de Janeiro, Renovar, 1996.

_____. *Poder Regulamentar – Temas de Direito Público*. vol. 2. Rio de Janeiro, Renovar, 1997.

TEIXEIRA, Maria Elizabeth Guimarães. *Limitação dos Mandatos Legislativos – Uma Nova Visão do Contrato Social*. Porto Alegre, Sérgio Fabris, 2000.

TELLES JÚNIOR, Goffredo. *A Democracia e o Brasil*. São Paulo, Ed. RT, 1965.

TEMER, Michel. *Elementos de Direito Constitucional*. 19ª ed., 2ª tir. São Paulo, Malheiros Editores, 2004.

TRIBE, Laurence H. *American Constitutional Law*. 2ª ed. Mineola/Nova Iorque, The Foundation Press, 1988.

TRINDADE, Antonio Augusto Cançado. *Tratado de Direito Internacional de Direitos Humanos*. Porto Alegre, Sérgio Fabris, 1997.

TUCCI, Rogério Lauria, e CRUZ e TUCCI, José Rogério. *Devido Processo Legal e Tutela Jurisdicional*. São Paulo, Ed. RT, 1993.

TUSHNET, Mark V.; STONE, Geoffrey R.; SEIDMAN, Louis M.; SUNSTEIN, Cass R. *Constitutional Law*. 2ª ed. Boston/Toronto/Londres, Little, Brown and Company, 1999

VANOSSI, Jorge Reinaldo. *El Estado de Derecho en el Constitucionalismo Social*. Buenos Aires, Eudeba, 1997.

VASCONCELOS, Pedro Carlos Bacelar da. *A Separação dos Poderes na Constituição Americana – Do Veto Legislativo ao Executivo Unitário – A Crise Regulatória*. Coimbra, Coimbra Ed., 1994.

VAZ, Manuel Afonso. *Lei e Reserva da Lei*. Porto, Universidade Católica Lusitana, 1992.

VELLOSO, Carlos Mário. "Delegação legislativa – A legislação por associações". *RDP* 90. São Paulo, abr.-jun. 1989.

VERGOTINI, Giuseppe de. "A delegificação e sua incidência no sistema de fontes do direito". *Direito Constitucional. Estudos em Homenagem a Manoel Gonçalves Ferreira Filho*. São Paulo, Dialética, 1999, p. 171.

_____. *Diritto Costituzionale Comparato*. 4ª ed. Pádua, Cedam, 1993.

VILANOVA, Lourival. *Causalidade e Relação no Direito*. 4ª ed. São Paulo, Ed. RT, 2000.

VILHENA, Oscar Vieira. *Supremo Tribunal Federal: Jurisprudência Política*. 2ª ed. São Paulo, Malheiros Editores, 2002.

VITORINO, A. *A Adesão de Portugal às Comunidades Européias*. Lisboa, Cognitio, 1984.

VOGEL, J. Juan; HESSE, Konrad; HEYDE, Wolfgand; BENDA, Ernesto; MAIHOFER, Werner. *Manual de Derecho Constitucional*. Madri, Marcial Pons, 1994.

WARREN, Kenneth F. *Administrative Law in the Political System*. 3ª ed. New Jersey, Prentice-Hall Inc., 1996.

XAVIER, Alberto. *Do Procedimento Administrativo*. São Paulo, José Bushatsky, 1976.

ZAGREBELSKY, Gustavo. *La Giustizia Costituzionale*. Torino, UTET, 1988.

ZANOBINI, Guido. "Caratteri particolari dell'autonomia". *Rivista Trimestrale di Diritto Pubblico*. Milão, Giuffrè, 1951.

ZIPPELIUS, Reinhold. *Teoria Geral do Estado*. 2ª ed. Lisboa, Fundação Calouste Gulbenkian, 1971.

* * *